チームが機能するとはどういうことか

TEAMING

How Organizations Learn, Innovate, and Compete in the Knowledge Economy

「学習力」と
「実行力」を高める
実践アプローチ

エイミー・C・エドモンドソン
Amy C. Edmondson

野津智子 訳
Tomoko Nozu

英治出版

TEAMING

How Organizations Learn, Innovate, and Compete in the Knowledge Economy

by

Amy C. Edmondson

Japanese translation rights arranged with
John Wiley & Sons International Rights, Inc.
through Japan UNI Agency, Inc., Tokyo

この道を歩むきっかけをくれた
ラリー・ウィルソンに捧げる。

第1部　チーミング

第1章　新しい働き方

第2章　学習とイノベーションと競争のためのチーミング

第2部　学習するための組織づくり

第3章　フレーミングの力

第4章　心理的に安全な場をつくる

第2部　学習するための組織づくり

第5章 上手に失敗して、早く成功する

第6章 境界を超えたチーミング

第3部　学習しながら実行する

第7章　チーミングと学習を仕事に活かす

第8章　成功をもたらすリーダーシップ

序文

エドガー・H・シャイン
マサチューセッツ工科大学スローン経営大学院 名誉教授

重要でタイムリーな本の序文を書けるのは、たいへん光栄だ。一〇年以上前からエイミーの仕事を見てきた者として、私は心からうれしく思っている。エイミーは、共同作業《チームワーク》の根底をなすプロセスについて独創的な研究を行い、その成果をついにまとめ上げたのだ。

なぜ本書が「重要」なのか、本書に書かれている教訓を学ぶことがなぜあらゆる組織のリーダーやマネジャーにとって不可欠なのか、まずはそれをお話ししよう。

たとえ私たちの文化に、その必要性が実際に生じたときにしかグループやチームを受け入れない傾向があるとしても、チームやチームワークは社会やコミュニティのまさに基盤をなすものである。会議など時間の無駄だとか、チームは責任を分散させるから役に立たないなどと揶揄するのは、組織社会の悲劇なのだ。あらゆるインセンティブ・システムや昇進制度についても、私たちは個人の業績をもとにつくってしまっている。実際、ホッケーやサッカー、野球、フットボールなどのチームスポーツでさえ、一個人たるスター選手が評判を得たり大金を手にしたりするほどである。

そうした文化的偏見の結果、大半のリーダーが、会議の運営もチームづくりも驚くほど下手になってしまっている。しかし、会議もチームもその成功はチームワークがうまくいくかどうかにかかっている。そこで本書は「チーミング」――効果的な協働の根底にあるプロセス――に注目し、チームワークに不可欠なものについて優れた洞察と理解を提供する。

本書が「タイムリー」であるのはなぜだろう。それは世の中がますます複雑で多文化的になってきているからである。複雑さは、あらゆる分野の科学、工学、マネジメント、組織開発において技術的進化がなされた結果として生じている。それはつまり、技術的に複雑な社会において何かを達成するには、さまざまな分野から情報を得て、プロセスを洗練する必要があるということだ。これはさらに、マネジャーが個人としてはもはや、意思決定をしたり仕事をやり遂げたりできるほど知識を持っていないということでもある。彼らは事実上、あらゆる種類の専門家にますます依存するようになっている。ひいては、「チーミング」のプロセス、すなわち専門家たちを団結させ、彼らがしっかり務めを果たせるようにするプロセスを理解しなければならなくもなっている。このことがどんな組織にもまして明らかなのは、医療の分野である。そこでは、病院や地域医療制度の運営から複雑な心臓手術まであらゆることに、高いレベルのチーミングが必要とされるのだ。

複雑になるのと同時に、世界はより多文化的にもなってきている。これには、大半の組織において労働力となる人々がいっそう多国にわたるようになっているという「民族的」な意味と、先述した専門化によって強力な職業文化も生み出されているという「職業的」な意味の両方がある。そうした文化の中には、昔からあって、チーミングの足を引っぱるものがある。医師と看護師の間にある隔たりがまさにそれだ。新世代に広がる平等主義と開放性に拍車をかける情報技術（ＩＴ）文化と、ヒエラルキーと支配に根ざした伝統的な管理の文化との間にも、やはり隔たりがある。一体どうすれば、何もかもがオープンなのが当たり前という環境で育った若いエンジニアと、情報は権力でありそれゆえしっかり管理されなければならないと「知っている」マネジャーとが、協働できるだろう。

ここに多文化が持つさまざまな言語や思考の問題が加われば、本書がとくに重視するもの、すなわち「学習する力」が必要になる。今日および未来の世界におけるチーミングには、学習が欠かせない。チームのあるべき姿やどのように組織・運営されなければならないかについての昔ながらの考え方では、決してうまくいかないのだ。そうした古い考え方の一つでは、チーム組成が重視されている。全員の個人的なスタイルや能力を見きわめ、それらを組み合わせるのである。この方法の最も明らかな限界は、複雑な仕事は刻々と変わるものであり、どんな個人のスタイルや能力がぴったり合うかを前もって決めることが難しいという点だ。ひいては、必要な能力がどんなものであれそれを見つけて採用することがますます難しくなる。本書では力を込めて説かれている。チーミングという考え方を持つと、手に入るチームの資源を使って仕事をやり遂げる方法に焦点を当てることになり、それは必ず学習するプロセスになる、と。

これからはチーミングと学習の時代である。それらについて、楽しく学ぼう。

まえがき

二一世紀における知識ベースの組織の成功は、さまざまな分野とのコラボレーションや、階層のフラット化や、たゆまぬイノベーションがうまくいくかどうかにかかっている。一つの理由は、専門分野が狭まり、多くの分野が下位分野に細かく分かれていることだ。ところが、この世界で解決すべき問題はそうした状況に応じて小さくなってはいない。それどころか、いっそう複雑さを増している。これは、多くのチャレンジに対して、人々は分野を超え、協力し合って取り組む必要があるということだ。製品デザイン、患者の治療、戦略開発、薬学研究、救援活動などは、分野を超えた共同作業《チームワーク》を必要とする活動のほんの一部にすぎない。

変化と競争の激しいグローバル経済の中で成功するには、組織は学習する力も持たなければならない。およそどんな専門分野であれ、目標は絶えず動いている。その分野の進歩に遅れずついていくには人々は生涯にわたって学習しなければならず、成功は、新たなスキルを習得して斬新な可能性を思い描ける人たちが手にすることになるのだ。従業員は、新しい知識を吸収し、ときには創造しつつ、同時に実行しなければならない。このプロセスはともに仕事をする人々の間で行われるのがふつうであるため、集団的学習――小さなグループの中で、そのグループによって学ぶこと――は、組織学習の最も重要な手段だと考えられている。いきおい、複雑で変わりやすいビジネス環境で勝利するためには、人々はともに働き、かつ学ばなければならないということになる。この新たな現実の影響は、リーダーや専門家にとっても組織で働くどんな人にとっても、とてつもなく大きい。

だが、**新たな現実を認識したからといって、新しい働き方が生み出されるとはかぎらない。**多くの組織が、工業化時代に成長性と採算性を飛躍的に高めたトップダウンの指揮統制アプローチに、今なお依存しているのだ。そうした経営スタイルの最も基本的な信条――確実な支配、相違の排除、順応に対する報奨――の中には、協働や組織学習を抑制してしまうものがある。結果として大企業は、優れたマネジャーが率いていても、あまりに複雑な、あるいは変化の激しすぎる状況に直面すると、うまくいかなくなる可能性がある。また、多くのビジネスリーダーが、従業員の大切さを認め、その意見を聞くことに価値があると明言している。彼らは、従業員の意見を快く受け入れるし、製品を改良したりより斬新な製品をつくったりする方法を話し合う会議の重要性を理解してもいる。しかし、そのように会社のためを思っていながらも現行の仕事のやり方を変えられずにいるリーダーが少なくない。**本書では、認識と実践の間にあるそうした隔たりがなぜ消えないのかを探り、隔たりを埋めるリーダーシップの枠組みを紹介する。**

協働と学習のためのチーミング

チーミングは、協働するという「活動」を表す造語であり、組織が相互に絡み合った仕事を遂行するための、より柔軟な新しい方法を示している。チームに対する従来の考え方とは違い、チーミングは静的な集まりではなく、活動的なプロセスなのだ。

一人ひとりが相互に結びついた、いかようにも変わりうるネットワークが、改善や問題解決やイノベーションについて一時的なチームを組んで取り組んでいる、と想像してみよう。チーミングによって、人々とかかわること、違った考え方に耳を傾けること、一体となって動くこと、判断を共有すること——これらがミックスされる。また、効果的なチーミングは人々に、ほかの人の必要性や役割や見方に絶えず細心の注意を払うことを要求する。これには、ほかの人たちともっとうまくかかわって、さまざまな見方を統合し、それに基づいた決定ができるようになることが欠かせない。そのため、チーミングには感情的なスキル（感じる力）と認知的なスキル（考える力）の両方を育てることが必要になる。チーミングはリーダーシップの分散によって可能になるものであり、その目的は組織とその顧客が価値を得られるよう知識と専門技術を広めることなのだ。

本書では、組織がチーミングを通して成功するのに役立つ基本的な活動と条件について述べる。これには、仕事の仕方や、それをリーダーが可能にする方法や、安全な人間関係が築かれている環境下で人々がイノベーションに集中できるようになる方法も含まれる。また、モデルや指針を豊富に示して、集団的学習の原動力にみなさんがなじみ、理解する手助けもする。そして、チーミングを組織環境に取り入れるのに必要な心構えを詳しく述べ、チームベースの学習基盤を整えるのに役立つリーダーシップ実践法を説明し、さらには協働の妨げとなる境界を超えてチーミングを成功させるための具体的な戦略をお話しする。また、既存の知識を向上させるグループプロセスを探り、この新たな集合知をどのように効果的に使えば組織ルーチン（組織における定常的な業務のやり方や慣行）を改善できるかを解説する。

私は二〇年以上にわたって、病院や工場、上級経営幹部チーム、NASAのスペースシャトル・プログラムにおけるチーミングと組織学習について、徹底した調査研究を行ってきた。加えて、一〇を超えるケーススタディを行い、製造、金融サービス、製品デザイン、電気通信、政府、建設などの業界においても、チーミングと学習というテーマを探求してきた。この研究によって、組織文化がどのようにしてチーミングや学習やイノベーションを妨げるのか、あるいは可能にするのかが徐々に明らかになっている。また、知識経済における成功例についての新たな定義を裏付け、最良の組織がどのようにすばやく学習し、同時に高い業績基準を維持しているかもわかるようになっている。

組織学習を研究している間に出会ったリーダーの中には、組織をより対応が早く競争力のある組織に変える方法を見つけた人たちがいた。彼らの多くが、これからのち本書に登場する。しかし私が研究したリーダーの全員が大会社のCEOや代表だったわけではない。多くは私が中間層のリーダーと呼ぶ人、つまり、プロジェクトを指揮したり、改善を促進したり、ほかの社員の成長を助けたりして、組織に変化をもたらす人だった。研究を続ける中では、おそらく優秀で変化を起こしたいと願っているが、現実には身動きがとれなくなっている大手多国籍企業のリーダーたちにも出会った。

中には、自分の役割について少々思い違いをしているケースもあった。適切な質問をする必要があるときに、答えを与えなければと考えてしまっていたのである。

リーダーと学習者《ラーナー》

階層のフラット化やリーダーシップの分散について考えていると、強いリーダーシップの必要性が薄れてきている気がするかもしれない。**実際には、本書の至るところで述べるとおり、その逆が真実だ。**チーミングという活動――リスクを負う、失敗と向き合う、境界を超える――は、大きな組織においては決して当たり前の行動ではない。つまり、今日のような複雑で絶えず変化する環境においては、かつてないほどリーダーシップが必要になっているのである。そうしたリーダーシップには、次の二つの形が考えられる。一つは、私がラージ・エル（L）のリーダーシップと呼ぶ、正式なリーダーシップだ。このリーダーシップには一般に、上級管理職が含まれ、組織の全員に影響をもたらす決定や活動が行われる。その役割は効果的なチーミングに不可欠であり、組織文化を育てたり、方向性を定めたり、目標を設定したりすることが含まれる。

しかしたいていの場合、必要なのは私がスモール・エル（l）のリーダーシップと呼ぶものだ。これは、トップ層だけでなく組織中の人々、とりわけ、顧客体験を左右する重要な仕事を行う最前線の人たちによって発揮される。目的は、ほかの人々のスキルを伸ばしたり、効果的なプロセスをつくり出したりすること。スモール・エルのリーダーシップにおいては、協働しているまさにその当人たちが効果的なチーミングを生み出すのだ。そうしたリーダーたちは、プロジェクトや部署に対して正式な責任を持っている場合もある。あるいはプロジェクトや部署を指揮したり影響をもたらしたりする機会をたまたま得たという場合もある。チーミングと合わさると、リーダーシップの概念は、「組織のトップ層でも最前線でも行われる活動」になるのだ。

本書は実際的かつ研究に基づく情報源であり、未来のリーダーをはじめ、あらゆるタイプ、レベルのリーダーを含む、幅広い読者層を対象にしている。実践者が必要とするのは、自分の職場環境にすぐに活かせるアプローチだ。そのため、本書で示すアイデアや解決策や戦略は、あらゆるタイプの民間および公共の組織に合うものにしてある。いずれも、パフォーマンス向上のためにチーミングを研究あるいは促進したいと思うリーダー——チーミングを支援・奨励する環境を生み出す方法を求める経営幹部、マネジャー、チームリーダーやプロジェクトリーダー、現場主任たち——を助けるものだ。本書はまた、協働を後押ししたり、チームづくりの訓練をしたり、組織学習を実践したりする人的資源の専門家の役にも立つ。

経営学や組織行動を研究する学者や学生にとっては、本書はカリキュラムや研究の有用な資料になるだろう。チーミングがどういうものかを説明するときには、関連する学術的資料や経験的証拠を盛り込んである。より幅広い読者層の関心が本書に向けられるよう、私自身の調査研究からわかったいろいろなこと、以前は学術誌でしか見られなかったことを総合的に扱ってもいる。また、ビジネス問題に対する学生の理解を深めたりクラス討議を活発にしたりするために長年にわたって開発してきた教育的手段も活用している。とりわけ、第8章で取り上げる三つのケーススタディは、学生にとって、理論と実践との差を埋めるのに役立つだろう。

本書の概要

組織は環境の変化を予測して対応できるようになるべきだという考えは、たしかにそのとおりだが、「実行」するとなるとなかなか難しい。多くの大人は学び方を学びなおさなければならず、チーミングの仕方を学ぶには誰もが助けを必要とするのだ。大半の人にとって、目的の明確な、心をひらいて行う協働プロセスにおいて他人と本当の意味でかかわるには、染みついたいくつかの習慣を手放すことが必要になる。そうした有益な協働プロセスを可能にする人間行動は、辛抱強く育てなければならない。これらの課題について、本書では三つに分けて説明する。

第1部ではチーミングに焦点を当て、チーミングをしっかり行うための中心的活動について述べ、次の疑問に答えていく。チーミングとはどのように機能するものなのか。チーミングの仕方を学ぶには、どれくらい時間がかかるのか。チーミングしているとき、人々はどんな行動をとるのか。チーミングは一体どのようにして組織学習を生み出すのか。この部では、チーミングに向けてのチャレンジについて述べ、うまく行われているときのチーミングとはどのようなものかを示していく。第1章ではまずチーミングとは何かを明らかにし、今日の複雑な組織においてなぜそれが不可欠なのかを探り、次いで学習と知識を理解するための新たな枠組みを示す。第2章では、チーミングの段階的プロセスをさらに詳しく述べ、チームがどんなに壊れやすいものかを示し、さらに、チーミングと学習を可能にする、四つのリーダーシップ行動を明らかにする。

第2部では、その四つのリーダーシップ行動について、さらに詳しく述べる。ここではチーミングの人間的な側面に焦点を当て、さまざまな組織的背景の中で人々がどのように協力するのかを詳細に見ていく。具体的には、第3章ではフレーミングの力を探り、効果的な協働と学習を促すためにリーダーはフレーミングによってどんなことができるのかを述べる。第4章では、心理的安全によって、チーミングの成功に必要な考え方やスキルや行動がどのように促進されるかを見ていく。今日の職場にどれほどの不安が渦巻いているか（その逆のことが高らかに謳われているにもかかわらず）、またそうした不安が問題解決にとってどれほどマイナスに働いているかをお話ししよう。第5章では、なぜ失敗が組織学習の根幹であるかを示し、失敗によって生まれるチャレンジを乗り越えるための具体的な行動を紹介する。続く第6章では、さまざまな分野や部署、企業、さらには国の間にある境界をつなぐ重要性と課題を検証する。そして、実際につなぐとどんなことが可能になるかを示す。二〇一〇年にチリのサン・ホセ鉱山で起きた、地下六〇〇メートルの岩の中に閉じ込められた三三人の作業員の「不可能な」救出劇を糸口しよう。

第3部では、個人や個人間の行動から組織としての実践へと焦点を移す。第7章では、それまでの章で述べた、「実行」の新たなモデルとなる教訓や戦略をまとめ、たゆまぬ学習と改善を確実にする反復プロセスを診断、デザイン、実践するための具体的な手順を紹介する。第8章では三つのケーススタディを通して、プロセス改善、問題解決、イノベーションなど得られるだろうさまざまな学習の結果を考察する。一つ目のケースでは、他社にリードを許してしまった企業において劇的に業績を改善させるリーダーシップに注目する。二つ目のケースでは、組織中の人を協働させ、複雑な業務における難しい問題を解決するリーダーシップについて述べる。三つ目のケースでは、イノベーションを支援して、先駆的な製品やプロセスを生み出すようなチーミングを成功させるリーダーシップに焦点を当てる。

読者のみなさんが本書のアイデアやフレームワークを理解・活用する助けとなるよう、本書には次の要素を随所に盛り込んでいる。

- □重要な戦略、定義、説明を示す図。
- □具体的なリーダーシップ戦略の要点を示す表。数十年にわたる広範な調査研究で集めたベストプラクティスに基づいている。
- □アイデアにコンテクストを付け加えたり、追加的な資料を紹介したりするコラム。
- □重要な教訓の理解や省察の助けになるエピソードや現実世界での実例。
- □重要なコンセプトを確認するのに役立つ、章ごとの要約。

本書は、協働を推し進めてこの先長く成功したいと思うすべての人の助けになることを目的としている。実践者がたやすく各章を読み解き、特定の話題や戦略を見つけられるように考えてもある。そのため読者は自分にとって必要なところを選んで読むことが可能だ。しかし、最初から順に読み進めることにも利点がある。各章は明確に結びついており、個々のコンセプトが互いのうえに成り立っているため、チーミングと学習とパフォーマンスの関係について理解を深めやすいはずだ。

しかしながら、本書をみなさんがどのように使おうと、私が何より望むのは、もっと楽天的な、チーム重視の精神を生み出すことによって、本書が組織行動の改善に役立つことだ。リーダーが、管理ではなくエンパワーメントするようになったら、適切な答えを与えるのではなく適切な質問をするようになったら、そして規則の遵守を主張するのではなく柔軟性に着目するようになったら、彼らはもっと高いレベルで「実行」できるようになる。そして、自分のアイデアが歓迎されているのを実感できるようになったら、人々は、コストを削減する一方で質を高めるための革新的な手段を提案し、意義ある仕事と組織の成功へのいっそうたしかな基盤を築くようになるだろう。

第1部
チーミング

第1章
新しい働き方

第2章
学習とイノベーションと
競争のためのチーミング

「チーム」という言葉を口にしてまず思い浮かぶのは、スポーツチームだろう。泥の中で円陣を組むフットボール選手。フルコートプレスで走りまわるバスケットボール選手。あるいは、決まれば相手の勝利となるダブルプレーをみごとに逃れる野球選手。スポーツにおける素晴らしいチームは、信頼し合える個人が集まってできている。長い時間をかけて、選手たちは互いの強みと弱みを見つけ出し、団結した全体としてプレーできるようになっているのだ。

同様に、音楽家たちは、互いの才能に依存し合って、バンドや室内楽グループや管弦楽団を組む。弦楽セクションが木管、金管、打楽器の各セクションと合っていなかったら、交響楽団はばらばらになってしまう。独奏者がメインになる場合でさえ、管弦楽団用の楽譜にはすべての演奏者のためのパート譜がある。成功したと言えるのは、演奏者が互いに補い合って、調和したハーモニーが奏でられた場合だ。素晴らしいチームがみなそうであるのと同様、彼らも相乗効果を生み出すのである。全体は部分の総和に勝る。成功も失敗ももろともであることを、演奏者たちは知っている。彼らはチームとして勝つ、あるいは負けるのである。

今日のような複雑で不安定なビジネス環境では、組織や企業も、部分の総和に勝る全体を生み出せるかどうかで勝敗が左右される。激しい競争、予測不可能なことの数々、絶え間ないイノベーションの必要性、それらによって相互依存はいよいよ増え、結果として、かつてないレベルで協働とコミュニケーションが要求されるようになってきているのである。

チーミングは、組織がチャンスに対応し、内部プロセスを向上させられるようになるのに不可欠だ。この章の目的は、チーミングやそれに必要な行動がなぜ今日の環境下で組織が成功するのに欠かせないか、その理由に対する理解を深めることである。チーミングのプロセスとその恩恵についての理解を容易にするために、本章ではチーミングとは何かを明らかにし、それを歴史的背景の中でとらえ、組織学習とプロセス知識を理解する新たな枠組みを示し、それらがなぜ今日のリーダーにとって重要なコンセプトであるかを説明する。

チーミングは動詞である

スポーツチームや音楽家のグループはどちらも、境界のある、固定された、個人の集まりだ。過去の多くの作業チームと同様、彼らは物理的に同じ場所にいて、ともに練習したり演奏したりしているのである。そうしたチームのメンバーは、影響をどのように与え合っているか心得ている。信頼を築き、互いの役割を知ってもいる。また、組織の効率性に関する数々の理論が、境界が固定されていることや、作業がうまくデザインされていることや、メンバーが念入りに考えて構成されることを主張して、そうした固定されたチームやグループをつくって管理する方法を説いている。[1]

ハーバードの心理学者で、チームの有効性に関するきわめて優秀な学者でもあるリチャード・ハックマンは、チーム行動を可能にしているときのチーム構造の力を証明した。その影響力ある説によると、うまくデザインされたチームには、明確な目標をはじめ、共同作業《チームワーク》を促す熟慮された仕事、その仕事に見合う適切なスキルと経験を持つチームメンバー、十分な資源、そして指導や支援を受ける機会が備わっているのだという。適切にデザインせよ、そうすればパフォーマンスは自然とついてくる、というわけだ。このモデルでは、チームは一つのまとまりとして位置づけられ、チームの持つ明確に定義された境界の内部に主に目が向けられて、そのパフォーマンスが説明されている。あるいはマサチューセッツ工科大学のデボラ・アンコーナ教授が行った研究では、チームメンバーがチームの境界の外にいる人たちとどれくらいかかわりを持ったかという点もチームのパフォーマンスの重要な要因になることが明らかにされた[2]。どちらの説も、効果的なチームのデザインと管理を導くうえで有効だった――少なくとも、固定の、うまくデザインされたチームをつくるのに費やす準備時間と管理時間がマネジャーにあった状況においては。

こうした過去の説では、チームは名詞だ。それは、人々が共通の目標をめざして協力する、常設の、固定されたグループなのである。しかしチームが、招集されるやすぐに解散されるとしたらどうだろう。たとえば、救急サービス施設に勤めていて、勤務のたびにスタッフの配置が変わったり、患者ごとにメンバーが入れ替わったりするとしたらどうだろう。あるいは、プロジェクトチームの一員である場合、そのチームが一時的なもので、製品に関する特殊な問題の解決のためだけに結成されたのだとしたらどうだろう。スポーツや音楽の固定されたチームのように、訓練や練習を頻繁に繰り返して得られる強みがない場合、一体どうすれば相乗効果を生み出すことができるだろう。

答えは、「チーミング」にある。

チーミングは動詞だ。それは、境界のある固定された集まりではなく、動的な活動である。効果的なチームのデザインや構造によってではなく、チームワークという考え方やその実践によって、主に生み出されるものでもある。チーミングは、休む間のないチームワークだ。それは、安定したチーム構造を持たないまま一丸となって動き、協働することを伴う。なぜなら、病院や発電所や軍事施設をはじめとする多くの事業が、柔軟なスタッフ配置を必要とし、チーム構成を固定することがまずないからである。[3] 組織が増え続ける中にあって、刻々と仕事が変わるというのはつまり、多くのチームが集められてはおよそすぐに解散するということだ。あなたは今すぐあるチームで仕事をするかもしれない。しかし数日後、あるいはほんの数分後に、別のチームにいるかもしれないのである。

めまぐるしく変わる職場環境に必要なのは、チーミングの仕方を知っている人、すなわち、協働する可能性がある瞬間に、時間や場所を選ばず行動するスキルと柔軟性とを持っている人だ。次に生まれるそういう瞬間に備えつつ、どんどん前進する力を持っている必要もある。チーミングも、昔ながらのチームワーク・スキルに、すなわち相互依存を認識し明確にする、信頼を築く、協調の仕方を理解するといったスキルに依存してはいる。しかし、経歴や過去の経験を詳しく語り合って親しくなるための土台を築く時間も、力を合わせることを訓練して共通の経験をつくる時間もない。それどころか、きわめて重要な知識をただちに共有するための新たな能力を育てて使うことが求められる。明確にかつたびたび質問できるようになることも求められる。さまざまなスキルや知識がタイムリーな製品・サービスに織り込まれるよう、細かな調整をする必要もある。

マネジャーはなぜ、チーミングに心を配るべきなのか。答えは簡単だ。チーミングは組織学習の原動力なのである。[4] 組織が学習する必要があることは、今では誰もが知っている。変わり続ける世界の中で成功を収めるためである。しかし、組織がどのように学ぶかについては、あまりよく理解されていない。この章で後述するとおり、組織というのは複雑な存在だ。多くがグローバルな広がりを持ち、たいてい専門分野が多様化しており、およそすべての組織がさまざまな活動に参加しているのである。そうした複雑な存在にとって、「学習する」とは何を意味するのだろう。組織はどのような意味でも学習プロセスに参加することはできない――個人が参加するような意味では。といって、個人が学習することで組織が顧客に製品・サービスをもたらす方法が変化するとはかぎらない。これは、学者たちを長く魅了してきた難問だ。

本書では、チーミングを通して組織学習が実際どのように起きるのかという疑問に、具体的に答えていく。製品やサービスは、相互依存する人々やプロセスによって顧客にもたらされる。組織が向上・革新できるよう、重要な学習活動は的を絞ったより小さな行動単位の中で必ず行われる。ところが多くの大企業が、変化する必要性が明らかであるにもかかわらず、私が「実行するための組織づくり」と呼ぶ強力な考え方によって管理されているのである。[5]

実行するための組織づくり

一九〇〇年頃のデトロイトでメインストリートに立ったら、路面電車が道を馬車と共有しているのが見えただろう。それからわずか一〇年後、自動車が大挙して押し寄せた。効率性にも信頼性にも欠ける代物だったが、徐々に人気を博し、新たな、わくわくする世界の兆しがもたらされた。しかし短期間とはいえ、文字どおりの馬と「馬力」を使う自動車は道を共有しようとして、ときにさんざんな結果を引き起こした。人々が気づいたとおり、古い世界と新しい世界の衝突というのはなにかと難しかった。とりわけ、製造業で雇ってもらえるかもしれないと引き寄せられるように田舎から出てきた若者が、デトロイトの道にあふれるようになったときには。

そうした過渡期においては、新しい形の従順さや、決まりきった仕事に対するそれまでとは違う服従や、管理システムを崇めるかつてない考え方を要求することによって、新たに始まった産業化時代が社会の秩序をどれくらい破壊するのか、平均的な労働者にはよくわからなかった。一方、自足できる農家や商店の経営者は、何世代にもわたって気候の変化や病気に直面し、生き延びる方法を見つけており、さりげなく、しかし厳然と、秩序の信奉者へと姿を変え、人間味のない企業から給与を受け取るようになっていった。

「実行するための組織づくり」が進展する可能性を見出したのは、ヘンリー・フォードが考案した組み立てラインだった。労働者たちがひたすら、(歯車の)歯を部品に、部品を歯に合わせていくというものである。決まった手順の繰り返しが際立つフォードのアプローチは、従業員の労働生活を単調でつまらないものにした。しかし、確実で先の見える組み立てラインのプロセスは、その製品と同じくらい目新しいものでもあった。

新たな世紀の始まりとともに、長く続いてきた自足のための構造は細かい繰り返しの手順に取って代わられたが、それは大量生産を可能にして、今日あるような製品・サービスの世界を生み出すものだった。フォードの成功は、従業員の業務に対し高いレベルの管理的統制を行うことを条件としていた。

今日では指揮統制マネジメント、すなわちトップダウン・マネジメントとして知られるものである。このトップダウン・マネジメントの実行は、科学的管理法として知られるより広範な組織的方法論の構成要素になっている。

科学的管理法

大量生産のパイオニアとしてフォードの知的パートナーだったのが、マネジメントのプロ、フレデリック・ウィンズロー・テイラーだ。テイラーは効率的方法と科学的測定によって、フォードの組み立てラインを補足した。部下たちとともに、特別注文に応じてつくるという先の読めない高コストな仕事を、大量生産という効率的で経済的なシステムへと変えたのである。機械ペースの組み立てラインのような確実な実行システムの考案に費やした時間は、製品寿命が長くなったことで十分な見返りを得られるようになった。安定の時代が期待された。製品、プロセス、そして顧客さえもが、ありがたくも画一的になり、おかげで予想外の問題や技術的変化や顧客の要求にすぐさま対応する必要性が最小限になった。実験的方法の使用を促したテイラーは、その経営と製造のモデルを、影響力ある二つの論文「工場管理法」と「科学的管理法の原理」の中で力強く述べた。[6]

今日のマネジャーがよく知っているとおり、そうした新たに生み出された細かい反復作業の利点は透明性だった。細かな反復作業は監視しやすい。労働者一人ひとりのパフォーマンスを評価するのも簡単だ。さらに、企業実績は適切に計画・実行された何千何万もの個人の仕事の累積的な結果であるという仮定が、経営理論を支配し、また経済の現状に合ってもいた。効率性や生産性に関していえば今日でさえ、大半のマネジャーや企業のリーダーが、フォードとテイラーによって最初に広められた、当然と思われる考え方によって行動を促されている。たとえば、特定の分化した個人のパフォーマンスを評価して報酬を与えることがよい経営には不可欠だ、と多くの人が考えている。しかしそれは、状況によっては誤った役に立たない考え方である。

フォードとテイラーの伝説

効率性と生産性に過度なまでに集中することによって、職場に二つの大きな変化が生まれた。第一に、広く複雑な作業活動を監督できる専門経営者の需要が増えた。第二に、労働者に対する不信感が否応なしにじわじわと広がった。労働者が規定手順に従って仕事をしたのを確認するために、マネジャーは比較的たやすく、個人のパフォーマンスを評価する客観的な方法を考え出し、実践した。たいていの場合、熱心に仕事をする労働者のほうがパフォーマンスが優れていた。フォードが考案したような大量生産を行う状況においては、労働者が意思決定したり創造性を発揮したりする機会は存在しない。それでもなお労働者にやる気を起こさせたのは、透明性に不安がうまく協力したからである。不安に思うのが監督者による制裁であれ物質的報酬を失うことであれ、マネジャーは労働者を支配し、怯えさせて、高い生産性を確実に生み出すことができた。おまけに企業にとってこのアプローチに費用がかかったとしても、目に見えるものではなかった。

この伝説が今日マネジャーにもたらしている根本的な問題は、システムが経営実務において不安に依存しすぎていることだ。テイラリズム（テイラー主義）はアメリカ中の工場に広がったが、同時に組織の空気は陰気になってしまった。個人の価値は企業の利益に対する貢献度によって測られた。過去の自動車労働者組合は、当時の工場生活について次のように語っている。「フォードの労働者は誰もが、はっきり気づいている。自分たちが常に監視されていることに。そして部署の速いペースを下回ったら、注意を受けるだろうことに」[7]。フォードの奇跡が生まれてほんの数十年後の一九四〇年においてさえ、労働者は微笑んだという理由で解雇される可能性があったのだ。[8]

マネジャーやオーナーにとっては、微笑む理由があった。一九〇八年には自動車一台を組み立てるのにどんなに速くても一二時間と二八分かかっていた。それがテイラー主義が導入されると、一九一三年の初めての流れ作業による組み立てラインで、いきなり九三分に短縮されたのである。労働者が日中は不安を、夜には憤りを感じていたのはたしかだが、一方でテイラー主義が新たな効率性と富の創造のために産業界の土台を整えたのも同じくらいたしかだった。

▼現代の職場における不安

残念ながら、容赦ない経営方法は遠い過去のものとはなっていない。従業員の自殺が相次ぎ、フォックスコンの工場の様子が明るみに出た二〇一〇年五月のことを考えてみよう。インタビューを受けたある従業員は次のように述べた。「毎日が昨日の繰り返しです。みな、四六時中、怒鳴られています。ここは本当に過酷なところです」。一二時間交替の固定された勤務時間中には、トイレに行くにも許可を求めなければならないこと、日々の製造ノルマを果たすプレッシャーに絶えずさらされていることが、記事によって明らかにされた（出展：http://www.bloomberg.com/news/2010-06-02/foxconn-workers-in-china-say-meaningless-life-monotony-spark-suicides.html.）。

不安や機械的作業はブルーカラーの仕事にかぎったものではない。フォードの工場労働者は、一九五〇年代の「会社人間」――社会学者ウィリアム・ホワイトがつくった言葉――の前兆と見ることができる。没個性化している労働と、没個性化しているホワイトカラーの仕事に、さほど違いはなかった。組み立てラインの労働者とまさに同じく、組織に束縛される「会社人間」は規則やプロセス、階層構造、不安に縛られていたのである。

さらに言えば、会社人間のイメージは社会学者によって世間に広められている。小説家や著述家は大企業での労働を単調さと不安に満ちたものとして描いてきた。アメリカ文学では長い間、銀行家やその他のマネジャーはブルーカラーと同様、歯車の歯の一つとして人間性の喪失を味わわされる会社人間として描写されてきたのだ。とくに、ジョン・P・マーカンドやシンクレア・ルイスやジョン・チーヴァーの作品では、日々のつまらない仕事のために家族や友人からの疎外感を持ち、空想や自己治療による解放を求める人々の姿が描かれている。『灰色の服を着た男』（スローン・ウィルソンが一九五五年に発表した小説のタイトル）は、組み立てラインで作業する同様の格好の男と同じくらい、規則やプロセス、階層構造、不安に縛られていた。会社人間は現代の文化においても健在だ。テレビドラマ『The Office（ジ・オフィス）』の中で、あるいは、一九五〇年代のゆがんだビジネス界を陰気に描写したテレビドラマ『マッド・メン』の中で風刺の対象になっているのだ。

社会として、私たちは相変わらず不安に基づいた職場環境を当たり前のように受け容れてしまっている。不安によって支配力を増大できると、（多くの場合は誤って）信じてもいる。支配力は確実性や予測精度を高める、とも思っている。詳しくは第4章で述べるが、不安の弊害はすぐ現れるわけではない。いや実を言えば、不安がなければ人はあまり熱心に仕事をしなくなると、多くのマネジャーが思っている。

組織づくりの伝統的なモデルでは、計画や詳細、役割、予算、スケジュールといった、確実性や予測のためのツールに力点が置かれている。めざす結果の達成に必要なものがよくわかっているときには、そうした伝統的なモデルはたいへん役に立つ。しかし、そういう環境は組み立てラインの労働者や会社人間には効果をもたらせたものの、今日のような知識ベースの経済においてはもはや競争上の強みにはならない。一〇〇年前の人々が仕事の仕方について考え方をがらりと変えることになったのと同じように、今日の激動の職場環境にも、新たな考え方とあり方が必要になっているのである。

学習の絶対的必要性

およそどのような面から評価しても、ゼネラルモーターズ（GM）は世界で最も成功してきた企業の一つだ。一九〇八年、ミシガン州フリントで設立されたGMは、それから一〇年の間に、創業まもない自動車メーカーを二〇社以上買収した。破竹の勢いで成長していた一九二〇年代には、フォードを凌いで合衆国最大の自動車メーカーになった。一九三一年までには世界最大の自動車製造販売会社になり、その地位を七六年間、途切れることなく守り続けた。著しい経済成長の時代も、予測と管理が経営思考を支配していた時代も、である。成長は一九四〇年代も続き、さまざまなブランド間での部品の共通化によって驚くべきスケールメリットが生み出された。一九五〇年までに、GMは合衆国における自動車市場の約六〇パーセントを獲得し、売れ行き世界一のブランド、シボレーを生み出した。一九五五年には世界で最も大きく最も収益の高い企業としてフォーチュン五〇〇社のうちトップになり、それから二〇年連続その座に君臨することになる。一九七〇年の総収入は、二位のエクソンモービルの約二倍、ゼネラル・エレクトリックのほぼ三倍だった。一九八〇年代までには、三五万の従業員を抱え、一五〇の組み立て工場を持ち、年に九五〇万台を超える自動車を販売するようになった。[9]

GMは素晴らしい実行力によって、自動車産業において成功を収め、支配的な地位にまで成長した。そこへ至る間には、組織づくりについて大々的に報道されるモデルになり、その専門的経営についても尊敬のまなざしが向けられるようになった。みずからのアプローチの賢明さに自信を持ったGMは、築き上げてきた集中管理と大規模な戦略実行に何年も固執しつづけた。しかし、GM帝国の周囲の世界が急速に変わっていくにつれ、磨き上げた実行力があるにもかかわらず、GMの勢いは二一世紀への変わり目にじわじわと衰えていった。二〇〇〇年代初めは売り上げが落ち込みつづけ、ついに二〇〇八年、「自動車メーカーの帝王」の座をトヨタ自動車に譲ることになる。そして数年にわたる衰退期ののち、二〇〇九年、この会社が破産申請するのを、アメリカ国民は呆然と見つめたのだった。

不確実なことと予測不可能なこと

産業化時代の多くの支配的企業と同様、GMは作業ややり方を、市場の変化を反映するものへなかなか変えようとしなかった。成功し続けるのは、どんな業界でも難しい。理由は、がむしゃらに働くことに社員が嫌気を覚えるようになるから、ではない。効率のよい実行を可能にする経営者の考え方が実は、組織が学習し、革新するのを妨げてしまうからなのだ。作業効率アップ（GTD）に集中することで、刻々と変わる不透明なビジネス環境で成功し続けるのに不可欠な試みと省察も妨げられてしまう。同様の運命をたどることになった工業界の巨人にはほかに、USスチールやポラロイド、RCA、ユニロイヤル、ユニオンカーバイドなどがあった。

巨大企業の失敗という前例が多々あるにもかかわらず、ほとんどのマネジャーが、着実な実行こそ顧客満足とよい財務成績への絶対確実な道だと今なお信じている。「実行の手綱を束の間でもゆるめるマネジャーは、みずからの首を絞めている。生産性はどんな犠牲を払ってでも維持しなければならない！」そうした信念は奇妙なことに、マネジメントに関する評判の論文の中でも、全米の経営大学院やMBAプログラムの中でも、今なお健在だ。実行をよいものだとする傾向は、組織内外の評価基準や最終利益ばかりを崇めるところに表れている。パフォーマンスは元々の才能と費やす努力によって左右されるものであり、産出物として簡単に評価できるという思い込みは、キャリアが数十年に及ぶ経営上層部の中に深く染みついていることが少なくないのである。

そうした考え方は、ほとんどの大企業のトップから各層へじわじわと染み込んでいくが、顧客の望む製品やサービスのつくり方が十分に開発され、明らかである場合にはそこそこうまくいく。しかし、期待される結果を生み出す方法がまだ開発中であったり流動的であったりする場合には、抜かりなく立てられた計画や申し分のない実行力でさえ成功するとはかぎらない。そうした状況にあるときには、実行を主張する従来の組織づくりのモデルでは行き詰まってしまう。そこで、テクノロジーやグローバル化、あらゆる専門知識、顧客の期待の劇的な変化を考慮した新たな組織づくりの方法を探ることが必要になる。

不確実性に直面しても成功する

顧客の期待が絶えず変化し、競争がますますグローバル化するにつれ、多くの企業が、激変する環境の中で成功しようと悪戦苦闘するようになっている。また、テクノロジーの急速な進歩や法的環境の変化によって障壁が大幅に減り、さまざまな産業に参入できるようになったために、新たな競争相手が生み出されている。今では、スーパーマーケットや百貨店や葬儀場が、かつては銀行や金融機関が独占していた金融サービスを提供している。同様に、電話会社がテレビ放送を、テレビ会社が電話サービスを提供している。競争圧力が増しているのはつまり、以前は安定していた業界であっても、ごく短期間に思いもかけない変化が起き、前例のない新たな難題が生じているということだ。

そのため、マネジメントとシステム・ダイナミクスの専門家であるピーター・センゲは次のように述べた。「今後、真に卓越した存在になるのは、組織内のあらゆるレベルで、人々のコミットメントや学習する力を引き出す組織だろう」[10]。不確実な環境では知識は動く標的となるが、そんな環境で新たなスキルを学ぶことが、およそどの業界でも競争するうえで不可欠になっている。医療知識の驚くような広がりを考えてみよう。一九六〇年に偉業を営んでいた人は、主要な専門誌を何冊か定期購読していれば、たいてい自分の専門分野の最新情報に通じていることができた。一九六〇年にはランダム化比較実験に基づいて発表される論文（すなわち医学における成功事例の最高水準となるもの）は、ほんの一〇〇本ほどだった。それが今日では、そうした論文は毎年、一万本以上も出版されている。[11]あるいは、今日の平均的なエンジニアがこれ見よがしに身につけている腕時計はどうだろう。その時計は、一九六〇年代にNASAでアポロ計画に取り組んでいたエンジニアチームが使っていたより多くの計算能力や記憶装置が備わっているのである。

テイラーとフォードよ、さようなら 複雑適応系よ、こんにちは

問題は、医療やテクノロジー、科学、工学、その他に関連する分野の知識が、今日の職場では、工業化した製造業の時代――テイラーやフォードが君臨した時代――とは全く違うスピードで増えていくことである。今やほとんどのリーダーやマネジャーが認識しているとおり、学習しない組織は革新的で適応力のある競争相手に後れをとることになる。そして、現代のダイナミックな環境で成功するには、組織は複雑な管理される機械ではなく、複雑適応系としてマネジメントされる必要がある。

複雑性科学に研究者が大きな関心を寄せるようになったのは、この数十年のことである。複雑適応系というのは、自然界に見られるシステムと同じように、行動的で適応力のあるシステムを指す言葉だ。相互作用する部分が多いと、システムは複雑になる。そうしたシステムの特徴はフィードバック・ループだ。フィードバック・ループとはつまり、部分Aが部分Bに影響を及ぼし、次いで部分Bは部分Cに影響し、部分Cは元へ戻って部分Aに影響をもたらす、ということである。全体としては、そうした相互作用によって予測不可能なダイナミクスが生み出されることになる。直線

的で一方的な関係が予想されるシステムの中では、起きていること――AがBに影響を及ぼし、BはCに影響し、そしてCで鎖は終わりになる――を理解しよう、まして予測しようとしても、不完全な結果を生み出してしまうのだ。

複雑適応系は自己制御する。いつも好ましい方法であるとはかぎらないが、外的な誘因と内的な誘因の両方に応じて変化するのだ。そうしたシステムの例としては、胚からアリの巣、病院までさまざまなものが挙げられる。共通しているのは、たくさんのよく似た構成要素（細胞、アリ、人間）を含み、外的、内的混乱（しばしば摂動と呼ばれる）に応じて自己組織化する点である。[12]

自然界の組織と同様、企業などの組織も複雑適応系である。自己制御する可能性を持ってはいるが、潜在能力を最大限に活用する思慮深いリーダーシップが欠かせない。ところが本書で繰り返し述べるように、組織におけるマネジャーの無意識の対応は、かつてない、互いにつながり合う、知識集約型の仕事の世界が必要とするものに、不意打ちを食らわせてしまう。伝統的な経営管理論は、すでに見たとおり、とかく管理を過大評価したり組織を機械的なシステムとして扱ったりしてしまうのだ。

学習は不可欠であり、究極的には、支配を手放すことが求められる。基本的な組織の能力として適応力の創造に積極的に取り組むことも必須だ。柔軟性と判断力も欠かせない。組織が不確実性――新たなテクノロジーや顧客の好みの変化や複雑なシステムによって生まれる――に直面しているときに機能する管理手法も必要になる。成功するためには、実行のための組織づくりから、協働やイノベーションや組織学習を支持する新たな働き方へとシフトすることが不可欠なのである。

チームをつくるために学習する、学習するためにチームをつくる

簡単に言えば、チーミングとは、新たなアイデアを生み、答えを探し、問題を解決するために人々を団結させる働き方のことだ。ただし、チームをつくることを、人々は学ばなければならない。大半の組織において、ひとりでには生まれないためである。チーミングには学ぶ価値がある。というのも、機能する企業における成長や問題解決やイノベーションにとって、チーミングはなくてはならないものだからだ。学習やイノベーションに関する複雑な相互依存には対人能力――意見の相違に折り合いをつけたり、専門用語を克服したり、解決策が生まれるまでアイデアや問題を再検討したりといった、チーミングによって後押しされるすべての活動に必要な能力――が欠かせない。今日の組織で学習するには、互恵的な相互依存が不可欠であり、コミュニケーションと協調があって初めてきちんと仕事ができるようになるのである。

チーミングはあらゆる企業が成長するのを手助けするが、次のいずれかの状況で成功するには絶対に不可欠である。

- □ ミスを最小限にしながら複数の目標を達成する必要のある仕事をしているとき
- □ 高いレベルのコミュニケーションと緊密な協調を維持しながら、次から次へとさまざまな状況に対応しなければならないとき
- □ 多様な分野の考え方をまとめることが役立つとき

□ 異なる場所にいながら協働するとき
□ 仕事の性質が変わり、事前に計画された協調が不可能、または非現実的になったとき
□ 複雑な情報がすばやく処理・統合・活用されなければならないとき

チーミングとは境界のある昔ながらのグループ構造ではなく動的な活動のことだが、ただ、その目的や利点の多くはチームやチームによる作業の基本原理を土台にしている。チームの利点の一つは、多くの重要な作業を達成するためにさまざまな専門知識を統合できる点である。歴史的に見て、チームで研究やプロジェクトを行うときに焦点が当てられるのは生産プロセスを改革することだった。しかし、チームでの作業は次第に、工場という作業場を超えて広がるようになっている。経営チームは企業戦略を立てる。販売チームは洗練されたサービスをさまざまな国籍の多様な顧客に販売する。製品開発チームは革新的な新しいテクノロジーを生み出す。これらのチームのそれぞれにメンバーがいるが、経歴や専門知識が多岐にわたっており、挑戦的な目標を達成するために大いに依存し合って仕事をしていることが少なくない。彼らの仕事は相互依存の度合いや必要な協働の程度によって変わるかもしれない。しかし彼らの全員が、協調したり協力したりすることを必要としているのである。

チームを使って問題解決を図ったり新たな戦略の方向づけをしたりすることは、一〇年以上前から組織の間でさかんに行われるようになっている。二〇〇三年に実施された製造業績研究所（MPI）の工業センサスによれば、回答者の七〇パーセントが事業目標を達成するのにチームを使ったという。コンサルタントで、チームに関する著書を数冊持つグレン・パーカーは同年、ゼネラリズムが専門化に、協働が自主性に、権限を与えることが権力に、そしてチームワークが個人主義に

取って代わったと述べた[13]。

しかし、チームやチーミングに関して何もかもが完璧であるわけではない。チームを使うことが着実に増えてきているにもかかわらず、チームの有効性はそれと同じペースで高まってはいないのだ。前述のMPIの報告書によると、チーミングへの取り組みを「きわめて有効」と評価したのは、調査対象となった組織のおよそ一四パーセントにすぎず、半分以上（五〇・四パーセント）が「いくらか有効」と評価したという。つまり三分の一以上のチームが有効でないと評価したのである。

この結果も、他の報告書や研究の数字も、チームを使って相互依存の仕事をすることには価値はあるかもしれないが、チームのとてつもない可能性を実現するのは大方の予想よりはるかに困難であることを、ひいてはチームワークがいまなお多くの組織でなかなか成功させられないものであることを示している。特定のタイプのリーダーシップがなければ、不確実性や不明確さに取り組むための適切な学習行動はなかなか生まれない。チーミングには、率直に述べたり質問したり考えを共有したりすることを後押しする新しいタイプのリーダーシップが必要なのだ。ひとことで言うなら、チーミングに不可欠なリーダーシップの考え方とは、学習を促す環境をつくろうとするものだ。そうしたリーダシップの考え方やそれに伴う取り組みを述べるのに、私は「学習するための組織づくり」という言葉を使っている。

学習するための組織づくり

これまで見てきたとおり、競争力を持ち続けるには学習が不可欠だ。そこで、学習するための組織づくりが、重要なチーミング行動を促して集団的学習を進めるリードの方法になる。従業員の知識を求めて新たな解決策や課題に応用したり、結果を分析したりするには協働が必要だが、この方法はそれを後押しするのだ。学習するための組織づくりはまた、不確かであっても前進する方法でもある。確信なしに行動を起こすなど、変化や試みより安定や成功に価値を置く組織にとっては、空恐ろしいことに思えるだろう。

個人にとってもグループにとっても、学習は情報や理解や能力を得るための活動的なプロセスだ。期待される結果を生み出すために行動・評価・修正をする、活動と省察のプロセスでもある。さまざまな状況における研究によって、学習する個人がパフォーマンスに関して意義深い成果を上げていることが示されている。しかしながら、組織の仕事はたいてい、複数の人が協調する必要がある。また、仕事の成功に欠かせない知識は多様で、さまざまな場所に存在する。成功するには、グループは知識に近づき、その知識の最良の使い方について共通の理解を深め、新たな洞察を反映する方法で一体となって行動しなければならない。これはつまり、グループでの仕事はしばしば集団的学習を必要とするということである。

集団的学習には次のような行動が含まれる。情報を集めたり、共有したり、分析したりすること。顧客をはじめとする人たちから意見を得て、よく考えること。積極的に試みること。集団的学習を経験しているときの個人の学習行動には次のものがある。

- □ 質問する
- □ 情報を共有する

□ 支援を求める
□ 証明されていない行動を試みる
□ 失敗について話す
□ 意見を求める

こうした学習行動によって、グループは適応して進歩するのに必要な情報を手に入れ、処理できるようになる。集団的学習を行うと、組織は環境の変化を察知したり、顧客の要求に気づいたり、状況についての集団的理解を一人ひとりが深めたり、以前の行動の結果を発見したりできるようになるのだ。それには、失敗について話し合うといった、対人関係のリスクを積極的に冒すことが必要になる。そしてそのためには、共有したり試みたり学習したりすることを支持・奨励する環境を生み出そうと尽力するリーダーが必要になる。

実行するための組織づくりという古い考え方は、一世紀をかけてつくり上げられた。そのため、習慣と訓練によって多くのリーダーがその考え方を持っていることに何の不思議もない。実行するための組織づくりには、とりわけ規律や効率性を重視する点に、多くの強みがあるのだ。しかしながら、リスクも多い。とくに多いのは、きわめて不確かな、あるいは複雑な状況でその考え方が使われるときである。そうした状況では、学習するための組織づくりこそ成功に不可欠だ。**表1-1**では、アプローチの違いに焦点を当て、明確な違いを持つ二つの考え方とそれに付随する管理手法――いずれも、人々や組織を導く責任を負っているときにリーダーたちが採用する――を示している。

実行するための組織づくりは、生産プロセスが十分に解明され、信頼して使えるときにはうまくいく。その場合、マネジャーは所定のやり方に従う気が候補者に十分あるかどうかを評価して、雇用を決めることができる。新しく雇われた人はふつう、訓練を受けて急いでそのやり方を身につけ、その後、パフォーマンスは指示されたことをどれくらいしっかりこなしているかに基づいて評価される。そうした評価を可能にするため、誰が何をどの程度達成したかが見てすぐわかるよう、仕事は分割される。このタイプの状況では、仕事によって、いくつかある選択肢の一つをきちんと実行するよう求められるかもしれない（ファストフード店で、メニューにあるとおりの食事を顧客に提供する。コールセンターで、支払いに関する特定の質問に適切に対応する、など）。ときには、台本から少し離れる必要があることもある。特別な状況になって、顧客の状況に応じた対応が求められるような場合だ（たとえば、コールセンターのオペレーターなら、「泣き声が聞こえますが、赤ちゃんでしょうか。のちほどかけ直しましょうか」と穏やかに尋ねる、など）。休憩時間には、決められた仕事を日々こなす従業員は、仕事のことではなく、天気やプライベートなことを話す可能性が高い。実行するための組織づくりでは不要な衝突はことごとく取り払われるため、そのプロセスは可能なかぎり効率的になる。つまりは、従業員の時間や、資材や、その他の貴重な資源の無駄遣いを最小限にする。効率性は収益性を生むのに欠かせないのだ。このように、実行のための組織づくりがうまくいっている場合、プロセスは順調に進んでいく。

対照的に、生産プロセスがまだ開発されていないときは、マネジャーは学習するための組織づくりに取り組まなければならない。**表1-1**の右側に示したように、順応するのではなく積極的に試みを行う人を、つまり、新しいことをする場合に必ず出てくる数々の問題を解決し続ける人を雇う必要がある。雇われた人は、初めての仕事に備えて既存のプロセスについての広範な訓練を受けるのではなく、新たなプロセスを発見するのに役立つ仕事にすぐに取りかかるよう促される。パフォーマンスは、仕事をどれくらいしっかりこなしたかに基づいて評価されるが、それには失敗してそこから学ぶことも含まれる。不確かな道に直面したときに、何かを試して失敗し、ではほかにどうすればうまくいったかを理解することは、優れたパフォーマンスのまさに本質だ。しかし、本当に素晴らしいパフォーマンスとは、何かに挑戦して失敗し、代わりにどうすれば成功したかを理解し、さらにその挑戦について成功したことも失敗したこともすべてを洗いざらい仲間に話すことである。そうした発見プロセスによって、人々はいくつもの領域の専門知識を統合し、その仕事に対する新たなアプローチを理解することになる。台本どおりに進むことなど何一つない。みな、さまざまなことを試して何の準備もなしに行動しなければならず、その多様な経験を学習の源として使わなければならない。そうした協働的な学習が行われていると、従業員は休憩中に仕事のことを話すようになる――ぶつかって解決した問題のことや、なにより、今なお助けを必要としている問題のことを。休憩所にいる同僚が、その助けになるのである！

学習するための組織づくりには、実行するための組織づくりとさほど変わらない部分もある。規律や、システムを尊重することや、細部に注意を払うことなどである。しかし詳しく見てみると、プロセスに確実に従うことよりプロセスを発展させることに集中するという点が、組織に関する考え方として全く異なっている。学習するための組織づくりというアプローチをリーダーが採用すると、ライバルより効率的に製品を生み出すことではなく、ライバルより早く学習することに重点が置かれるようになる。目標は、何がうまくいって何がうまくいかないかを見つけ出すこと。

表1-1　実行するための組織づくりVS学習するための組織づくり

管理手法	実行するための組織づくり	学習するための組織づくり
雇用	体制順応者、規則を守る人	問題解決者、試みを行う人
訓練	学習してから行動する	行動することから学習する
業績評価	「あなたは」適切に行ったか	「私たちは」学習したか
作業体制	専門知識を分類する	専門知識を統合する
従業員に与えられる自由裁量権	選択肢の中から選ぶ	試行錯誤を通して試みる
エンパワーメントの手法	特別な状況が生じてやむを得ない場合は、従業員は台本から離れることができる	台本はない。即興で行動せよ！
プロセスの目標	異なる意見を追い払う	異なる意見を使って分析し進歩する
休憩時間	天気について	仕事について
事業目標	今すぐ利益を出せ	利益はあとで出せ
うまくいくとき	前方の道がひらかれている	前方の道がひらかれていない

最も重要なのは、学習するための組織づくりという考え方がチーミングと組み合わされると、私が「学習しながら実行する」と呼ぶ活動の仕方が生まれることである。

学習しながら実行する

学習しながら実行するというのは、絶え間ない学習と高いパフォーマンスを結びつける組織としての活動の仕方である。簡単に言えば、仕事をこなしながら同時にどうすればもっとうまくできるか探しつづけるということだ。[14] ある意味、それは学習する姿勢と行動を実行の規律の中に織り込み、従業員やマネジャーやリーダーができるだけ多くのことを成し遂げられるようにしてくれるものである。これにより進歩が促されることになる――次のセクションで述べるとおり、取り組む仕事のプロセス知識がどういう状態かによって違いはあるけれども。学習しながら実行することはふつう（働き方としての）チーミングを必要とする。また、学習するための組織づくりというリーダーシップの方法が用いられることで可能になる。

学習しながら実行するその顕著な特徴は、絶え間ない、目を見はるような、ちょっとした学習を、日々の仕事の中に組み入れることである。学習しながら実行するのは、リフレクション・アフター・アクション（行動のあとの省察）――建築から医学までさまざまな分野の優秀な個人が使っている考え方の習慣――よりリフレクション・イン・アクション（行動の中の省察）に似ている。[15] ただ、学習しながら実行することが対象にしているのはグループや組織であって個人ではない。時間のかかる気の滅入るような事後検討や、学んだ教訓という名の面倒な追加の仕事を、長期にわたって重ねる代わりに、一部の組織では、学習するプロセスを仕事の仕方に組み込む技術をマスターしている。**図1-1**は、チーミングと、学習するための組織づくりと、学習しながら実行する考え方との関係を表している。

図1-1を見ると、土台に「チーミング」がある。それには、すばやく協働、調整、学習するのに不可欠な、個人間の行動が含まれる。しかし学習を促進するのに不可欠なのは、チーミングや集団的学習に必要な個人間の行動を促すリーダーシップだ。そうしたリーダーシップの枠組みを示すのが、ピラミッドの次の層である。「学習するための組織づくり」は、リーダーが集団的学習を行い、重視し、活用するのを手助けするのである。ピラミッドのいちばん上の「学習しながら実行する」は（組織としての）活動の仕方を示しており、絶え間ない秩序立った学習が、製品やサービスの提供と平行して行われる。このように、学習しながら実行することは、学習を日々の仕事に

図1-1　学習の基盤としてのチーミング

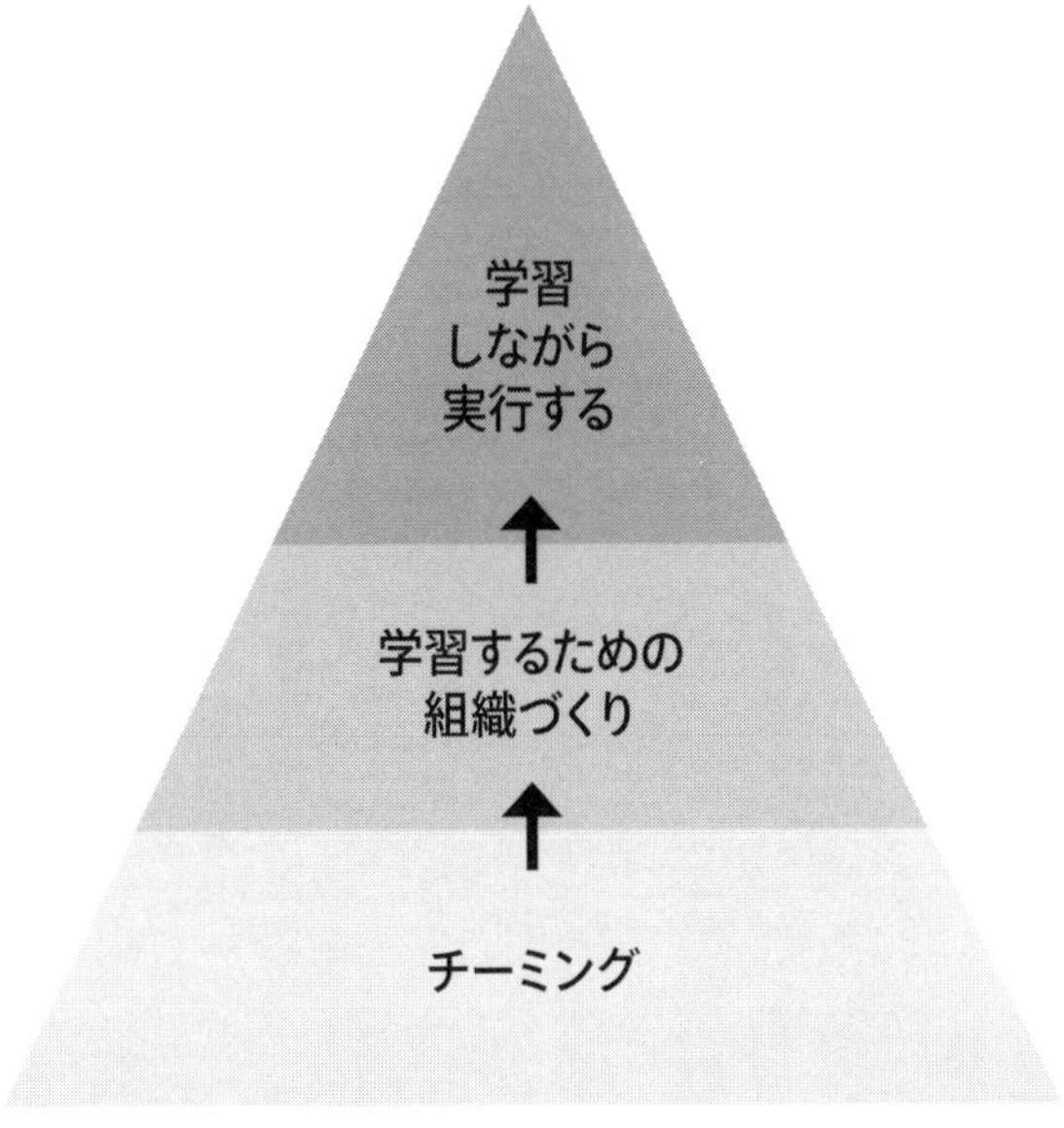

組み入れて、絶えず変わるニーズに対応したり長期にわたる成功を引き寄せたりする、オペレーティング・システムなのである。

「はじめに」で概要を述べたとおり、本書には三つの部があり、それぞれがピラミッドの層を映している。そして、第1部では仕事の仕方（チーミング）を示し、第2部ではリードの仕方（学習するための組織づくり）を説明し、第3部では活動の仕方（学習しながら実行する）について述べる。本物のピラミッドと同様、チーミングを成功させるにはまず基礎を築かなければならない。ここでいう基礎には、さまざまな職場環境におけるチーミングへの取り組みからどんなことが予想されるかを理解することが含まれる。そこで、知識の成熟度、仕事の種類、不確実性といった要素を用いた「プロセス知識スペクトル」が、仕事のコンテクストや活動の環境を認識するための重要なツールになる。

プロセス知識スペクトル

今日の知識主導型の職場で組織学習が必要であることは明らかだが、それによって次のような重要な疑問が生じる。何を学習の焦点とすべきか。どんな種類の学習が最も必要なのか。たとえばそれは、基本的には十分に開発されているプロセスを絶えず改善することなのか、問題を解決してプロセスの不具合を直すことなのか、イノベーションを行って新たなプロセスをつくることなのか……。こうした疑問に対する答えは、企業や企業内部の部署によって、そしてそれらがプロセス知識スペクトルのどこに位置しているかで変わってくる。

プロセス知識というは、自動車、ハンバーガー、手術の成功など何であれ、望む結果を生む方法についての知識のことだ。欲しい結果を生み出す方法——自動車の製造方法、連鎖球菌性咽頭炎の治療法など——について知識を持てば持つほど、その知識はいっそう成熟度を増す。あること——二酸化炭素を排出しない手頃な価格の自動車の製造法、筋萎縮性側索硬化症の治療法など——を完成させる方法について知識が少なければ少ないほど、その知識の成熟度は低くなる。プロセス知識が十分に身についている、あるいは深まっていると、製造現場（ルーチンの業務）でそうであるように、不確実性は小さくなる。従業員は、あらかじめ受けた指示に従えば、一定の結果を得られるのである。反対に、イノベーションの業務では求められる知識の多くがまだ見出されていない。プロセス知識スペクトルは、**図1-2**にあるとおり、目標を結果へ変える因果関係の深さに照らして仕事の特徴を表している。

プロセス知識スペクトルの左端には、ファストフード店やコールセンターや組み立て工場で見られるような、大量かつ繰り返しの仕事（ルーチンの業務）がある。一方、右端にあるのは先駆的な研究や発見（イノベーションの業務）だが、期待される特定の結果を得る方法についてまだほとんど知られていない。求める結果には、珍しいがんの治療や環境に優しい次世代の乗り物の設計といった野心的な目標もあれば、新しい台所用品のデザインや新たなITシステムの導入いったもっと小さな目標もある。

図1-2　プロセス知識スペクトル

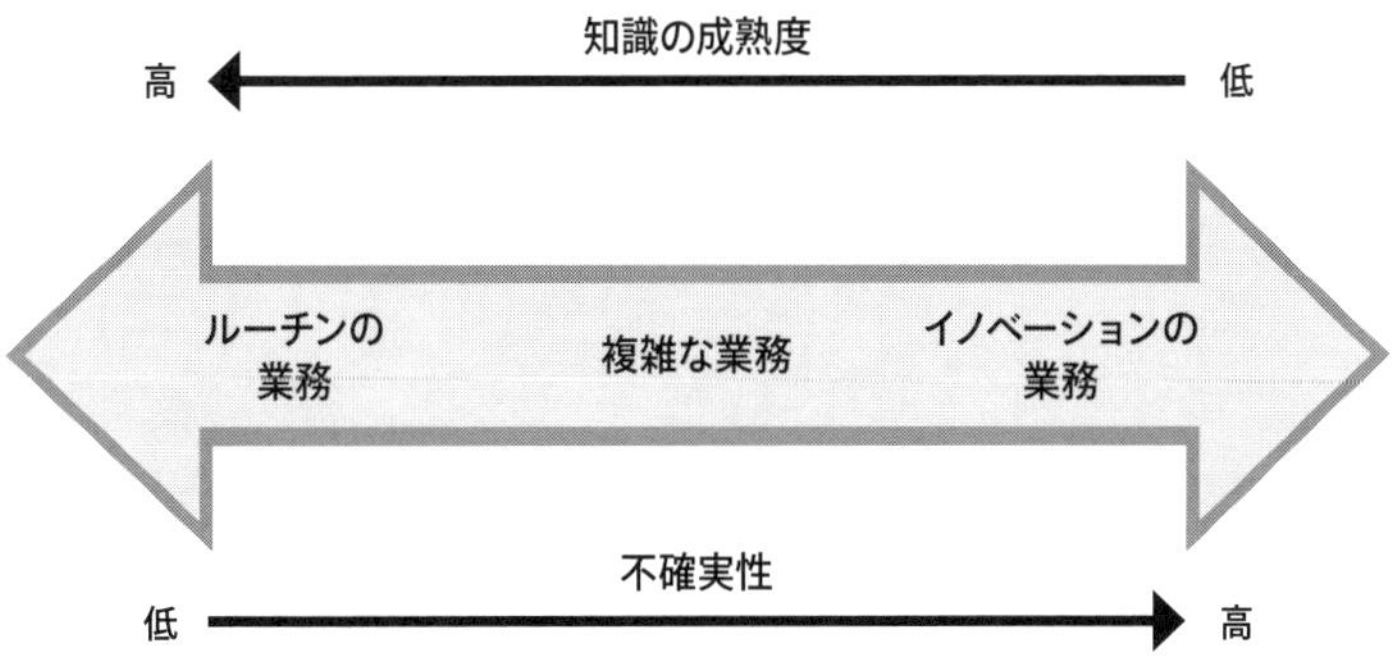

目標を達成した過去の経験には限界があるため、進歩には思いきった試みを行うことが必要になる。スペクトルの真ん中には、複雑な業務がある。三次医療センターのような、複合サービス組織に代表される仕事である。そこでは、採血の方法のような成熟している知識もあるが、珍しい病気の治療法のようなよくわかっていない知識や、来る日も来る日もさまざまな患者がやってくるといった絶えず変化する知識がたくさんある。そうした状況では、チーミングは取り組みがいがあるだけでなく、計り知れないほど貴重なものになる。

プロセス知識はどのように異なるか

私が研究してきた職場のほとんどは、複雑な業務かイノベーションの業務のどちらかの特徴を持っている。プロセス知識スペクトルの真ん中か、あるいは右のほうに位置しているのである。しかし私は、自動車やノート型パソコンのような製品をつくる工場はもちろん、ファストフードや料金請求業務などサービスを大量に提供する種々の職場にも相当な時間をかけてきた。こうした場の違いによって生じる相違が、**図1-2**に示した特徴や区分を生み出している。

ルーチンの業務

ノート型パソコン、トースター、自動車――その組み立て工場はいずれも、十分に開発され、きちんと体系化されたプロセス知識を頼り、使っている。不確実性の入り込む余地はない。学習は、やはり重要なものではあるが、改善を図って既存のプロセスをもっと精確で安く時間のかからないものにすることにおおむね集中している。ひとことで言うなら、成功とは効率性の改善のことである。

しかし、ルーチンの業務といえども、永遠に何事も起きないわけではない。新たな機械や製品は一時的な問題の解決を求め、新しいプロセス――すぐにそれが基準になる――の開発を要求することが少なくないのだ。問題が解決され、障害が取り除かれると、新しい基準と台本が考え出される。そして新しい製品やサービスが当たり前になる。移行期間はわずかだ。そのため、実行するための組織づくりのプロセスにも、チーミングや学習するための組織づくりが不可欠になる。

複雑な業務

到着時刻や、顧客の特定のニーズや、予測不可能な会話、それらについての不確実性が複雑な業務を困難にする。特定の結果についてはおおむねその生み出し方に関する知識が一応成熟しているものの、多くの結果は予測するのが難しい。仕事の組み合わせが、とにかく常に変わりつづけているのだ。古い仕事と新しい仕事が影響し合って、新たな結果や、思いがけない結果や、問題のある結果を生み出すことも多々ある。

そうした状況での学習で最もよく知られているのは、問題解決である。問題というのは、ハーバードの同僚アニタ・タッカーと私が業務プロセス問題と呼ぶもの、すなわち、仕事の遂行を妨げる混乱がほとんどである。この混乱は、データかスキルか時間の不足によって、あるいはなんらかの障害があって起きる場合が多い。しかしながら、複雑な組織はもっと大きな問題やいやでも向き合わざるを得ないチャレンジ、たとえば原子力発電所を安全に稼働させるとか宇宙開発プログラムを管理するといった問題にも直面する。また、学習には、顧客が来る人数やその要望のパターンをもっとよく理解したり、予測の可能性を高めたり、ある程度秩序立った業務をデザインしたりするために、データを集めることも含まれる。とはいえ、複雑な業務からすべての不確実性を取り除くことは不可能だ。そうした環境では、絶え間なく問題を解決することが日常茶飯事である。

イノベーションの業務

イノベーションの業務の第一の目的は、新たな可能性を試したり生み出したりすることである。成功は新奇なものの中にあるのだ。革新的な新製品の開発は、協働的なチーミングを頼むことが増えてきており、また一連の複雑なチャレンジを伴うようになっている。イノベーションの業務にとって、新商品の開発とは青写真なしに取り組むことを意味する。利益を生む新製品をいっそう短期間に開発するというチャレンジにより、特有のストレスがチーミングに加わることになる。

イノベーションの業務の目標は野心的だが漠然としている場合が多く、試みや、試行錯誤や、集団的ブレーンストーミングが不可欠だ。また、デザイナー、エンジニア、マーケティング担当者、研究者は新しい製品やサービスを考え出すために積極的に、かつ絶えず学習して、自分たちの会社が競争力を持ち続けるのを手助けする。チームの境界はあってないようなものだ。人々はプロセスのさまざまな時点でプロジェクトに参加したり離れたりし、またチームメンバー一人ひとりの役割がプロジェクトの進行とともに変わる場合もある。多くの作業がはっきり定義され、割り当てられ、即座に行動に移されなければならない。ここでの学習は、新たな可能性を生み出すためのものであって、狭い領域の深い専門知識を得るためのものではないのだ。途中で失敗するのはよくあることで、またするのが当然と思われている。バイオ関連企業のような研究開発志向型企業での許される失敗率は、九〇パーセントをはるかに上回ることもある。

学習活動をプロセス知識と調和させる

仕事や部署、あるいは組織全体がスペクトルのどこに位置しているかで、その仕事の性質と、それに合う学習の仕方とが決まる。組み立て工場で行われる所定の生産を繰り返す作業のように、プロセス知識が十分に成熟し、不確実性があまりないなら、学習は改善に、すなわち既知のプロセスをより効率的に行う方法を探すことに焦点を合わせたものになる。画期的な分子化合物を研究する薬学研究所のように、知識がわずかで、不確実性が多分にある場合は、チーミングはイノベーションや発見に重点を置くことになる。

しかし実際にはそんなに単純に進むものではない。およそすべての組織が、そして例外なくすべての大企業が、多様な部や課を持ち、それらはスペクトルのさまざまな点に位置している。簡単な例を挙げると、ある会社の郵便仕分け室はルーチンの業務だが、ＩＴ部門は複雑な業務、研究開発部門はイノベーションの業務であるかもしれないのだ。

大組織における業務の多様性

実のところ、ほとんどの組織が――大規模な組織では間違いなく――境界内に三種類すべての業務を持っている。トヨタの場合で考えてみよう。そのきわめて効率的な組み立て工場は、多くの人が自動車メーカーと聞いて連想する仕事、すなわちルーチンの業務の典型だ。それはトヨタがルーチンの業務を行う場でしか活動しないということだろうか。とんでもない。トヨタのような成功している大グローバル企業であれば、複雑な業務も、さらにはイノベーションの業務も、必ず行っている。現にトヨタには大規模な活気あふれる研究開発組織があり、世界初の量産型ハイブリッド車（電気とガソリン両方を動力源とする自動車）、プリウスを開発して、革新的で魅力的な「環境に優しい」乗り物を、ライバルより数年先駆けてトヨタにもたらしたのだ。

トヨタの新製品開発プロセスは他の多くの製造会社と同じく、部門の枠を超えたチーミングから始まり、その製品が最終的にどういうものであるべきかを見つけ出し、詳細な仕様を詰めていく。次いで、互いにつながり合うもっと小さなチームが、詳細な仕様によって生まれる問題を解決し始める。コンセプトを考えてから市場へと最先端の自動車を送り出すには、顧客の好みを理解し、それに適う機能を設計し、どの既存の部品を使うか判断し、部品サプライヤーとチームを組んで新たな部品を開発し、同時に内製部品と外製部品を確実に統合してテストする必要がある。この複雑さに場所、文化、規制政策の多様性が加わるとなれば、トヨタのイノベーションというチャレンジがいかにとてつもないかは明らかだ。また、新たな自動車の設計に取り組む誰もが、以前と全く同じというわけではない仕事をしていることも明らかだろう。新しいものはプロセスに影響を及ぼす。そして途中、チーミングがもたらす一連の出会いを通して、大規模なブレーンストーミングやコミュニケーションや多くの難しい判断を求める。

自動車メーカーでイノベーションを成し遂げるのはたしかに複雑だが、複雑な業務という言葉によって私が言いたいのはそのことではない。すでに述べたとおり、複雑な業務には、十分に開発されたプロセスと、新たな状況と、予期せぬ出来事とが混在している。複雑な業務の例としては、トヨタのような企業で行われているサプライチェーン・マネジメントがうってつけかもしれない。部品を調達したり自動車をディーラーに届けたりといった仕事はあらかじめ十分に計画され、期待に背かないようしっかり監視される。それでも、天候や自然災害や、サプライヤーの問題、ディーラーからの突然の要望などに関する、数々の予想外の出来事や困った事態にさらされている。また、自動車のサプライチェーンはとてつもなく複雑で、約二万の部品によって平均的な車がつくられ、おまけにそのうち一つでも欠けると車は完成しなくなってしまう。サプライヤーにはいくつかのレベルがあり、サプライチェーン全体ではその数は数千にもなる。[16] こうしたサプライチェーンという仕組みは、二〇一一年に日本で起きた地震と津波があまりに強烈に示したとおり、混乱に対してきわめて脆弱だ。思いがけない出来事について予測したり気づいたり対応したりするには、都会の病院の緊急救命室で医療を管理するのに似て、絶えず警戒することが必要なのである。

　トヨタの多様性は独特のものではない。**表1-2**は、さまざまな業界の会社が多様な業務を含み、仕事や学習の場が広範であることを示している。

　組織学習を後押ししようとするリーダーの取り組みは、プロセス知識における位置に合っていなければならない。工場で成功している管理技術であっても、研究所で使えば、発見のプロセスを損なうだろう。ちょうど、工場をまるで研究所であるかのように管理すると、生産性にさんざんな結果がもたらされるのと同じように。さて、ここからは、プロセス知識スペクトルのどこに位置しているのであれ、その組織が学習するのを手助けするために、リーダーはどのように考え方を変えなければならないかを見ていこう。

新たなリードの仕方

二〇世紀には他に依存しない企業や孤立した国家が際立っていたが、そこから現代はずいぶん様変わりした。今ある世界はそれ自体、重大な変化の結果なのだ。思い出すべきは、一世紀以上前に起きた、昔の変化の大きさだ。手作業中心の、一地域に制限された農業コミュニティから、工業化された多国籍の生産システムへと変貌したのである。昔の農家の人や職人は何年もかけて、頭で理解し気持ちを切り替えて、大量生産や階層性の統制手段に適応していったのだった。

今日、それと同じくらい大変なのは、上司は答えを持っている、所定のプロセスに従っていれば報酬がもらえる、失敗は許されない、といった当たり前のように持つ考えを手放すことだろう。産業化の時代には、生産効率を最大限にすることに的を絞った考え方がうまくいっていた。しかし、知識ベースの経済においては、そういう考え方が役立つ仕事はどんどん少なくなってきている。これはそうした考え方が徐々に鳴りをひそめ、いずれ管理上の思想を支配するのをやめるということだろうか。いや違う。話はそれほど簡単ではない。

変化をひどく難しくしているのは、仕事に対するこの時代遅れの考え方の要素を、私たちのほとんどが、およそ無意識に持っているということだ。これによって、自分や他人の行動に対する解釈の仕方や、多忙さが見込まれる場合の行動の仕方や、しばしば失敗への対応の仕方が決定される。言葉でどう言おうと、多くの人が、自分にも他人にもものごとを一度でうまくやることを期待している。失敗は許されないものだとも思っている。部下には命令し、上司には指示を請う。

表1-2　組織はどのようにルーチンの業務、複雑な業務、イノベーションの業務を含んでいるか

	ルーチンの業務	複雑な業務	イノベーションの業務
自動車会社	組み立て工場	サプライチェーン・マネジメント	未来の車の設計開発
コンピュータ・チップ製造会社	製造工場	サプライチェーン・マネジメント	次世代のチップの設計開発
パソコンメーカー	組み立て工場	大企業顧客向けのサポートおよびサービス	未来の計算装置の設計開発
ファストフード店	レストラン	サプライチェーン・マネジメント	未来の製品・サービスの研究開発
大学	寄宿舎の管理	建築計画の立案	研究所、カリキュラム再編成グループ
宇宙探査機関	給与にかかわる業務	宇宙ミッション	未来のプログラムの開発
空港	セキュリティ・サービス、飲食物の提供サービス	航空交通管制	将来計画
病院	静脈切開	緊急救命室	EMR（内視鏡的粘膜切除術）の実施

はっきり意見を述べて対立したり職を失ったりする危険を冒すより、多数派に賛同することを選択する。

さまざまな意味で、古い考え方は心地よく、安心感を覚えることができる。やるべき仕事は決まっている。目標は明確に示される。出すべき成果は客観的で変わることがない。キャリアを築くには序列的な階段を上っていくだけでいい。ヘンリー・フォードをはじめ偶像視される実業家が財を成したのは、トップに立つ人間としてその力の使い方を理解し、配下の労働者に直接の指示を出していたからだった。これは、仕事が主として個人で達成され、また知識の基盤が不変であるときは理にかなっていた。今日ではまずないことだが、最も優秀な労働者とは仕事を速く正確にこなす人であり、個々のパフォーマンスは労働者一人ひとりに正確に結びついていた。そしてマネジャーの仕事は、既知のプロセスにおける反復的な作業の一つひとつを監督し、その後、パフォーマンスに応じて賞罰を与えることだった。

今日の有能なリーダーは、時代遅れのルーチン集約型組織のマネジャーとは――その中で最も成功しているマネジャーと比べても――異なっている。そもそも人間に対する基本的な考え方からして違うのだ。工業化は労働者を本質的に子ども扱いしたが、知識ベースの経済がうまくいくのは、あらゆる階層の労働者を、誇りを持つ、自分で決定を行う大人へ回復させたときだけなのである。昔ながらの産業工場システムは、子どもを育て、職場の内外で役人や役員を投票で選び、自宅を所有する大人を――責任ある立場にいて、しばしば意思決定者でもある人を――雇いながら、工場の中では子どものように扱った。彼らは仕事場で、トイレへ行くのに許可を求め、労働時間を証明するために出退勤時刻をタイムカードに押し、許されたときにしかものを食べず、指示されたことを黙って実行するよう義務づけられたのだった。

今日、職場でチーミングを行う人には、信頼の置ける責任感の強い人であること、互いを尊敬し、意見の衝突が不可避であることを理解し、そうした困難を一つひとつ調べる責任を引き受けられる人であることが求められる。チーミングを促進するために、リーダーは自分がリードする人たちを信頼しなければならない。ゴミがないかどうか三〇分おきに駐車場をチェックするよう従業員に命じる店長は、仕事に対して古い考え方を持っている。対照的に、新しい働き方を理解している店長なら、従業員には駐車場をゴミのない状態にしておく責任があることを伝えるが、その目標を達成する最善の方法は従業員がみずから見つけ出すだろうと信じている。後者のアプローチは、過ちや失敗があるかもしれないが、互いに尊敬し合う環境を築くことにもなる。信頼と尊敬は手を取り合って、職場を、チーミングや絶え間ない学習を受け容れる環境にするのである。

職場を新しい形へと変える数々の技術的・地政学的変化に直面する多くのリーダーが、チーミングや絶え間ない学習という現実を日常の当たり前のこととして理解しようと奮闘している。権威やヒエラルキーといった時代遅れの、しかし当然になってしまっている概念を手放すには努力が必要なのだ。労働者が仕事をしている工場と企業本部が別々の大陸にある場合、命令はどういうものになるのだろう。知識は電子の速さで広がり、整然とした、たやすく管理できる方法で伝えることは不可能だ。それどころか、知識は無秩序に生み出され、共有されている。そのため労働者には、試みる方法や、すばやく決断する方法や、ルールがない場合の仕事の仕方や、すぐに順応する方法を知っている人が求められる。知識は、作業領域の中であってもすぐに変化するが、作業領域を超えて統合されると、否応なしにはるかに複雑で不確かなものになって、新しい場で仕事がやり遂げられることになる場合が多い。チーミングや学習にふさわしい環境をつくるには、繰り返しの作業現場で必要とされたのとは違う管理技術や予測が求められる。トップダウン・マネジメントはフォードやテイラーの役には立ったかもしれない。しかし今日のマネジャーは従業員に対し、単なる体制順応者ではなく、問題を解決し、新たな試みに挑む人であることを必要としているのである。

リーダーシップのまとめ

今日のペースの速いビジネス環境の中で活動する組織にとって、学習する能力は不可欠だ。既存の知識やスキルに依存することは、ある仕事で何をすべきかが正確にわかっていて、そのプロセスがかなり長い間ほとんど変わらないことを期待できる場合にしかうまくいかない。しかし今日の環境ではそんなことはまずないと言っていい。

代わりに必要とされるのは、ダイナミックで柔軟性のあるチームだ。そうしたチームは、従業員の強みと経験と知識を合わせて、組織の目標を達成する。仕事をしながら行うチーミングと学習は、まだ答えが見つかっておらず、プロセスが少しずつ進化しつつある場合にきわめて重要だ。そうしたタイプのチーミングと学習が必要とするのは、答えがなくても前進するにはどうすればいいか、その方法を見つける想像力と勇気を持つリーダーだ。明確な方向性を示し、リスクや失敗に対して寛容で、他人と緊密に協力することを率直に求めるリーダーなのである。

チーミングと学習に適した環境をつくるために尽力するリーダーは、たゆまぬ進歩と問題解決とイノベーションによって、よりうまく成功を収め、維持できるようになる。本書では至る所で、チーミングに成功し、生産的で有意義な学習環境を生み出している組織や会社のストーリーを紹介する。次の章ではチーミングを妨げる社会的、認識的、組織的な障壁に焦点を当て、そうした障壁を克服するためにすべきことについてお話ししよう。

Lessons&Actions

- □ 今日の複雑で変わりやすいビジネス環境で成功するには、柔軟さと協力と協働が不可欠だ。
- □ チーミングはダイナミックな仕事の仕方であり、しっかりとしたチーム構造という安楽さ（あるいは堅固さ）を持つことなく、必要な協力と協働をもたらす。
- □ チーミングとそれに関連するメンバー間の行動によって、組織学習が後押しされ、また、最適な結果を得られるよう適切なリーダーシップの考え方が要求される。こうした仕事の仕方によって、従業員は個人としても専門家としても成長する。これに対し、伝統的なトップダウン・マネジメントが行われる組み立てラインの工場では、労働者はするべきことを指示される必要のある子どものように扱われていた。
- □ 前述したリーダーシップの考え方を表すのが、学習するための組織づくりである。これは率直に話し、質問し、アイデアを共有することを促して集団的学習を促進するリードの方法である。
- □ 学習しながら実行するというのは、絶え間ない学習を日々の作業プロセスの中に織り込む活動の仕方のことである。ふつう、これはチームの中で生まれ、学習するための組織づくりというリーダーシップの実践によって後押しされる。

□ プロセス知識スペクトル（図1-2）は業務環境を分類するのに役立つツールである。仕事や部署、あるいは組織全体がスペクトルのどこに位置するかで、仕事の状況と、それに合うチーミングおよび学習目標とが特定される。

金曜の午後、場所は都会の大病院である。数日前に大手術を受けた患者の白血球数が急増した。命にかかわる感染症にかかった可能性を示唆する症状である。呼吸は苦しげで、顔面蒼白。医師たちが、感染源を突きとめるために、腹部と胸部のCTスキャンを指示する。指示が書かれたのは正午を少し過ぎた頃だ。

その後の四日間に起きることは、相互依存する仕事でありながらチーミングが生まれなかった場合にいかに多くの弊害が生じるかを示している。残念ながら、病院はチーミングにたびたび失敗し、生死にかかわる結果を引き起こしてしまう環境になっている。

CTスキャンは、一連の別個のステップを通して進められる検査であり、それぞれのステップは別の専門医によって行われる。専門医たちは自分をチームの一員とは思っていないかもしれないが、もし彼らが一連の別個の仕事を行う別々の専門医ではなく優れたパフォーマンスを上げているチームのメンバーであるかのように連携するなら、検査はもっとスムーズにかつ安全に進めることができる。件《くだん》の検査の実施には数人の仕事がかかわっており、いずれも権限の範囲が明確で作業の内容もはっきりと決まっている。まず、まだ食べることのできない術後の患者のために、熟練の技術者が鼻から鼻腔胃管（NGチューブ）を腹部へ通す。次に、持ち運びのできるレントゲン撮影機を持った別の技術者がベッドのそばへ行き、患者の腹部と胸部をすばやく撮影する。これはチューブが適切に設置されていることを確認するプロセスの一部である。その後、このレントゲン写真を有資格の放射線科医が見て分析し、実際に液体が注入される前にチューブの設置を確認する。次に看護師が造影剤――体内にとどまる時間は少なくとも一時間、せいぜい六時間――を投与し、それから患者は専用の特別な部屋に設置された巨大なＣＴスキャナーへ運ばれる。これら一連の作業がきちんと行われると、患者の治療の決定に役立つ画像を得ることができる。

およそどの病院でも、一連の流れに従って行われるＣＴスキャンのプロセスを、共同作業《チームワーク》であるとはほとんど認識していない。しかし、件のチームが行うのは実質的にチームワークなのだ。メンバーが直接顔を合わせることはないが、自分が他の専門家もかかわっている大きな流れの一ステップを担っていることは誰もが気づいている。このような事実上のチームがチーミングを行っているといえるのは、チームがメンバー同士の行動を念入りに連携させ、それぞれの仕事が、時宜を得た方法で、患者の安全と医師の診断のしやすさを何より優先して行われる場合である。

今回のケースでは、残念ながらよくあることだが、連携は運任せにされていた。医師がＣＴスキャンを指示した数時間後、技術者がベッドのそばへ来て、ＮＧチューブを挿入した。作業は手際よく行われ、チューブは、不快感はやむを得ず生まれるものの、比較的すんなり入った。およそ一時間半後、レントゲン技師が来て、チューブの設置を放射線科医が確認できるよう撮影をした。

午後五時、どんどん週末が近づいてくるが、チューブ設置を確認するレントゲン写真は放射線科医に確認されないままだった。様子を見守っていた患者の家族が勤務中の看護師に、いつになったらレントゲン検査の結果がわかって患者はＣＴスキャンを受けられるのかと尋ねた。看護師は困ったように肩をすくめた。看護師の考えでは、レントゲン技師というのは、看護師のスケジュールに合わせるのでも、患者の必要性に合わせるのでさえもなく、自分の都合のよいときにチェックするようだという。ただ、看護師は状況を確認しに行ってくれた。

六時半に、レントゲン写真が分析された結果、チューブが数時間前にすでに正しく設置されていたことが確認され、看護師が造影剤を投与した。ところがおよそ三時間後、患者は、造影剤を投与されて準備万端なのに、まだCTスキャン室へ連れていかれていなかった。看護師が、放射線科が週末の間休みでも緊急救命室のCTスキャンは使えるので、患者は問題なく検査を受けられる、と言って家族を安心させた。CTスキャンに必要な専門家が来ないままさらに一時間が過ぎ、午後一〇時を少しまわったとき、患者の血圧が急激に下がり、看護師はもっと厳重に観察するため患者を集中治療室（ICU）へ移さなければならなくなった。この時点で、その日のうちにCTスキャンを受けられる望みはなくなった。患者の容態があまりに不安定だったからである。

翌日の正午に、容態が十分に安定した患者はICUを出て、もともといた部屋へ戻された。NGチューブはいまだ挿入されたままで、そのうえ造影剤は効果がなくなってから長い時間が経ち、検査を受けるにはもう一度投与される必要があった。しかし今はすでに土曜だ。週末の間は緊急の場合にしかCTスキャンが行われることはなかった。

午後三時に、看護師は医師に電話をして、患者がNGを挿入されてからもう二四時間近くになることを知らせた。患者は呼吸がうまくできず、チューブがそれに追い打ちをかけ、同時に感染症の危険性を高めているようだった。医師はできるだけ早くチューブを外したほうがいいと忠告した。CTスキャンを行うことが再度決まったら、あらためて挿入すればいいことなのだ。

簡単な仕事のように思われるが、病院のきまりにより、チューブは医師が外す必要があり、看護師はその資格を持つ研修医を探さなければならなかった。二時間後、研修医が見つかり、チューブを外したが、かかった時間はものの数秒だった。

火曜日、最初の指示が書かれてから四日後に、CTスキャンに必要な手順がもう一度最初から行われ、今回は問題なく完了した。こうして、検査による情報が必要だと最初に判断されてから丸四日経って、患者の感染源が突きとめられたのだった。不手際が続き、患者に対する危険性が増大したのは、いったい誰の、あるいは何のせいだろう。実を言えば、落ち度のある人はひとりもいない。めいめいが自分の仕事を非の打ち所なくこなし、誰もがふだんと同様、さまざまな患者や医師のための山のような仕事に追われている最中だったのだ。そうした個々人は事実上、自分が一時的かつ実質的なCTスキャン・チームの一員であることに気づかず、代わりに、自分は放射線科の人間だとか個人単位で動く看護チームのメンバーだと考えてしまっていたのだった。

こうした状況での、仕事に対する個人主義の考え方はどこから来るのだろう。この病院は、他の多くの病院と同様、いくつかの診療科に分かれ、実質的に他科と連携を図ることなく行動し、横のつながりが見えにくくなっていた。医療措置にはさまざまな科の人間と作業がかかわる重要な手順が数多くあるにもかかわらず、どの科もそれぞれの専門分野の仕事に熟練すべく訓練したり管理したりすることに終始しているのだ。理想としては、一人ひとりがほかの人の役割や意見を意識し、最良のタイミング、最良の方法で自分の仕事をして、その医療措置全体をサポートすることであり、これこそがチーミングと言うべきものである。ところがもっと頻繁に起きるのは（そして前述のケースで実際に起きたのは）、それぞれが自分の所属する専門科の必要性に基づいてできるだけ効率よく仕事をするという状況だ。結果として、ＣＴスキャンは、実質二時間もあれば終わるものなのに、一〇〇時間経ってもまだ終わらないという結果になったのだった。

多くの病院に見られる他の部署と連携を図らない構造は、治療に伴う手順の多くに必要な、動的で即座の行動を求めるチーミングを後押しすることができない。病院で判断力やデータに対する敏感さを持たずに行動すれば、特別な治療を必要とする患者に害をもたらしてしまうかもしれない。不確実性が特別に高いわけではないし、重大な過ちなどめったにあるわけではないが、失敗する可能性はそこかしこにある。それが複雑な業務というものである。そして誰もが、相互作用の仕事によって引き起こされる危険や常にあるシステムの故障の可能性を理解し、避けようとする。そのため、徐々にではあるが、世界でもトップクラスの病院の従業員は進んでチーミングを行うようになっている。彼らは創意工夫する、判断する、知的な試みを行う、立ち直るといったスキル――昔ながらの管理手法では評価するのが、不可能ではないとしても難しいスキル――を使っている。また、多くの組織や企業もチーミングと絶え間ない学習の必要性を認識するようになっている。ただ、残念ながら、管理に対する考え方や組織の構造もそれに応じて変わってきているとはかぎらず、人々は複雑な相互依存の仕事に従事していながらそのことに気づかないままになってしまっている。

本章ではこれから、チーミングを可能にするプロセスや行動の特徴を詳しく述べ、社会的、認知的、組織的な問題を説明する。チーミングには、気づきやコミュニケーション、信頼、協力、積極的な省察が欠かせない。すぐ取り組めそうに思えるかもしれないが、いずれも人間の本性によって妨げられることがあまりに多いものである。また、その根本にあるものについても心理学的研究をもとに説明し、それらを克服することによってチーミングのプロセスがどのようにうまくいくようになるかについても述べる。

本章の最後はリーダーシップの四つの行動を取り上げて締めくくる。これらの行動は、問題点を克服し、チーミングを可能にし、組織学習を促進するのに役立つものだ。仕事をプロセス知識スペクトルに照らしつつ、数十年にわたってさまざまな組織から集めたデータから判断すると、これら四つの行動があれば、チーミングの成功に不可欠な行動を促す組織的環境を育てられるようになるのだ。

チーミングのプロセス

チーミングは、本質的に学習プロセスである。他に例を見ない一続きの出来事が全く同様に二度進行するうちに、人々はコミュニケーションを図って考えや行動を協調させることになり、そのためプロセスに参加している人たちは常に学習できるようになる。チームでの学習においては、話し合いと決定と行動と省察のサイクルが繰り返される。新たなサイクルは毎回、前のサイクルの結果によって性格づけられ、期待される結果が得られるまでサイクルは続いていく。チームメンバーは、このサイクルに加わると同時に、それぞれの特異な知識を表に出して統合し、新たな集合知の効果的な使い方を見つけて、組織の日々の仕事を向上させていく。

学習の本質的な役割とともにぜひ理解する必要があるのは、相互依存の行動が求められる場でチーミングがどのように始まって定着するのかということである。先述の、ＣＴスキャンが中断された話を考えてみよう。このチーミングが失敗したのは、専門家と専門家の間で、また作業と作業の間で、検査にかかわる個人の役割についての意識が欠けていたからだった。さまざまな科がかかわっているために制約や優先事項もまちまちである場合、どうすれば、いつもの仕事にとっても新しい仕事にとっても、部署間の枠を超えたチーミングが可能になるのだろう。**図2-1**は、仕事の連携がとれている場合の、チーミングの一連の流れを示している。

まずは認識することから始まる。もし人々が、仕事を成し遂げるにあたり自分がほかの人たちと相互依存していることに気づかなければ、チーミングは始まらないのだ。調整する必要性を認識すると、部署がそれぞれ独立しているにもかかわらず、コミュニケーションを図ることが自然になる。仕事の成功のために協力する必要のある相手のところへ話をしに行き、これによって、それぞれの作業を調整する方法についての会話が――ごく短いものであることもしばしばだが――始まる。次に、相互依存の流れが生まれ、フィードバックや省察が続く。これは単に互いの貢献を認めるだけで終わるかもしれないし、あるいは仕事がもっと

図2-1　チーミングの流れ

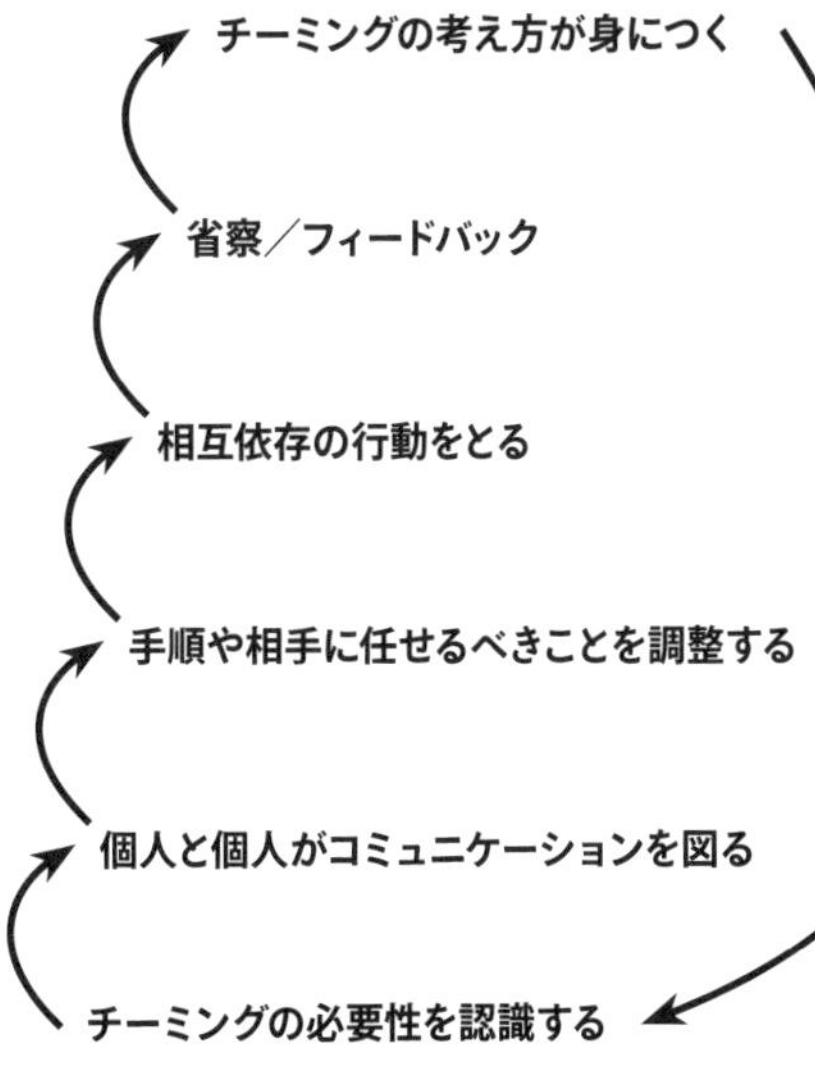
チーミングの考え方が身につく
省察／フィードバック
相互依存の行動をとる
手順や相手に任せるべきことを調整する
個人と個人がコミュニケーションを図る
チーミングの必要性を認識する

スムーズに進むよう何か変化を提案することもある。練習すれば、チーミングの考え方が多少なりとも習慣になり、チーミングの流れのスタートである認識のステップが意識することなく自然に始まるようになる。

効果的なチーミングの四つの柱

チーミングが起きるのは、人々が専門知識を結集して複雑な仕事に取り組んだり、新たな問題に対する解決策を打ち出したりするときである。チーミングは流れるようなプロセスであり、多くの場合、ほかの人たちとともに行動し、解散し、その後すぐまた別の人たちとともに行動することになる。一度始まったチーミングは仕事がある程度あるいはすべて完了すると終わりになるが、考え方（と仕事へのアプローチ）としてのチーミングはいつまでも続いていく。また、チーミングが当たり前になっているのは、映画をつくるといった創造的な活動に代表される「一時的な組織」や、あるいは専門家会議を運営するといった複雑な場を調整するときである。そこでは、計画された調整と自然になされる調整とが相まって、複数の参加者を結びつけてチームにまとめることも少なくない。

うまいチーミングに必要なのは多くの場合、さまざまな分野からの意見をまとめること、専門知識が多分野にわたるためにメンタル・モデルも多様である中でコミュニケーションを図ること、加えて、大勢がともに仕事をする場合にどうしても生まれる意見の衝突を管理することである。基本的には、これは学ぶこと（質問する、好奇心を持つ、傾聴する）と教えること（コミュニケーションを図る、結びつける、明らかにする）に関連する対人能力の向上の問題である。このようにチーミングとは、協力して仕事に取り組むことを積極的に受け容れる考え方であると同時に、知識の共有と統合がしっかり行われる一連の行動でもあるのだ。

チーミングはときに、離れた場所で調整することが求められるが、これは誤解の可能性を高めることもあれば、イノベーションの新たな機会を生む場合もある。私がリサーチしたある化学薬品会社は、イノベーションのために世界中にチームを送り、さまざまなコミュニケーションの障壁を克服して、一カ所にとどまった場合よりもっと幅広い商品価値を持つ新たな製品やプロセスを生み出していた。直接会うにしろなんらかの通信技術を使って会うにしろ、**成功しているチーミングは次の四つの特別な行動**を伴っている。

▼**率直に意見を言う…**チーミングの成功は、個人間でじかに、誠実な会話ができるかどうかにかかっている。会話には、質問すること、意見を求めること、過ちについて話すことが含まれる。

▼**協働する…**協働の姿勢と行動があって初めて、チーミングはプロセスを推し進めることができる。これは、チーミングを行う所定のグループの内でも外でも言えることである。

▼**試みる…**チーミングでは何度も試みが行われるが、これにより個人と個人の交流につきものの新奇さと不確実性を受け容れることになる。

▼**省察する…**チーミングでは、プロセスと結果をしっかり観察し、明瞭に質問し、よく話し合うことが重視される。これは、毎日であれ、毎週であれ、あるいはそのプロジェクト特有のタイミングであれ、仕事のリズムに応じて常に行われる。

率直に意見を言う

率直なコミュニケーションによって、チームは多数の意見を取り込み、個人の知識を活用できるようになる。これには、質問する、意見を求める、間違いについて話す、助けを求める、提案する、問題や過ちや懸念について話し合うことが含まれる。率直に意見を述べることがとくに重要なのは、種類を問わず問題や失敗に直面しているときだ。積極的かつ率直に互いに向き合おうとすると、人々は共通の仕事をもっと広く理解できるようになり、作業プロセス向上のアイデアを生み出せるようになるのである。そうした状況で率直に意見を言うのは、腹蔵《ふくぞう》なく考えを伝え合うことによって洞察を深める個人対個人の行動だ。これは、チーミングのすべての段階において、適切な行動方針を決めるためにきわめて重要である。率直に意見を述べることはまた、人々が新たな概念や方法を理解しやすくするためにも欠かせない。経験や洞察、疑問について意見を交わすと、新たな活動やそれをどう実行すべきかについて理解が深まるのだ。ただ、多くの人が自分は率直にはっきりと意見を述べていると思っているが、職場でそうであることは思うより少ない。

▼率直に意見を言うことは、あなたが思うより少ない

コーネル大学のジム・デタート教授とともに行った職場における発言と沈黙についての研究から、職場で率直に意見を言うことは大半の人が思うより少ないことがわかっている。グローバルなハイテク企業の数百人に及ぶ幹部やマネジャーや現場主任に取材をしたところ、およそすべての人が、具体例を挙げて、仕事関連の大

きな問題になりそうなことははっきり言わないと答えたのだ。彼らは大半が高い教育を受けた思慮深い人たちで、所属する企業の部門や専門分野や出生国さえもがさまざまだった。

なぜ人々が往々にしてはっきり意見を言わないのかを解明するために、私たちは何百もの具体的なケースを分析した。そして、ピラミッド型組織における適切な行動についての、影響が広範囲に及ぶ思い込みを突きとめた。研究した大半の人が自分のことを控えめでも気弱でもなくかなりはっきりものを言う人間だと思っていたが、勤め先ではやはり、問題になりそうな意見は言わずにいるという。この研究や、その後のいくつかの研究から、職場では率直さが著しく不足していることがわかった。人間の本質によって、また現代経済の特異な現実によって、意見をはっきり言うのはいやだと強く思いすぎているようでもある。進化の観点から言うと、私たちにはある種のリスクについて過小評価するより過大評価する傾向が生まれつきある。生き残るためには、現実にはない脅威から「逃げる」ほうが、現実にリスクが存在する場合に逃げないよりいい、というわけだ。さらには、感情的・認知的メカニズムが生まれつきあって、そのために私たちは精神的・物質的な幸福を脅かす知覚リスクを避けようとすると思われる。

職場では、ピラミッド型組織において自分の上にいる人を怒らせてしまう不安が、当たり前になり、また広がってもいる。これはつまり、意見をはっきり述べるというチーミングになくてはならない行動は、すでに存在していると考えるのではなく、磨かなければならないということである。

協働する

協働は、同僚と仕事をする一つの方法であり、協力する、尊敬し合う、目標を共有するといった特徴がある。これには、情報を共有することや、行動を調整すること、うまくいっていることといっていないことについて話し合うこと、意見や感想を絶えず求めることが含まれる。チーミングの成功は、部門や組織の中であれ、部門同士、組織同士であれ、協調的な行動ができるかどうかにかかっている。言うまでもないが、協働できなければ、チーミングは簡単に頓挫してしまう。計画が詳しく知らされなければ、実行したとしても、本章の初めに示した病院の例のように調整がうまくいかず困った事態になる。

協働する姿勢はまた、行動を調整したのちに行われる省察の共有にも不可欠だ。なぜならそれによって専門知識が注意深くしっかりと共有され、あらゆる経験からより広く深く教訓を得られるようになるからである。考えてみよう。もし、製品開発チームがマーケティング部と協働しておらず、そのために重要顧客の好みや意見を取り入れることができなかったら、どうなるだろう。

試みる

試みるというのは、一度でうまくいくことを期待し*な*い*と*いうことだ。科学者が行う実験と同じで、それは、行動の結果から学ぶことが中心となる行為なのだ。チーミングにおける試みには、ほかの人たちと話して誰かの行動による影響を評価することや、ある人の考えに対する誰かの考えの意味を確かめることも含まれる。試みがチーミングの重要な特徴になるのは、相互依存の行動には不確実性がつきものであるためだ。むろん学習の不可欠な部分でもあるが、それについては本章のもう少しあとで、チーミングのプロセスについて述べるときに探っていく。

省察する

省察とは、行動の成果を批判的に検討して、結果を評価したり新たなアイデアを見出したりする習慣のことだ。チームによっては毎日のように省察している場合もある。プロジェクトが一段落する時間に省察するチームもある。スポーツチームのハーフタイムや、患者の治療について診察後にカルテに記入するときなどである。あるいは、プロジェクトが完了して初めて明確な省察を行うこともある。アメリカ陸軍が軍事演習に続いて行う「事後検討」は明らかに省察セッションであり、綿密に体系立てられたアプローチを使って、計画や予想に反して起きたことを評価する。

省察は、チームのプロセスやパフォーマンスをくまなく分析する徹底したセッションを意味するとはかぎらず、むしろ時間をかけない実際的なものであることが多い。たとえば、省察がプロセスについての重要な検討をリアルタイムで行うものであったとしよう。すると、新たな知識に基づいて、あるいはもっとよくあるのはその仕事から得られるちょっとした意見をふまえて、プロセスを調整することができる。[1]

効果的なチーミングの基礎としての省察は、形だけのプロセスではなくもっと行動本位のものである。たとえば、外科チームを対象に研究を行ったところ、形式的な省察セッションを行うチームと行わないチームでは結果に違いはなかった。成功しているチームは、より効果的な協力のしかたを見出す方法として、自分たちが観察したり考えたりしていることについて声に出して絶えず省察しているチームだったのだ。[2] ただ、チームのタイプによっては、結果が出るのを待ってそれから立ち止まり、チームがたどったプロセスについて省察するほうが適切であることもある。その場合は、正式なプロジェクト評価のような、もっと体系的なアプローチのほうがはるかに役立つだろう。

以上の四つの行動が、効果的なチーミングを行うための柱である。克服すべき課題は、工場の作業場、手術室、会議室のガラスのテーブルのまわりなど、遭遇する場所しだいで、受ける感じはもちろん性質も全く違う。しかし、はっきり意見を言うこと、協働すること、試みること、そして省察することは、そうした全く異なる状況のいずれにおいてもきわめて重要な行動だ。どの状況であっても、四つの行動をリーダーがみずから進んで行えば、メンバーにチーミングを支援する行動をとってもらいやすくなるのである。ただ、こうした行動上の特徴に加え、リーダーは実際のチーミング・プロセスが持つ周期的、反復的な性質についても理解する必要がある。

チーミングを行うメリット

モトローラ社が二〇〇四年に発売したＲＡＺＲ（レーザー）は、史上最も成功した販売製品の一つであり、見事なチーミングによって生まれたものだった。二〇〇三年、携帯電話市場での熾烈でグローバルな競争を戦ったモトローラは、それまでで最も薄い携帯電話をつくることに乗り出した。チームリーダーに選ばれたのは電気技師のロジャー・ジェリコだった。最薄の携帯電話をデザインすることに加えてジェリコが指示したのは、美しいものを、実用的なものというよりむしろ宝石のような電話機をつくることだった。

プロジェクトをリードするにあたって、ジェリコは機械工学士のゲーリー・ワイスをパートナーに選んだ。彼とならうまく仕事ができるとわかっていたからである。野心的なデッドラインを設けられた、チーミングが不可欠な仕事のために、モトローラの技術者二〇人が招集された。彼らは、シカゴから一時間の立地という以外これといった特徴のない工場で協働するために、さまざまなグループや勤務地から集まってきたのだった。

成功するには、はっきり意見を述べることと試みが不可欠だった。アイデアも批判も忌憚なく述べられた。絶え間ない試みと討論によって生まれる可能性と試作品は、試され、却下され、変更が加えられ、微調整がなされ、磨きがかけられた。チャレンジの中心は、デザインと技術を統合することだった。さまざまな交換が――大半は外観と機能の間での交換が――検討されたが、チームは安易な妥協は一切せず、代わりに、直面している難題に対して素晴らしい解決策を見つけようと努力を重ねた。さまざまな組み合わせを試すうちに、チームは厚みを減らすために電池を回路基板の隣に置く（従来の電話機では積み重ねていた）というアイデアを思いついた。これがうまくいったため、超薄型デザインが可能になり、この電話機の魅力と名前にもなった。革新的なこの解決策は、携帯電話が人の手にしっくりなじむ幅についての、現役の人間工学の専門家の確固たる考えを無視するものだ。しかし、幅広の実物模型を試した結果、専門家たちは間違っているという結論にチームは達したのだった。[3]

省察は最初からチーミング・プロセスに組み込まれた。毎日午後四時に集まって、チームはその日の進捗状況を話し合い、アンテナやスピーカー、キーパッド、光源といった構成部分の状態について報告し合った。ミーティングは一時間の予定だったが、午後七時まで続くこともしばしばだったという。そうしたミーティングが、集中的に行われる会話や討論の要《かなめ》になっていた。失敗については成功や飛躍的な進歩と同じくらい気楽に報告し、またアイデアや批判を述べるそのプロセスに全員がかかわっていた。工業デザイナーのクリス・アーンホルトは、チームの成功に欠かせないスリムなシェル型デザインを考えたが、スケッチをミーティングに持ってきたとき、そのデザインに至った最初の考えが実用的ではなく、また技術者たちに理解してもらえるものでもないことがわかった。しかし次のミーティングで、アーンホルトと技術者たちは協力し合って、すべてを満たすデザインを決めたのだった。

プロジェクトの最大の失敗は、当初の野心的なデッドラインに間に合わなかったことだった。しかし、わずか数カ月後に、相変わらずの短いスケジュール内で出した成果は、待つ価値のあるものだった。モトローラは二〇〇四年のうちに史上最も薄い携帯電話、ＲＡＺＲを発表し、その後二年以内に五〇〇〇万台、四年かけて一億一〇〇〇万台を売り上げたのである。[4]

ＲＡＺＲの話は、チーミングの姿勢や行動とプロジェクトのパフォーマンスとの建設的な関係を示している。さまざまな専門分野から集まったチームメンバーは全身全霊でプロジェクトに取り組み、力を合わせて、新しい、胸の躍る、あっと驚くようなことを成し遂げたのだった。多くの組織が、今日のテンポの速いグローバルな環境に遅れずについていくために、チーミングを頼みにしている。考えてみよう。今日、組織の中のどれほど多くの仕事が、ともに判断を下すことを――すなわち、予測不可能なあるいは複雑な問題に対応すべく、各自が持つさまざまな必要性やさまざまな情報をよく考えることを――、人々に求めているだろう。理論的、実証的研究によって、組織や所属する人たちにもたらされるチーミングのメリットがいくつも確認されている。これらのメリットは大きく二つのグループに分けられる。組織のパフォーマンスが上がることと、魅力とやりがいのあふれる職場環境になることである。

パフォーマンスが上がる

デザイナーとマーケティング担当者とエンジニアから成る新製品開発チームであれ、外科医と看護師、灌流《かんりゅう》技師、麻酔医から成る心臓手術チームであれ、チーミングが組織の学習やパフォーマンスにもたらすメリットは大きい。とくに役立つのは、変わりゆく状況の要求に応えるために、組織が新たな業務を考えたり新技術を実装したりする場合だ。この手の組織の変化がチーミングを必要とするのは、そうした変化には部門や分野を超えた理解と調整が不可欠だからである。リチャード・ハックマンと私が論じたとおり、チームというのは組織にとって最高の変化の請負人なのだ。[5]

変更管理のほとんどのモデルが、よりよいアイデアを促進したりより広く受け容れてもらったりするためには、変更指導チームや変更推進チームが必要だと訴えている。しかしそこで終わるべきではない。本当に大切なのは、単にチームをつくることではなく、選ばれた人たちが互いや組織のほかのメンバーと協力してダイナミックな学習本位のやり方で変化を生む後押しをすることだ。そうした変化の請負人たちは、耳をすませ、連携し、計画を絶えず修正して互いの意見を取り入れなければならない。するとおのずと不確実性が生まれ、意見に注意を向けること、敏感になることが求められるようになる。こうして、チーミングの核となる行動は、新たな知識、新たなプロセス、新たな製品の創造を促すことによって、組織のパフォーマンスを高めるのである。

パフォーマンスが向上するのは、新たな知識が有効に、さらにはチーミングによって使えるようになったときである。詳細は第3章で紹介するが、私が同僚たちとともに行った心臓手術チームの研究では、トップダウンの管理アプローチを使う外科チームより、チーミングのさまざまな行動に従ったほうが、はるかにうまく新技術を導入できるようになることがわかった。チーミングによって、人々は新たなやり方を成功させるのにどんなプロセスを変える必要があるかがわかるようになるのである。[6]

同様に、私はのちに二三の病院のICUで何十もの品質改善チームを研究し、チーミングと学習によって大きな進歩がもたらされることを見出した。研究文献にあたって最新の医学知識を知ることは重要だが、変化を組み入れるのがいちばんうまかったのは、チーミングに不可欠な、個人間の学習行動を行っているチームだった。彼らはコミュニケーションを図り、一体となって動き、質問し、耳を傾け、試していた。チームの境界の中でも外でも、である。これによって知識と熱意が生まれ、それがますますメンバーを、行動とプロセスを変えてぜひとも患者治療を改善しなければという気持ちにさせていた。[7]

第4章で詳述するとおり、どちらの研究でも、心理的安全によってチーミングと学習が可能になり、さらにパフォーマンスの改善がもたらされることがわかった。同様の結果は、病院以外の、たとえば製造業、製品開発、建物の設計・施工といった職場環境でも得られている。

職場環境が向上する

チーミングは、人々の職場での経験によい影響をもたらす。さまざまな知識やスキルを持つ人たちと直接交流し合うと、職場はより面白く、充実した、意義深いものになる。チーミングが当たり前になっている組織では、従業員は互いから学び、仕事のことも仕事が最初から最後までどのように行われるかももっと広く理解できるようになり、進歩の機会をよく見てそれに基づいて行動できるようにもなる。たとえば、第8章で詳細を紹介するシモンズ社では、チームトレーニングを導入して技術的なスキルと対人スキルを向上させたところ、引きつづいて、製造プロセスのさまざまな部分に従事している他の従業員の貢献に対し関心が飛躍的に高まった。その場にいない同僚たちが一日中どんな仕事をしているか、なぜそれが困難なのか、同時に進められるさまざまな作業がどのように一つになってマットレスを完成させるか、さらには言うまでもないが販売と流通全体についても全員が理解し始めると、彼らは仕事をいっそう楽しめるようになり、生産性も上がったのだった[8]。

チーミングのおかげで、人々は知識を結びつけて新たな製品を生み出したり新たな手順を組み入れたりできるようになり、それによって組織にもよい影響がもたらされる。専門家チームが協力して品質を向上させ、経費を削減し、顧客の満足度を高めるようになり、その恩恵を組織は得られるようになる。考え方も価値観も信念もさまざまである多様な従業員が、尊敬し合い、知識を共有し、同じ目標をめざす環境の中で仕事に取り組むようにもなる。想像してみよう。こうしたことすべてが、進歩とイノベーションの当たり前のように繰り返されるサイクルの中で起き、組織の成功を未来に至るまで保証してくれるのだ、と。

ただ、事がそんなに簡単ならよいのだけれども。

チーミングに対する社会的、認知的障壁

私がきわめて多くの時間をかけて研究してきたのは、病院で働く人々だ。彼らは実に挑みがいのある職場環境に直面している。連携する必要性が高く、時間に追われ、リスクと隣り合わせなのだ。結果として、そうした内在するチャレンジをトップレベルの病院がどう効果的に管理しているかを知ることによって、私たちは多くを学ぶことできる。医学知識や最適な治療の実施というのは、範囲が広く絶えず新しくなっていくものであり、うまくいけば大きな報いのあるもの、複数の分野にまたがるコミュニケーションと行動を伴うものであることが考慮されなければならない。ところが残念なことに、そうした病院——およそつねにチーミングが必要な場——でさえ、協力や信頼は数々の困難にさらされている。

多忙な緊急救命室を考えてみよう。いつなんどき、命にかかわる、ひょっとしたら前例のない症状の患者が救急車で運ばれてくるかわからない。運ばれてきたら、患者が効果的な治療を受けられるよう、ただちに複数の部門——受付、看護部、内科、ラボ、外科、薬剤部——の専門家は一体となってそれぞれの仕事に取りかかる。彼らは対立する優先順位や意見をすばやく解決しなければならない。以前にチームを組んだことは、ある場合もあればない場合もある。また、ほかの人より経験の浅い人が加わっていることもある。それでもなお、メンバーは衝突ではなく調和しなければならない。また、上層部の指示ではなく自分たちが共有する判断や専門知識に基づいて何をすべきか決めなければならない。驚くべきことではないが、そうした忙しい臨床医はときに判断を誤ること

がある。しかし、本当の問題は単に医療診断を誤ることではなく、効果的に力を合わせられなかったために誤ることである。

本気の仕事とは張りつめた緊張のことである

ジャズ・アット・リンカーン・センターの芸術監督を務めるウィントン・マルサリスは、ほかのジャズ・ミュージシャンたちとの仕事についてこう述べている。「いつだって緊張感が高まってくる。緊張感をコントロールするのは仕事のうちだ。もし緊張感がなかったら、仕事に真剣じゃないってことだね[9]」

むろん、今日の組織でもチーミングがうまくいく場合はある。人々が相互依存していることを認識し、効果的に協力する。忌憚なく意見を述べつつ、チームで行う仕事の一部に取り組み、じっくり考えてほかの人たちのアイデアや行動に対応する。けれども、チーミングが行き詰まり、連携ができなくなる場合もある。勘違いをしたり、対立する意見が会話を脱線させてしまったりするのだ。ルーチンの業務であれ複雑な業務であれイノベーションの業務であれ、大きな希望を持ってチーミングをめざすものの、多くが頓挫してしまう。いったい何が、効果的なチーミングを妨げるのだろう。

人々はいつも仲良くやっていけるとはかぎらない

メンバーは、チーミングによって、重要なプロジェクトにともに取り組んでいれば必ず生じる意見の衝突に建設的に対処しなければならなくなる。うまく機能しているチームはエネルギーに満ちているが、その状態のままでいることはめったいない。チームは、つくるのも難しいが、持続するのも同じくらい難しいのだ。まず、多くの仕事が専門的な意味で複雑で、そこに現れる相互依存性によっていっそう複雑になる。個性、リーダーシップ、資源の配分、知識や経歴の多様性——これらの領域でぶつかる問題は何であれ、誤解や機能不全を引き起こす可能性がある。第4章で詳しく述べるが、チーミングを妨げる主な障害は不安である。同様に、明確な共通の目標がないことも、チーミングに伴う、努力を要する行動を妨げる。官僚式の煩雑な手続きや、管理者層や、矛盾するインセンティブ・システムも、やはり妨げになる。チーミングは必要であると同時に難しいものでもあるのだ。

個人にとっては、何度も何度も繰り返して行う明確ではっきりとした境界のある作業をするほうが、複雑で相互依存する仕事を他人と一緒にやり遂げる方法を理解するよりはるかに簡単だ。相互依存する仕事は互いにコミュニケーションを取り合うことによって調整しなければうまくいかない。相互依存しているときには必然的に、しなければならないあらゆることが、自分ひとりだけではできなくなるのだ。このような理解はかなり謙虚な姿勢を求めるものである。そして多くの人はそのようには考えたがらない。謙虚さと、他者から真に学ぶのに欠かせない純粋な好奇心、その両方を呼び起こすことは人々にとってなかなか難しいのだ。結局のところ、認知的要因、対人的要因、組織的要因のすべてが、チームでの効果的な学習を妨げる。これは実に皮肉な状況である——成功できるかどうかはチーミングの核心である効果的な協働と学習にかかっているが、それらは個人のためにも私たちがつくり出す社会的システムのためにも自然には起きないのだ。

では次に、チーミングを妨げる認知的、構造的要因をお話ししよう。

はっきり意見を言うより黙っているほうが楽である

リーダーが「俺のやり方でやれ」という怠慢な管理スタイルに陥ると、声が誰より大きい人、つまり誰より大きなオフィスを持っている人以外、ほぼ誰もが黙り込んでしまうことになる。しかし、今日の経済環境で沈黙していることは致命的だ。沈黙とは、素晴らしいアイデアや可能性が生まれなくなり、問題に対処されなくなるということである。沈黙は、チーミングの邪魔をするものなのだ。

ほとんどの人が、私が対人リスクと呼ぶもの、つまり他の人にばかにされるリスクを何とかしなければならないと思っている。とりわけ職場で、わけても上司や公式権力を持つ人の前でイメージを傷つけられるのを最小限に食いとめるためである。そのための一つの方法が、自分が正しいと自信が持てないときは意見を言わないこと、間違いを認めないこと、そして言うまでもないが、絶対に質問しないこと、利点を確信できないちょっと思いついただけのアイデアは口にしないことなのだ。このアプローチは、他人に揶揄される心配がなくなるという意味で個人の役には立つかもしれないが、組織や顧客に対しては間違いなく問題がある。

しーっ、ボスが来る

研究によって明らかになっているとおり、ピラミッド型組織はまさにその性質のために、序列の低い人がはっきり意見を述べるのを劇的に減らしてしまう。私たちは生来の傾向として、さらには社会に順応して、権力に対してきわめて敏感になり、権力を持つ人からなんらかの点で不十分だと見られるのを懸命に避けようとする。この行動は大半が無意識に行われる。結果として、大半の組織において、たとえピラミッド型組織のいちばん上にいるリーダーが従業員の意見を歓迎すると言ったとしても、また人々が何か重要なことを言うだけの知識を持ち、その訓練を受けていたとしても、よくない結果を招くことを恐れて、人々はやはり黙ったままでいることになる。[10]

しかし、リーダーが特定の態度と行動を示せば、はっきり意見を述べるよう促せることも、研究によって明らかになっている。[11] 何より重要なのは、従業員を尊敬していることをリーダーが明確に伝えると、従業員が進んで知識を提供しやすくなる点だ。具体的には、人々が持つ知識やスキルの必要性を認めると、リーダーは意見をはっきり述べてほしいということを、人々が信頼できる形で広く知らせることになる。とりわけ、ミスについて報告されたり話し合われたりする場合は、前向きに励ます必要がある。

要するに、意見というのは組織の中ではなかなかはっきり言えないが、もしリーダーが率直であることについて積極的に模範を示し、奨励し、報いるなら、できないことではないし実際できるということだ。対照的に、近寄りがたさがあると、すなわち人々の知識やスキルを求めているという弱さをリーダーが認められないと、人々はそれらを出し渋り、チーミング行動が持つ対人リスクを招くことになる。

意見の不一致

はっきり意見を言うことは難しい問題ももたらす。率直に話をし、互いに忌憚なく考えを述べ合うようになったとたん、得てして意見の不一致や、ときには解決できないように思える対立が生じるのだ。意見の相違の問題は、それが起きることではなく、意見が対立したときに印象をおのずと抱いてしまうことである。私たちはみな、自分の信じる考えに反対する相手の動機や性質、あるいは能力をさえ、いっときわけもなく不快に思ったことがある。そんなとき、私たちは言うのだ。「彼女はわかってない」とか「彼は自分のことしか考えていない」といった言葉を。

自分の意見はとても正しく思えるので、ほかの人たちが賛成しないのは不合理に、あるいはいたずらに反対しているだけのように感じられてしまう。これが、社会的認知に関する研究によって説明されるとおり、対立が効果的なチーミングの障害になる理由である。しかし、障害になどなる必要はない。貴重な時間を無駄にしたり人間関係にヒビを入れたりすることなく、意見の衝突は新たな理解や尊敬や信頼を築くチャンスにすることができる。それには、心理学者たちによって認識されている二つのよくある認知的誤謬《ごびゅう》――素朴実在論と根本的な帰属の誤り――を考えると役に立つ[12]。

素朴実在論

私たちはみな、素朴実在論に陥りがちである。素朴実在論というのは心理学者リー・ロスがつくった言葉で、人間が持つ「自分は認識しうる不変の客観的実在――自分以外の他者も、理性的で道理をわきまえているかぎりにおいて、自分と全く同様に知覚する実在——をよく知っているという動かしがたい信念」のことだ[13]。そのため、私たちの「現実」を他者が誤って知覚すると、それはその他者が理性に欠けている、あるいは道理をわきまえておらず、「自己の利益、イデオロギー的偏向、あるいはつむじ曲がりな性格というプリズムを通して世界を見ている」からだと判断する[14]。そしてそこに、厄介なことがある。

素朴実在論が招く一つの結果として、人々は自分の意見を実際にそうである以上に常識的だと思うようになり、ほかの人たちも当然自分と同じ意見を持っていると誤解するようになる。例を挙げよう。ある人が「さらなる地球温暖化を防ぐために、私たちは二酸化炭素排出を劇的に制限する必要がある」と言ったとする。あるいは「われわれが世界一の医療制度を持っていることは誰もが知っている」でもいい。社会心理学者はこれを偽の合意効果と呼んでいる。こうした思い込みはふつうは気づかれないままになっている——反対の意見を言う人が出てきて、不意に異議を唱えるまでは。これはつまり、その人が「人間の活動が気候変動を引き起こしているとは思わない。気温の変動は何千年も前から続いているのだ」と言ったら、最初に意見を述べた人は無意識に、この人は視野が狭いとか頑固だとかあるいは手に負えないなどと判断するかもしれないということである。同様に、医療制度について「世界一の制度を持っているのになぜ平均余命が三六位なんだ?」と反対意見を述べる人も、心の中では最初に意見を述べた人のことを教養がないとか見当違いだと思うかもしれない。自分が関心を持っていることについて友人や同僚が不賛成であることがわかると、多くの人はふつう、驚くと同時に不快に思うのである。

根本的な帰属の誤り

意見の不一致に対して建設的に取り組むのを難しくする二つ目の認知的誤謬は、リー・ロスにより「根本的な帰属の誤り」という名をつけられた[15]。この言葉が指すのは、私たちが事象の状況的要因を認識できず、原因は個人の性質や能力にあるにちがいないと過度に思いすぎるということである。この認知的誤謬の結果として、私たちはある人の欠点を、その人が直面している状況ではなく能力や姿勢と関連づけて解釈するようになる。つまり、うまくいかないのは状況ではなく「人」のせいだとするのである。子どもが二人以上いる親ならみな、聞いたことがあるだろう。「あたしのせいにしないで。悪いのはお兄ちゃん（あるいはお姉ちゃん、弟、妹）よ」。これほどあからさまな言葉ではないとしても、同じことは職場でも起きる。

おかしなことに、自分自身の失敗を説明するとき、私たちは全く逆のことをする。つまり無意識のうちに、原因は外的要因にあるとするのである。たとえば、会議に遅れたら、ラッシュアワーの交通渋滞のような、どうすることもできない状況のせいだとする。ところが部下が遅れると、この部下はプロジェクトに真剣に取り組んでいないとか、計画性に欠けるなどと考える。どちらに帰属する場合だろうと、私たちは苦もなく判断を下す――考えるべき原因がほかにあることにはおよそ気づきもせずに。この均衡のなさは自然でときにユーモラスだけれども、チーミングにとっていくつか問題を引き起こす。第一に、うまくいっていないことを他人のせいにすると、その問題について生産的に話し合える可能性が低くなる。もっと悪い場合は、自分は状況も原因も正しく判断していると思い込むようになる。第二に、ほかの人を低く評価するようになり、その人たちと一緒にチーミングを行おうという意欲が薄れてしまうかもしれない。

この誤謬が「根本的な」と言われるのは、本質的にすべての人に共通することだからである。私たちの誰もがそれをする。それも考えることなくする。実のところ、この誤謬を克服して「彼女はこの会議に来る途中、予想外の渋滞に巻き込まれたんだろうか」と考えるには認知努力が必要だ。それはつまり余地を残しておくこと——帰属プロセスを意識して断ち切ることである。もしこの問題についてもっと頻繁にじっくり考えるなら、早合点して意地の悪い結論に飛びついてしまったと自分自身を笑うことになるだろう。しかし好意的でない原因帰属を行い続けるなら、チーミングは害を及ぼされてしまうことになる。

緊張と対立

意見の相違とそれをエスカレートさせる認知構造との基本的な問題は、それらがチームの中に緊張を生むことである。チーミングしているときには当然ながら緊張が生じる。それは、楽しいものであることはまずないが、悪いものとはかぎらない。緊張は創造性を呼び覚まし、アイデアに磨きをかけ、分析をよりよいものにする可能性があるのだ。しかし罠がある。緊張を前向きな結果に変えるには、忍耐と知恵とスキルが不可欠だ。そのため私たちの多くが、緊張やそれによって必ず起きる衝突に対し、無意識に抵抗を覚える。

対立が激化するとき

反対されるのが好きな人はいない。意見にはふつう、賛成してもらいたいと思うだろう。対立する意見に抵抗感を覚えたり、緊張を創造性や強みへ変えるためのスキルを持っていなかったりすると、あっという間に古いトップダウンの考え方に戻ってしまう。集団行動は、明確に責任者がいて、意見の相違を解決し、争いをおさめ、衝突を鎮めてくれるほうが楽でもある。また、重大な岐路にさしかかり、対立する意見によって不安が生まれると、それでもなお冷静さを保ち論理的でいようとすることは、勝ち目のない勝負のように思えるかもしれない。

チーミングを成功させるには、率直な会話が欠かせない。対立の土台となる認知と行動と反応を理解することも、チーミングを推し進めるためには不可欠である。

熱い認知と冷たい認知

認知心理学者のジャネット・メトカーフとウォルター・ミッセルが行ったリサーチから、私たちはみな二つの明確な認知システムを持っており、それによって出来事を処理していることが明らかになった[16]。満足を遅らせるのは、目標の達成からダイエットまであらゆるものごとにとって重要な能力だが、これを可能にする仕組みを理解しようとしていたメトカーフとミッセルは、二つのタイプの人間の認知を突きとめ、**表2-1**に示したように、「熱い」認知と「冷たい」認知と名付けた。熱いシステムは、何かに熱中しているときに、人間に感情的で急な反応をさせる原因になる。カッとなって言うあるいは行動すると表現されるのが、このケースだ。対照的に、冷たいシステムは慎重で注意深い。冷たいシステムを使っているときには、ペースを落とし、心を落ち着けることができる。

それは自己調節と自制の基盤なのだ。結果として、対立が起きているときに（もし起きたら、ではない）効果的にチーミングを行うのに欠かせないツールになる。

自然な反応

対立が激しくなると、チーミングは滞ってしまう。新しい創造的な考えを生むきっかけになるどころか、進歩を妨げてしまうのだ。ああでもないこうでもないと、人々が同じポイントばかりを繰り返すことが頻繁にもなる。対立は、**表2-2**にまとめたように、三つの条件がそろえば概して激化する。それは、複数の解釈ができる異論の多いあるいは限定されたデータ、高い不確実性、うまくいけば得られる素晴らしい結果、の三つである。会話は、人々の持つ価値観や信念体系が、あるいは利害や動機が

表2-1　熱いシステムVS冷たいシステム

熱いシステム	冷たいシステム
感情的	「理解している」
「進め！」	さまざまなことを考え合わせる
反射的	思慮深い
せっかち	ゆったり
早い段階で起きる	あとで起きる
ストレスによって強まる	ストレスによって弱まる
刺激制御	自制

出典： Metcalfe, J., and Mischel, W. "A Hot/Cool System of Delay of Gratification : Dynamics of Willpower," *Psychological Review* 106, no.1(1999). Riprinted with permission of the American Psychological Association.

異なっているときに、とくに激しくなる。これにより、対立のさまざまな側面について建設的な議論をするのが難しくなる。人は、意思決定によって起こりうる結果の一つから得られる、自分が楽しみに思う個人的利益について、あまり話したがらないからである。

そうした三つの条件が、とある会社の経営幹部の中にそろった。守秘義務を守るため、社名はエリート社としておこう。私は数カ月にわたって、エリート社の八人の幹部を研究した。企業戦略を分析・策定するために彼らが集まったときのことである。[17] 不振のコア事業のリーダーであるイアン・マキャリスターと、低コストの製品ラインを持つ成功している小規模な子会社の社長であるフランク・アダムズは、個人攻撃をしがちになる対立の渦中にいた。

まず口をひらいたのはアダムズだった。

表2-2　冷たいトピックスと熱いトピックスの対比

	冷たいトピックス	熱いトピックス
データ	入手しやすい。わりあい客観的。異なる解釈の調査につながる	議論の余地があるか入手しにくい、またはその両方。解釈がきわめて主観的。異なる解釈を調べにくい
確実性の程度	高い*	中程度〜低い
うまくいった場合の利益	中程度〜低い	高い
目標	おおむね共有されている	心の奥底に持つ信念、価値観、関心によって変わる
話し合い	理性的で、事実を基にしていて、参加者はみな平等である	感情的で、問題になっている事実とその意味について合意がなく、個人攻撃する可能性が潜んでいる

＊高い確実性には、事実や分析によって比較的簡単に明らかにされる現状あるいは近い未来の可能性が含まれる。

出典：Edmondson, A.C., and Smith, D.M. "Too Hot to Handle? How to Manage Relationship Conflict," *California Management* Review 49, no.1(2006):6-31. ©2006 by the Regents of the University of California. Reprinted by permission of University of California Press.

マキャリスターをまっすぐ見つめながら、彼はチームに言った。これからの業界の成長は低価格商品がカギだ、と。つまり、マキャリスター率いるコア事業に金を注ぎ込むのは、失敗が目に見えているというのだ。アダムズの提言におのずと攻撃されていると感じ、マキャリスターは自分のデータでは正反対の結果が出ていると反論した。品質とデザインを重視する大多数の顧客に向けた魅力とブランド認知を取り戻すために会社はこのコア事業に金をかける必要がある、と。対立はすでにヒートアップし始めていた。

先の見えない状況ではありがちだが、同じ事実に対する解釈が異なるために、真意の対立がいっそう激しさを増してしまった。アダムズにとってデータから明らかだったのは、コア事業には根本的に欠陥があるということだった。どう見ても低価格市場だけが成長していたのだ。しかしマキャリスターはアダムズの判断をはねつけた。マキャリスターはデータをもとに、エリート社の長い(そしておよそ常に成功してきた)歴史にふさわしく収益の大きい高級市場でマーケットシェアを拡大するには洗練された魅力あふれる商品が必要だと考えていたのだ。マキャリスターによれば、それは時間と意欲の問題にすぎなかった。同じ「現実」を見ていながら、二人の幹部は、リスクに満ちた不確かな未来にどう対処するかについて全く異なる結論に達していた。会議は遅々として進まず、アダムズとマキャリスターは議論を続け、対立はいっそう激しさを増したが、どちらも最初の立場を変えようとせず、やがて膠着状態に陥ってしまった。

意見の衝突が難局に達してしまうと、議論は個人を攻撃するものになる。アダムズは、マキャリスターがこうも頑固に譲らないのは社内での力を強めたいからにすぎないと思っていた。当然ながら、マキャリスターもアダムズについて同じ結論に達していた。二人とも、根本的な帰属の誤りにとらわれてしまっていたのである。一般に、こうした対立の渦中にあって、互いの動機、性格、あるいは能力をけなす人たちは、共通の仕事が進まないことについて黙ったまま相手を非難することが少なくない。

さまざまな観点から学習しようとするマネジャーが、エリート社の幹部たちが出会ったようなチーミングの問題を克服するには、どうすればいいのだろう。つまり、重要なテーマに関するペースの速い話し合いにおいて、どうすれば熱いトピックを冷たくすることができるのだろう。**次の四つの戦略は、対立を緩和し、チーミングの成功に欠かせない協調的な取り組みがしっかりできるようにするもの**である。

▼対立の性質を見きわめる…製品デザインや作業プロセスについて意見が異なるのは有益だが、個人として衝突し、個性がぶつかり合うのは生産的ではない。対立のタイプによってどんな違いがあるのかを理解すると、リーダーは険悪なムードの話し合いをうまく管理できるようになる。

▼優れたコミュニケーションを具現化する…意見の衝突、とりわけ激しい衝突が起きているときに、うまくコミュニケーションを図ると、示唆に富む意見と思慮深い質問とを結びつけることができる。すると人々は意見が合わない本当の理由を理解し、それぞれの立場の背後にある論理的根拠を認識できるようになる。

▼共通の目標を明らかにする…共通の目標を認識し、取り組むことによって、チームは尊敬の念を損なう根本的な帰属の誤りを克服し、信頼し合う環境を築けるようになる。

▼難しい会話から逃げずに取り組む…優れたコミュニケーションを通して、本物の会話をするのは

有益である。そうした会話は、少々のことでは壊れない関係を築き、考え方の違いや個人的な不和を乗り越えるのに役立つのだ。

仕事上の対立と人間関係における対立を見きわめる

チーム内の対立を研究するマネジメントの研究者は、次のように結論している。意見の衝突は、チームがその対立の個人的、感情的側面から離れているかぎりにおいて生産的である。すなわち、仕事上の対立――製品デザインについての意見の相違――は有益である。人間関係における対立――個人としての衝突や一時的な激しい感情――は非生産的で避けるべきである、と。[18] 仕事上の対立はさまざまな観点を知ることによって決定の質を高めるが、人間関係における対立はグループ・ダイナミクスや仕事上の関係に害をもたらす、と彼ら研究者は主張するのである。

いかにも、これは素晴らしいアドバイスに思えるだろう。問題は、あまりに単純すぎることだ。第一に、エリート社の例からもわかるとおり、言うは易く行うは難し、である。アダムズとマキャリスターは感情から離れ、個人的に衝突するのを避けようとした。どちらも、過去の恨みや疑念を持ち出すことはなかった。事実に集中したいと思い、論理と分析によって判断し、賢明な決定にたどり着こうともしていた。にもかかわらず、意図に反してやはり、声を荒げ、不満を覚え、互いの真意を疑問視する事態に陥ってしまったのである。チームでの仕事に前向きに取り組もうとしているのに、なぜこうしたことがこうもたびたび起きるのだろう。

多くの対立は、個人の価値観や利害の不一致から生まれるが、実際には仕事上の意見の違いとして表れる。たとえば、(マキャリスターのように)商品は洗練されたデザインによって売れると思っている幹部がいる一方で、(アダムズ同様)顧客はまず第一に価格に惹かれると思っている幹部がいる場合、デザインと価格との対立がすなわち価値観の対立になる。価値観は私たちが心に大切にしまっている信念であり、他人に簡単に片付けられてしまうと、たとえ故意ではなかったとしても、私たちは強い感情を持って対応してしまう。アダムズは子会社の売り上げが伸びていることを誇りに思っていた。マキャリスターは親会社のデザイン重視の伝統を大切に思っていた。二人はそれぞれに、自分以外の分別ある人たちも自分と同じ価値観を共有していると思い(職場における素朴実在論)、それぞれに、そうではないことを知って失望した。同様に、個人的な利害が絡む場合も(どこか一つの部署が一時解雇のターゲットになる、など)感情を抑えるのが難しくなる。

対照的に、問題が純粋に仕事上の対立である場合は簡単に、対立を穏やかに、かつスマートに解消させることができる。その場合、衝突は事実と論理的思考によってたやすく解決へと導かれる。意見の相違は、判断あるいは分析をし、検討中のさまざまな意見を曖昧さを残さず評価することによって解決できるのだ。そうした状況での、人間関係における衝突を避けて仕事上の対立に集中するためのアドバイスは、実現可能で合理的でもある。しかし対立によって価値観が競い合うことになる場合は、対立の背景にある感情や価値観や個人的な取り組みについて思慮深く話し合うことが、必要であるだけでなく有益である。そうした会話がうまくできると、企業戦略の中核にあるものを含め重要な問題や議論に関して、有意義な進展を果たせるようになる。[19]

優れたコミュニケーションと共通の目標

チーミングはまさにその性質によって、さまざまな経歴を持つ人たちを団結させて、問題を解決したり、プロセスを調整したり、新たなアイデアを考え出したり、イノベーションを実現したりする。個人間のコミュニケーションも魅力的で真摯なものになる。この真摯さを考慮すれば驚くべきことではないが、人間関係における対立は、それを避けようとリーダーが最大限に努力してなお、いつのまにか起きてしまう。起きるのは、仕事に焦点を当てているように思われる議論の最中だ。エリート社における取り組むべき問題は、成長を実現するにはデザインを洗練させるべきか、それとも商品価格を下げるべきかということだった。そして次に起きたことが一同を団結させ、方向性を決定づけた。

熟練のカウンセラーで作家でもある私の仕事仲間ダイアナ・スミスの助けを借りて、エリート社のチームは頭を切りかえた。幹部たちは協力して、対立を効果的に処理するスキルを学習し、実践できるようになったのである。

まず、マキャリスターとアダムズは、会社にとって最善だと思っているものを、自分の立場がどの程度反映し、自己の利益がどれくらい関係しているか、その点を率直に検討した。個人的な価値観が考え方にどれくらい影響しているかも考えた。比較的新しく入社したアダムズは、「古参」のマキャリスターが、デザインの完璧さをエリート社が昔から重視してきたことについて話すのに耳を傾けた。マキャリスターは社の歴史を誇りに思っていた。長年この会社に勤めるほかの幹部たちも、社が危機や低成長の時代をうまく乗り越えてきた話を口々に述べた。社を大きくした数々の象徴的なデザインのことも語った。

じっと耳を傾けたのちに、アダムズはエリート社の歴史と評判に対し称賛の言葉を述べた。そもそも彼がエリート社に入りたいと思ったのは、それが理由だった。アダムズは言った。マキャリスターにとってコア事業がきわめて重要であるのは理解している、と。しかし彼はマキャリスターにもほかの幹部たちにも、自分の前の勤め先での経験を理解してほしいと思った。その会社では、無駄のない事業と減量経営の体制によって目を見はるような結果が生み出されたのだった。

今度はマキャリスターが耳を傾ける番だった。以前の勤め先のある部署を成長させるときに果たした役割についてアダムズが話し終えると、マキャリスターはアダムズの業績と機敏な戦略に対しあらためて敬意を表すると述べた。それらは首脳部が全員一致でアダムズを雇うことにした理由だった。緊張が、まるで風船から空気が抜けるように、部屋から消えていった。それぞれの立場の背後にある個人的な経験と深い根本的理由を分かち合うことによって、マキャリスターとアダムズは尊敬と信頼を抱くようになった。二人は気づいたのだ。実のところ自分は、相手がなぜそういう意見を持つようになったのか、理由が知りたかったのだと。別の幹部がそのとき初めて口をひらいて、エリート社は今、過去にぶつかったことのある課題とは根本的に異なる扱いにくい世界にいることを指摘した。さらに別の幹部が重要な問題を列挙した。われわれはどのように競争していくのか。どうやってコストを削減するか。エリート社の基本使命を見直す必要はあるか。

マネジャーたちは、意見の不一致に対して自然に生まれる感情的反応を、じっくり考え、吟味する方法を学習した。状況を見直してみる、つまり問題を別の観点から見ることも積極的にするようになった。じっくり考えたり見直したりするのは、激しい対立をクールダウンさせる効果的な方法だ。

練習を積めば、クールダウン・システムをつくって、感情のコントロールができなくなるのを防ぎ、激昂してチームの進歩をストップさせてしまうことがなくなるだろう。

難しい会話から逃げずに取り組む

強い感情や個人的な不和を避けても、対立を実りあるものにはできない。率直であることが不可欠なのである。[20] これはチーミング・スキルであり、まずは異なる信念や価値観を避けるのではなく詳しく知ろうとする積極的な気持ちを持つことが求められる。これには、感情的反応など存在しないかのように振る舞うのではなく、それを率直に認め、原因を探る必要がある。不確かな状況にある知識集約型の仕事においては、仕事上の対立と人間関係の対立が分けられないものだと認める必要もある。議論に「勝っても」最良の解決策はふつう生まれないことを、チームメンバーは理解しなければならない。それどころか、最良の解決策には相違をある程度、融合・統合することが必要だ。ともに知恵を絞り、互いから学ぼうと懸命に取り組んでいると、どんな人であれひとりで思いつくよりよい解決策をおよそいつも考え出すことができる。これこそが、最高の状態のチーミングである。

考え方や行動の動機を心から伝え合うことは、効果的なチーミングに不可欠な、少々のことでは壊れない真の人間関係を築くのに役立つ。マキャリスターとアダムズは、どちらの意見も真実に至っていないことに気づくと、考え方の違いや個人的な不和を、少なくとも一時的には横へ置き、新たな問題について同僚たちとともに考えた。ただ、これには助言とリーダーシップのスキルが必要だった。

チーミングにはなんらかの対立が必要であり、望ましくさえあることを理解していないリーダーは、職場環境のきわめて当たり前になっていることを除いてはすべて、失敗する運命にある。望むリードの仕方と実際に行うリードとのギャップを埋めるために、いっそう多くの人が、率直かつ効果的に対立に取り組むためのリーダーシップ・スキルを学ぶことを必要としている。それには、コミットメント、忍耐、どんどん失敗する姿勢、自己認識、そしてもちろんユーモアのセンスが欠かせない。最低限でも、ある状況での、たとえ激しく意見が対立しているときでも自分自身の役割を積極的に検討し、「自分はここでどのようにこの問題に貢献できるだろう」と考える姿勢が必要である。

チーミングを促進するリーダーシップ行動

チーミングや学習はひとりでに生まれるものではない。それどころか、一体となって動くことと、メンバーの集団的経験から洞察を得てその後の行動に活かすたしかな構造とが必要だ。また、多様な状況で行われた研究から明らかなように、チーミングも学習もその成功は、リーダーシップがよく考えて発揮されるかどうかにかかっている。そういうリーダーシップがあれば、対立を理解して解決することも、間違いについて思慮深い会話を促すこともできる。プロセスの規律を守ったり、メンバーが絶えず探究と試みを行うように手助けしたりすることもできる。ひとことで言うなら、チームが理解を共有し、一体となって行動するために、リーダーシップが必要なのだ。

二〇年近い研究でわかったのは、チーミングが成功する場合、状況はそれぞれ違っていても、たどる道がきわめてよく似ていることだった。私が研究した組織は活動する環境もプロセス知識スペクトルに示される仕事の位置もさまざまだが、多くの組織が、意義深い変化をスムーズに進めたり新たな技術を実装したりしようとするときに、同じような失敗を経験していたのである。組織のリーダーたちの役に立てばと、私は研究から学んだことをポジティブなものもネガティブなものも両方を、**四つのリーダーシップ行動**としてまとめた。

- **▼行動1　学習するための骨組みをつくる**
- **▼行動2　心理的に安全な場をつくる**
- **▼行動3　失敗から学ぶ**
- **▼行動4　職業的、文化的な境界をつなぐ**

これらの行動は、私が学習するための組織づくりと呼ぶリーダーシップのあり方の基礎になっている。第1章で説明したように、学習するための組織づくりは、集合知を使う、さまざまな専門知識を統合する、不確かな結果を分析するといった、チーミングおよび学習活動につながる組織環境をつくるための骨組みである。

四つの行動は、本章のこのあとのセクションで概略を、第2部で詳細を説明するが、チーミングと学習のためだけの実践行動ではない。実際、四つの行動はそれぞれがおよそどんな環境においてもリーダーシップやパフォーマンスの改善に直接つながる。しかし四つが合わさると、チーミングを成功へ導く土台となり、学習を日々の仕事の中へ組み入れる道を示すのである。

学習するためのフレーミング

フレーミング（ものごとをある枠組みで捉えること）は、必要な変化を起こして人々に積極的に学んでもらうのにきわめて重要だ。チーミングを促進して組織学習を生み出そうとするリーダーは、メンバーに協働する意欲を持ってもらえるようにプロジェクトをフレーミングする必要があるのだ。ただ、職場で自然に生まれるフレームの多くは本質的に自己防衛するためのものだということで、研究者たちの意見は一致している。[21] そのような自己防衛的なフレームは、協働し、学習し、進歩するチャンスを著しく制限してしまうものである。しかし人々は、自然に生まれる自己防衛的なフレームを、思慮深い学習志向のフレームへと、再構成して変えることができる。そのためには相互依存するチームリーダーと、自立したチームと、志の高い目標が必要になる。第3章ではフレーミングのプロセスを説明する。そして、チーミングを促して組織学習を進めようとするリーダーの役に立つ、実際的な骨組みづくりの方法を数多く紹介する。

心理的に安全な場をつくる

心理的に安全な環境は、今日の複雑で変わりやすい世界で組織が成功するのに不可欠な要素である。「心理的に安全な」というのは、人々が何か困ったことになるのではと不安に思うことなく自由に、関連する考えや感情を表現できる雰囲気のことだ。簡単なことに思えるが、同僚が見ているところで、質問したり助けを求めたりミスを許したりするというのは、思いのほか難しい場合がある。一体となって動いたり複雑な仕事をまとめたりするには、人々は質問したり、考えを隠さず共有したり、自分の意見がほかの人にどう思われるか過度に気にすることなく行動したりする必要があるため、チーミングは、心理的に安全であればうまく進み、そうでなければ何をやってもうまくいかなくなる。第4章では、チームリーダーが、どうすれば心理的に安全な環境を育てることによってチーミングと集団的学習のプロセスを整え、強化できるかをお話しする。

失敗から学ぶ

チーミングを行ううえで、難しくても絶対に欠かせない行動は、失敗から学ぶことである。失敗というのは広義には、組織の中で起きる、計画どおりに進まないちょっとしたことと重大なことの両方をさす。例としては、組み立て工程で不具合が起きたり、新薬が臨床試験に失敗したり、戦略会議が行き詰まったりすることなどが挙げられる。あらゆる種類の失敗から学ぶことは、きわめて重要だが、同時に難しい。同僚の前でみっともない姿をさらしたい人はいないし、失敗を認めたがる人もまずいないだろう。しかし失敗はチーミングにとっても集団的学習にとっても欠かせない要素である。第5章で説明するとおり、さまざまな種類の失敗が、プロセスや製品を向上させる方法について新たな洞察を得るチャンスをもたらしてくれる。組織が成功する秘訣は、潜在的価値のある情報を、無視したり制限したりするのではなく、集めてそれに基づいて行動することなのである。

職業的、文化的な境界をつなぐ

今日の成功しているチームは、共有の会議テーブルを囲んで成果を出すだけではない。境界を超えて協働したり、資源を効果的に使う手助けをしてもらうためにその知識と情報を持っている人に連絡したりすることもできるのだ。技術が急速に進歩しグローバル化がいっそう重視されるようになったために、今日の職場環境においては境界をつなぐ重要性が著しく高まっている。しかし、大陸を越えて一瞬でコミュニケーションを図れるようにしてくれる情報技術（IT）によって私たちはときに、クリック一つで生産的なチームワークができる、と誤った自信を持つことがある。また、学校生活をはじめ人と交流するプロセスによって、人々は自分のグループや学問分野や場所や責任範囲を特別扱いするようになる。そうした境界の向こうの世界を放ったままにしていると、志を高く持って始められたチーミングであっても、不意を食らってあっけなくダメになってしまいかねない。第6章では、チーミングの際につなぐ必要のあるさまざまな境界を取り上げ、考え方やスキルや所在地がさまざまであっても協働できるようになる方法を紹介する。

リーダーシップのまとめ

チーミングを成功させるためには、メンバーは積極的に質問し、提案し、懸念を声に出さなければならない。これには、各地に分散していても協働し、専門知識がさまざまな分野に渡っていてもコミュニケーションを図ることが必要な場合がしばしばある。簡単なことに思えるが、そうした協働的な取り組みは、私たちの生来の特徴の多くによって試練を受けることが少なくない。認知的、対人的、組織的な要因が効果的なチーミングの行く手をふさいでしまうのだ。人間の知覚や判断や帰属の正確さを損なう心理的なバイアスや誤りは、グループの緊張や人間関係の対立を生む。しかしながら対立はチーミングを行ううえで自然に生まれるものである。

チーミングによって生まれる対立に生産的に取り組むには、激しい感情や個人的な意見の違いを避けるのではなく、異なる信念や価値観を詳しく知ろうとする積極的な姿勢を育てる必要がある。チーミングを行い、それに伴う学習を促進しようと思うリーダーは、必要なリーダーシップ・スキルを磨いて効果的に対立に取り組まなければならない。それはあらゆる種類の作業チームにおけるチーミングの生まれ方にあるいはその失敗の仕方に実質的な影響をもたらす。信頼や尊敬が育まれ、柔軟性とイノベーションがどんどん生まれる雰囲気をつくると、最も厳しいデッドラインに追われる職場環境であってさえ、素晴らしい成果がもたらされるのだ。

そうしたリーダーシップ・スキルは、身につけるのが難しいかもしれないが、集合知を利用したり、さまざまな専門知識を統合したり、不確かな結果を分析したりといったチーミング活動になくてはならないものである。本章の最後に紹介し、第2部で深く掘り下げる四つのリーダーシップ行動を実践すると、チーミングと組織学習の成功に不可欠な行動を促す組織環境を育てることができる。この四つの行動は、私が学習するための組織づくりと呼ぶリードの仕方の土台になる。学習するための組織づくりとは、最高のチーミングを推し進め、進歩とイノベーションに欠かせない集団的学習を確実に行うためのリーダーシップの骨組みである。

Lessons&Actions

□チーミングは今日の組織に必須だが、チームであれ組織であれそれを自然にうまく行えるようになることはない。

□チーミングの成功には四つの行動、すなわち、はっきり意見を言うこと、協働すること、試みること、そして省察することが必要である。

□そうした行動はサイクルの繰り返しによって成立する。新たなサイクルは毎回、前のサイクルの結果によって性格づけられ、望みどおりの結果が得られるまでサイクルは続いていく。

□チーミングにはいくつかのメリットがある。メリットは大きく二つのグループ、すなわち、組織のパフォーマンスが上がることと、魅力とやりがいあふれる職場環境になることに分けられる。

□しかしながら、チーミングに不可欠な協調的行動はチームの中に緊張や対立を生む。対立がチーミングにとって望ましいものであることを理解していないリーダーや、対立に取り組むうえで必要なスキルを学ばないリーダーは、失敗する運命にある。

□対立を収めるためには、リーダーは、対立の性質を明らかにし、優れたコミュニケーションを具現化し、共通の目標を明らかにし、難しい話し合いから逃げずに取り組まなければならない。

□チーミングには取り組みがいのあるチャレンジが多々あるため、リーダーシップの役割にとくに注意を払う必要がある。学習するための組織づくりという考え方を持ち、実践すると、チーミングと学習の両方を行うことができる。

□ 学習するための組織づくりをうまく実行に移すには、四つのリーダーシップ行動が必要だ。学習するための骨組みをつくる、心理的に安全な場をつくる、失敗から学ぶ、職業的、文化的な境界をつなぐ、の四つである。

第2部

学習するための組織づくり

第3章

フレーミングの力

第4章

心理的に安全な場をつくる

第5章

上手に失敗して、早く成功する

第6章

境界を超えたチーミング

チーミング行動は、形式的な組織の体制――人々を専門性によって分類し、同僚より上司に注意を集中させる体制――と折り合わないことが少なくない。自然に持ってしまう認知バイアスもチーミングの妨げになる。これはつまり、種々の知識労働にとって、効果的なチーミングを行うには、自分の見方のほうが他人の見方より正確だという自然に生まれる思い込みを断ち切ることが必要だということだ。そのため多くの職場で、チーミングを行うことがひどく特異な行動のように感じられてしまう。そこで、チーミングを促す環境をつくるためにリーダーシップが必要になる。

フレーミングは人々に行動を根本的に変えてもらうためのきわめて重要なリーダーシップ行動だ。チーミングと学習を促すときにはなおさら欠かせないものになる。また、フレーミングをすると、人々は前向きで生産的な変化に伴うぼんやりとしたシグナルを察知しやすくなり、自分自身のものの見方に対する理解が容易になる。この章では、リーダーがどんなことをすれば、新たな取り組みやプロジェクトをフレーミングできるかを――それも、チーミングがうまく進み、人々が学習や問題解決というチャレンジに積極的に取り組めるようになる方法でできるかを――探っていく。[1]

組織学習の重要な活動としてチーミングを推し進めようとするリーダーは、ぜひ協働したいとメンバーの意欲が高まるように仕事をフレーミングしなければならない。声を大にして言っておこう。患者治療から新製品開発までいくつかの状況では、明らかに協働する必要があるのに、人々は自分自身の仕事に集中してしまい、どうすれば、共同でやり遂げるべき仕事というもっと大きな絵の中に自分の仕事をうまく組み入れられるかについて適切な注意を払えていないのだ。

リーダーとしては、仕事について全員が同じ理解を持っているものと思うことはできず、それゆえメンバーのために積極的に仕事をフレーミングしなければならない。また、リーダーは、実行するための組織づくりの特徴であるトップダウンの高圧的な管理スタイルを避けつつ、メンバーがまずは相互依存していることを認識し、その後、チーミングとそれに伴う学習のための資源を求めたり提供したりするよう手助けしなければならない。特定の状況に対するフレームには重要な側面として、メンバーの役割についての、そしてチーミングを行う目的についての思い込みが含まれているのだ。また、好奇心やすばやい対応や協力を後押しするチームの役割を明確に増進することによって、リーダーはチーミングを促し、学習を速く進められるようになる。加えてリーダーは、チーミングへの新たな取り組みとそれに伴う努力を、チームメンバーの意欲を高めて団結させるより大きな目標に結びつけなければならない。

以上の要素を確立するためには、認知フレームを――その広がりとパワーを――理解することが最初の重要なステップになる。

認知フレーム

フレームとは、ある状況についての一連の思い込みや信念のことだ。およそどんなときも、フレーミングは自然に行われる。私たちはこの自然に生まれるフレームをさまざまな状況に重ね合わせるが、その力に気づくことはめったにない。あまりに当たり前のものになっているからである。フレームはおよそ常に存在し、過去の経験によって形づくられる。そして、いつのまにか、そうした昔の経験によって現在の状況に対する考え方や感じ方が左右される。フレーミングに良いも悪いもないが、ただ避けることはできない。私たちは、歩んできた人生や社会状況によってつくられた見えないレンズを通して、周囲で起きていることを解釈する。問題は、私たちのフレーミングは主観的な「地図」を示しているにすぎないのに、真実を表していると思い込みがちであることだ。しかし実のところは、フレームはそれぞれに、現実に対する独自のイメージを伝えている。

暗黙の解釈

多忙をきわめる病棟や品質改善プロジェクトや戦略会議などの複雑な状況では、人々はちょっとしたサインを察知し、今起きていることについて結論を導き出す。認知に関する研究によれば、苦もなく結論の出されるその多くが、暗黙（当然のこと、はっきりとは認識されない、と言い換えてもいい）だがきわめて強力だという。[2] 私たちは、ある状況を解釈すると、その本当の意味を自分はわかったと思う。さらには、ほかの人と連携して仕事をすると、解釈を共有することになり、その解釈もまた当然になっていく[3]。結果として、ある職場にいる人たちはたびたび、暗黙の同じフレームを通して今起きていることを見ることになる。

わけても、職場の会話に関する研究では、私たちが互いとどのように話すかを決めるフレームが突きとめられている。そうしたフレームは自然なものに思えるが、互いから多くを学ぶのを、とりわけ意見が衝突している場合に、難しくしてしまう[4]。対立していると、ほとんどの人が相手に勝つという暗黙の目標を持つ（相手の意見のよいところをできるだけたくさん学ぼうという目標を持って争い始める人はまずいない）。そういうフレームの中では、対立は理解して解決すべき問題ではなく、勝たなければならない競争だと考えられてしまうのである。

「メンタル・モデル」[5]や「当然と見なされる仮定」[6]という言葉も同様の考えを伝えるのに使われるが、チーミング行動を理解するには「フレーミング」がぴったり合う。「フレーム」や「フレーミング」は、あるものを通して何かほかのものを見ることを意味するのだ。フレームは、興味の対象の特徴に、巧妙に注意を向けさせる。私たちはたとえば絵に集中するけれども、フレームは私たちに意識して注意を向けさせることなく、絵の色や描かれているものについての理解を深めたり弱めたりするのだ。同様に、リーダーやマネジャーは認知フレームを使って、チーミングや学習に必要な行動を促す特徴を、際立たせたり奨励したりすることが可能である。

フレーミングの力を示す有名な例として、ナチスの強制収容所を生き延びたヴィクトール・フランクルの話がある。彼は、身近に見た勇気ある人々の話を、収容所の外にいる友人や家族に話しているところを想像することによって、アウシュビッツを耐えたのだった。精神科医であるフランクルはのちに、そうした最悪の状況を耐え抜く転機となった瞬間について述べた。それは、次から次へと襲いかかる苦しみの一つから、未来志向のイメージと希望の一つへ、経験をリフレーミングした瞬間だったという。[7] これは極端な例である。しかしフランクルの驚くべき話は、リフレーミング——同じ状況を、ある角度からではなく別の角度から、全く異なる観点から見ること——がもたらしうる結果をうまく説明している。

学習のためのリフレーミング

心理学者や行動科学者は認知フレームのさまざまな力を明らかにしている。たとえば、仕事を「作業を行う場」としてフレーミングすると、「学習する場」としてフレーミングした場合に比べ、人々はリスクを回避しがちになり、ひるむことなく最後まで困難に立ち向かおうとしなくなる。[8] 学習する場というフレームを使う人は、なじみのない困難な仕事に長く取り組めるだけでなく、結果として最後にはより多くのことを学習できる。さらに言えば、作業を行う場というフレームを使う人は試みやイノベーションに取り組むことが少なく、困難な状況になったときに新たな戦略を策定することもあまりない。それどころか、過去に使った役に立たない戦略を頼みがちになる。

同様に、仕事や困難な問題に取り組むときの方向性が、「前進」か「足踏み」かを区別する研究もある。前進する場合の特徴には、理想や目標や、それらを実現しようとする意欲が挙げられる。これは、手にできるものという観点から新たな状況をフレーミングする傾向があることを示すものだ。反対に、足踏みする場合は、義務感や、失うことへの警戒心が特徴になっている。これは、新たな状況を責任を回避する機会としてフレーミングする傾向があることを示している。[9]

幸い、フレームは変えることができる。行動科学者やセラピストは、人々が暗黙のフレームを変化させ、人生でよりよい結果を手にしやすくなるよう、フレーミングのプロセスについて研究を重ねてきた。その一つのアプローチである論理療法は、より生産的な学習志向の方法として自分自身をフレーミングしてみるよう人々に教えている。[10] マネジャー論も、フレーミングのプロセスや仕組み、さらにはそれが結果を改善するのにどれほど強力であるかを探るものだ。とりわけ、独創性に富む組織学習の研究者クリス・アージリスは長年にわたってマネジャーを対象に研究を行い、暗黙のフレームが難しい対立的な会話でどのように話の仕方を決定づけるのかを突きとめ、取り組んだ。[11] 同様に、やはり先駆的な研究者で、アージリスの長年にわたる仕事仲間であるドナルド・ショーンは、人々がどのように役割をフレーミングして行動を形成するのか、さらにはそれに応じて、達成される結果がどのように決まるかを論証した。[12]

▽フレーミングの研究に関する参考資料

フレーミングについてさらに学ぶには、次に挙げる論文や書籍が、社会心理学、言語学、社会学、組織的行動の各分野における最高の資料である。

Argyris, C. *On Organizational Learning*. Malden, MA: Blackwell Business, 1999

Benford, R.D., and Snow, D.A. "Framing Process and Social Movements: An Overview and Assessment." *Annual Review of Sociology* 026 (2000): 611-39

Entman, M. R. "Framing: Toward Clarification of a Fractured Paradigm." *Journal of Communication* 43 (1993): 51-58
Feldman, J., and Lakoff, G. I. *Framing the Debate : Famous Presidential Speeches and How Progressives Can Use Team to Chanfe the COnversation (and Win Elections)*. Brooklyn, NY:Ig. 2007
Goffman, E. Frame *Analysis: An Essay on the Organization of Experience.* Cambridge, MA: Harvard University Press, 1974.
Hammond, S (1998). *The Thin Book of Appreciative Inquiry.* Bend, OR.
Lakoff, G. Simple *Framing: An Intrduction to Framing and Its Uses in Politics.* Berkeley, CA: Rockridge Institute, 2006
Tversky, A. "The Ftaming of Decisions and the psychology of Choice." *Science* 30 (1981): 453-458

心理学的研究におけるフレーミングのモデルにはそのほとんどに、対照的な二つの選択肢がある。学習と作業、目標達成と自己防衛、健康増進と健康減退などである。これをもとにすると、所定のプロジェクトでもどのような協働的な仕事でも、学習の機会として、あるいは単たる実行の場としてフレーミングすることができる。学習の機会としてフレーミングするのが適切なのは、仕事に新たな問題解決が含まれる場合だ。逆に、これから取り組む仕事が完全にルーチンで、調和して動くことが完璧にプログラムされている場合は、実行の場としてフレーミングするほうが合っている。どちらのフレームを採用するかという点に、リーダーは重要な影響をもたらす。認知心理学者は、フレーミングするとき人々の間に習慣的な違いがあることを確認している。行動療法士は、健康増進を目的に人がリフレーミングするのをどうすれば手助けできるかを述べている。同様に、組織の研究者は証明している。リーダーは、状況をフレーミングあるいはリフレーミングすることで、その状況に対する人々の対応の仕方やかかわり方に強力な影響をもたらせる、と。次に挙げる例は、一緒に仕事をする人たちがプロジェクトの目的をどう見るか、その目的を達成するにあたっての自分たちの役割をどう理解するか、その点を左右するリーダーの力に焦点を当てている。

変革プロジェクトをフレーミングする

心臓手術は、加齢によるあるいは遺伝子的な心臓の疾患を治療するために行われる。手術によって、大勢の専門家と数々の特殊な装置は、念入りに計画された決まった手順の中で一体となる。外科医は器械出し看護師や外回り看護師、麻酔専門医、灌流技師と呼ばれる技術者のサポートを得て、実際に病変組織の治療を行う。看護師は術前、術中を通して外科医の手足となり、麻酔専門医は麻酔の患者への投与をコントロールし、灌流技師は心肺バイパス装置を操作する。

典型的な外科部門では年に何百もの心臓切開手術が行われ、手術室チームの一連の作業一つひとつに明確に決められたやり方がある。そのやり方は、おそらく病院のほかのどの部門より長い間変えられたことがなく、それは他の病院でも驚くほど同様だった。それほどまでに整然として変わらずにいたチームだが、数年前にある医療会社によって低侵襲心臓手術（ＭＩＣＳ）という新しい技術が導入された。ＭＩＣＳのおかげで、外科チームは侵襲性の低い手術を行えるようになり、ひいてはこの技術を採用する病院に競争優位をもたらすことになった。ただ、ＭＩＣＳを使うには、手術室（ＯＲ）チームの一体となって動く方法を大きく変える必要があった。

従来の心臓切開手術は数え切れないほど多くの命を救ってきたが、その侵襲性により、回復には痛みと長い時間がつきものだった。標準的な心臓手術では、まず胸を切開し、胸骨を切断し、心臓を停止させ、不具合箇所を治療し、そして胸部の傷を閉じる。一方、侵襲性の低い方法で心臓にアクセスするMICSでは、肋骨と肋骨の間を小さく切開する。この切開部分の小ささのために外科医はきわめて限られた空間で手術を行うことになる。心肺バイパス装置の管は切開部分ではなく動脈を通さなければならず、また風船を大動脈に入れてふくらませ体内で鉗子《かんし》として働かせる必要もある。こうした変更にはチームがいっそう一体となって動くことが不可欠になる。ある看護師は次のように述べた。「トレーニング・マニュアルを読んだとき、信じられませんでした。一般的な方法とあまりにかけ離れたものだったのです」。当然ながら、この新しい技術を導入するのは、予想よりはるかに難しかった。

四つのチーム――二つの結果

新技術の導入というチャレンジをもっとよく理解するために、私はMICSを採用しようとしている一六の病院の心臓外科部門をリサーチした。目的はリーダーのフレーミングについて調べることではなかったが、リサーチが終わるまでに、それこそが成功を説明する唯一最大の要因であることがはっきりした。

ここからは、一六の病院のうち四つを取り上げて、リサーチの結果をまとめていく。イノベーションに関する過去のリサーチと同じく今回も、成功に関連のありそうな要因をいくつも意図的に盛り込んだ。その要因とは、イノベーションに対する病院のこれまでの取り組み方、資源、管理支援、プロジェクトリーダーの組織における地位、である。四つのうち三つの病院では経験の長い外科医がプロジェクトの責任を負っており（うち二人は部門のトップだった）、あとの一つはもっと若手の外科医が新技術導入をリードしていた。また、二つの病院が大学病院で、もう二つはコミュニティ病院だった。二つの病院では経営幹部がしっかり支援していたが、あとの二つではあまり支援されていなかった。**表3-1**が示すとおり、以上の要因では、新技術導入の成功における違いを説明できなかった。

四つの病院のうち二つはＭＩＣＳをうまく導入することができた。二つは最終的に断念した。成功と失敗を分けたのは、経営サイドの支援でも、資源でも、プロジェクトリーダーの地位でも、専門知識でもなかった。驚くべきことに、大学病院かどうかや、イノベーションに対するこれまでの取り組み方にも関係がなかった。そうではなく、それぞれのプロジェクトリーダーがこのプロジェクトをどのようにフレーミングしたかによって、技術やチームワークの必要性に対する姿勢の違いが引き起こされたのだった。リサーチをしている間に、次のような、**ＭＩＣＳ導入に対するフレーミングの仕方について三つの特徴**が明らかになった。

▼リーダーの役割…チームリーダーである外科医がみずからを、相互依存するチームリーダーとしてフレーミングするか、それとも一個人の専門家としてフレーミングするか。

▼チームの役割…チームの役割が、権限を与えられたパートナーとしてフレーミングされるか、それとも技術に長けた補助スタッフとしてフレーミングされるか。

▼プロジェクトの目的…プロジェクトの目的が、向上心あふれるものとして伝えられるか、それとも受け身で消極的なものとして伝えられるか。

表3-1　背景の概要とMICS導入に対する暗黙のフレーム

	病院＃1	病院＃2	病院＃3	病院＃4
病院の種類	大学病院	コミュニティ病院	大学病院	コミュニティ病院
イノベーションに対する過去の取り組み	広範	限定的	広範	限定的
経営サイドの支援	反対	中立	支援	支援
プロジェクトの資源	やや制約あり	十分	十分	十分
導入を担当する外科医の地位	部門の責任者	若手の外科医	部門の責任者	部門の責任者
プロジェクトにおけるリーダーの役割についての見方	熟練の外科医。新技術を導入する論理的根拠と確信、ベテランチームに支援してもらう必要性をはっきり伝える	若手の外科医。このチャレンジについてのわくわくする気持ちをはっきり伝え、他のチームメンバーが重要な役割を担っていることを強調する	熟練の外科医。この新技術に関して過去に相当な経験があり、自分の力だけで行える	熟練の外科医。この新技術がもたらすチャレンジや変化の程度を最小限にする

	病院＃1	病院＃2	病院＃3	病院＃4
プロジェクトにおけるチームの役割についての見方	選りすぐりの専門家と高い評価を得ている部下。彼らのスキルは成功に不可欠である	チームの重要なメンバー。彼らがいなければプロジェクトは失敗に終わる	外科医の新技術プロジェクトを実行する	外科医以外のチームメンバーは果たす役割があまり重要でないと見なされる
プロジェクトの目的についての見方	患者の役に立つ	チームの能力を高め、それによって部門の野心的な目標を達成する	最先端技術を使えることをはっきり示す	他の病院に対する競争力を保つ
プロジェクト進行中はっきり意見を言えるかどうかについてのメンバーの認識	「気兼ねなく言えます」（看護師）	「誰でも意見を言える自由でオープンな雰囲気があります」（看護師）	「問題になりそうなことに気づいたら、はっきり言う義務があります。ただしタイミングを計らなければなりません」（看護師）	「率直に意見を言うのを（みな）恐れています」（看護師）
プロジェクトの結果	成功	成功	最終的に断念	早々に断念

ほかの何より、フレーミングのこれら三つの特徴によって、どの心臓手術チームが成功するか、あるいは失敗するかが左右された。三つの特徴はさらに、リーダーシップ行動によって組織のメンバーがどのように現実をチームベースの協働するものとして理解できるようになるかを知るのに、きわめて重要だった。

リーダーの役割

一般に、リーダーはまぎれもなくスポークスマンである。彼らは、重大なパフォーマンス・ギャップについて共通認識を生み出すことができ、新たな方向性や試みによってどんな潜在的チャンスを得られるかはっきりと述べる立場にあるのだ。人々は、同僚らの言動と比べて、リーダーがどんな言動をするかにとくに注意を払う[13]。そのため、新たな試みという先の見えない道に人々にかかわってもらうときには、リーダーはみんなの意識を一つにしてアクションを起こせるよう、意図的にフレーミングを使うといい。意図的に使うというのは、リーダーはチームワークを促し、互いに対する尊敬の念が育つように、自分を演出すべきだということである。わけても、互いに対する尊敬の念は、人々が情報を共有し、質問し、関係のありそうなさまざまな新しい行動や作業を試みるのを助けるのに不可欠である。

相互依存するチームリーダーか、一個人の専門家か

MICS導入に成功した病院の心臓外科医たちは、この新技術を機能させるにあたり、自分がほかのメンバーと相互依存していることをはっきり述べていた。とくに強調していたのは、自分も間違う場合があること、他人の意見を必要としていることだった。チームとして一体となって仕事ができなければ、低侵襲手術の手順を整えることはほとんど不可能だろう、とリーダーたちは述べた。

理解すべきは、心臓外科の世界において外科医は尊敬される地位、高いと言ってもいい地位にあるということだ。昔ながらの心臓手術が行われている間、外科医は手術室（OR）チームや患者やプロセスに対して絶対的な支配力を持ち続ける。トップダウンのアプローチは、そうした手術ではおおむねうまくいくのだ。ただ、低侵襲手術には通用しなかった。協働し、コミュニケーションを図ることがもっと必要だったのである。胸骨が切開される場合と同様、心臓のデータを目で十分に得られないため、外科医はチームの誰かにさまざまなモニターや画像からのデータを知らせてもらい、行動をある程度導いてもらう必要があった。チームメンバーに専門知識や地位がなくてもその点に触れることなく、成功した病院のリーダーたちは、MICSを行うときに自分が他のメンバーに頼っていることを率直に認識し、口にしていたのである。

部門のトップでもある病院#1のチームリーダーは、このプロジェクトのために優秀な人々を選り抜いた点を強調していた。病院#2のチームリーダーは若手の外科医で、さらに一歩進んでおり、MICS導入を構造化と指揮の両方を必要とするプロジェクトとして扱った。彼のリーダーシップは二つの形で発揮された。プロジェクトを管理すること、そして選りすぐりのチームに権限を与えることである。自分自身にとって、さらにはORチームの他のメンバーにとって、MICSがパラダイム・シフトを意味していることに、彼は気づいたのだった。

きわめて重要なのは、外科医が自分を独裁者ではなくパートナーとして位置づけられるようになることです。すると、たとえばチームの誰かの提案に基づいて、今している行動を変えることになります。これは、ORとその仕組みを徹底的に改革することにほかなりません。責任者は必要ですが、いわゆる責任者とは全く違います。

さらに彼が話したのは、自分の役割が命令を出す人からチームメンバーへ変わったことと、他のメンバーに権限を与えてやる気を促し、変化に必要な努力をしてもらいたいと思ったことだった。彼は手術室のダイナミクスに気を配ったのである。「外科医が怒鳴るように上から命令を出すというモデルは、もはやありません」と彼は言った。「手術室にあふれているのは、協力し合うという新しい波なのです」

対照的に、病院#3の外科医であるチームリーダーは、MICSを外科医が推進すべき変化としてとらえ、その技術的な側面を重視した。全米に名を知られ、MICSに関して過去に意義深い経験を積んだ彼は、あるインタビューで、この新しい技術をとくに難しいものとは考えていないと述べた。それどころか、導入プロセスを単に「チームを訓練する手段」だと考えていた。彼は、ORチームの他のメンバーとのかかわり方を変えようともしなかった。メンバーはみな自分のするべきことをわかっているはずだと思い、導入にあたって彼らを導くようなことをほとんど何もしなかったのである。あるメンバーが述べたように、この外科医は「メンバーはみな、今何が起きているかわかっている」とばかり思っていたのだった。

同様に、病院#4のチームリーダーもメンバーを導くことはほとんどなかった。取っつきにくい人でもあり、ある看護師は彼のリーダーシップのあり方を「厳しく統制された」ものだと述べた。さらに次のようにも述べた。「彼にとって大切なのは、手術室で折り目正しくあることでした。私たちは二度の面接で外科医は『船長』であると言われ、一度は『自分は議長であり、そのように自分は仕事を取り仕切る』と言われたのです」

残念ながら、病院#3、#4のリーダーはどちらも、持ちつ持たれつの協働する環境をつくることができなかった。彼らの姿勢や行動がはっきり示していたのは、新しい技術の導入にあたって他のチームメンバーは何ら重要な役割を果たしていない、ということだったのである。

質問し、耳を傾け、学習する

新たな技術やサービスを導入するには新しい手順を開発しなければならず、チーミングと学習が必要になるが、前述の例からわかるとおり、指揮統制のアプローチではチーミングや学習を生み出すことはできない。いや実際、成功を手に入れようと思うリーダーは、自分と他のメンバーが相互依存の関係にあることをみずから実感していると伝え、自分も間違う場合があるということを述べ、協働する必要性をはっきり示さなければならないのだ。

ただし、それには多くのリーダーが、リーダーシップについての概念を変えることを求められる。変革を実行するにせよ仕事のやり方を変えるにせよ、うまくやるには、プロジェクトにおける自分の役割を、ほかのメンバーにしっかりかかわってもらえるようにフレーミングする必要もある。既存の上下関係を変え、手助けを求め、耳を傾け、自分の限界を受け容れる必要もある。すると、チームメンバー全員から意見を聞ける、もっとオープンな環境を生み出しやすくなる。さらには、リーダーが自分自身の役割をどのように示すか、その違いが、ほかのメンバーが自分の役割をどう考えるかという点に、直接かつ明確に影響を及ぼすことになる。

チームメンバーの役割

一時的なチームが結成される場合、メンバーは立場や専門知識や個性に応じて役割を担うのがふつうだ。それは必然なので、共同プロジェクトにおいては、さまざまなメンバーが果たす役割を慎重にフレーミングすることが、団結力のあるチームと効果的なプロセスを生むのに重要である。とりわけ、仕事がもともと高度に分割されている場合――役割によって明確な境界があり作業の相互依存性があらかじめ制御されている場合――、密なコミュニケーションを特徴とする仕事の仕方へシフトするのは生やさしいことではない。メンバーにチーミングを始めてもらうには、新たなフレームが必要なのである。

権限を与えられたチームか、それとも技術に長けた補助スタッフか

病院#3と#4の心臓外科チームメンバーは、リーダーたる外科医が重大な変化だと認識していないという事実に直面し、新しい技術に伴う変化に苦労していた。互いを大切な仲間や先駆的な学習者だと思わず、ただの作業者だと考えてしまってもいた。本物のチームワークや同僚であるとい

う感覚が欠けてしまっていたのである。病院#3では、リーダーたる外科医の専門家としての地位のせいで、他のメンバーたちは、所定の作業という枠を超えた本物の貢献をする道が見えなくなっていた。外科医の専門技術が問題だったわけではない。問題は、外科医の専門技術をフレーミングしたことだった。そのためにメンバーは自分たちの意見など重要ではないと思うよう導かれてしまったのである。しかしながら、メンバーが果たすべき役割は、外科的な専門技術よりも、絶えずコミュニケーションを図って、手術中に使う道具の設置を評価したりきちんと使えるようにしたりすることのほうだった。このフレーミングの失敗は、外科医がチームづくりに――チームというのは放っておくと年功序列をもとに構造ができてしまう――いっさい関与しなかったために拍車がかかってしまった。病院#3、#4のアプローチをまとめると、次のようになる。

- □プロジェクトに対する包括的な見方として、新たな技術を導入しても手術室の状況はふだんと「何も変わらない」と考えられていた。
- □手術中は、「自分の仕事をする」ことが当たり前の目標になっていた。
- □プロジェクト中に当然すべきこととしてメンバーが考えていたのは、自分の仕事に精通していることと、ほかのメンバーの仕事とどのように相互作用するかを知ることだった。
- □リーダーたる外科医以外のメンバーは部下と見なされた。

対照的に、病院#1と#2ではORチームのメンバー全員が、プロジェクトのプロセスに対して責任感をしっかり持ち、その成功に自分が重要な役割を担っていると思っていた。外科医でないメンバーも手術室内で気づいたことや気になることを自由に発言できたし、意義深い省察や話し合いに参加して新技術やチームプロセスを評価することもできた。病院#1と#2では、新技術の導入プロセスにおいてメンバー一人ひとりがきわめて重要な役割を果たしていると考えられており、そのアプローチをまとめると次のようになる。

- □プロジェクトに対する包括的な見方として、新技術の導入は新しい方法を試す挑戦しがいのある機会であり、わからないことに満ちていると考えられていた。
- □手術中は、患者の安全性を確保すると同時に、できるだけ多くを学習することが当たり前の目標になっていた。
- □プロジェクト中に当然すべきこととしてメンバーが考えていたのは、コミュニケーションを図り、相互に依存し合って行動しながら、どのような困難が生じようと克服し、手術をやり遂げることだった。
- □リーダーたる外科医以外のメンバーは、パートナーであり、大切なチームメイトであり、新たな挑戦を克服するのに不可欠な頼もしい仲間であると考えられた。

病院#1のチームリーダーがまず取り組んだのは、特別なORチームを編成することだった。データ収集を管理してもらうために外科医をもう一人選ぶと、彼はほかの三分野の各リーダーの意見に従って、残りのメンバーを決めた。専門分野別のチームはそれぞれ、慎重にメンバーを選んだ。たとえば、心臓外科看護チームのリーダーは新たな手順の導入というチャレンジのために自分ともう一人のベテラン看護師を選んだ。このもう一人の看護師は、自分が選ばれたのは「私たちの知識の重要性を、外科医の先生がたが認めているからです」と述べた。

このリフレーミングは手術室の外へも広がった。灌流技師と看護師は自分たち自身の役割――外科医の仕事をサポートする熟練の専門家から、医学文献を読んで考える関係者まで――をリフレーミングし始めた。病院#2の灌流技師は次のように述べた。「珍しい症例だと思われる場合、私はそれについて外科医に尋ね、文献を見て、外科医と事前に話をします。それくらい外科医はざっくばらんに私に話をします。以前はうさんくさそうな目で見られていたものですが、今はそういうやりとりを私とするのを外科医は当然のように考えていますね」

専門技術の上での深いかかわりと、気持ちの上でのかかわり

一時的なチームを組んで取り組むプロジェクトの場合、メンバーの役割をフレーミングするのに欠かせないのは、メンバーは理由があって選ばれているのだと明確に伝えることである。これによって、新技術の導入プロセスに対する専門技術の上での深いかかわりと気持ちの上での深いかかわりが生まれ、この取り組みの実行を手伝うだけでなく、詳細を工夫するよう他のメンバーを促すことになる。これは、新たな技術によって変化を余儀なくされること、その変化が困難を伴うものであること、変化が成功するかどうかはメンバー全員の力にかかっていることを示すものでもある。メンバーがプロジェクトのために厳選された素晴らしい人たちであることをリーダーが強く述べると、専門技術の上でも気持ちの上でも深くかかわる意志が生まれるのである。

これに対し、メンバーがプロジェクトについて重要な役割を果たしていることをリーダーが伝えられなければ、メンバーはプロジェクトの成功に心から尽くすことはできないし、そのつもりもないと思ってしまうかもしれない。すると、新たな技術やプロセスによって仕事をどう変えれば組織や顧客の役に立てるのか、想像して実際に変える手助けがうまくできなくなってしまう。強力にフレーミングすることは深くかかわる気持ちに影響をもたらし、努力したり、変化によって求められる冒険を思いきってやってみたりしようという気持ちを人々に起こさせるのである。

リサーチによってわかったこれらの結果は、シンプルながら明白な事実を示している。チーミングは、全員でそれがうまくいくように取り組むと、しっかり機能するのだ。イノベーションや新技術の導入に伴う避けがたい障害を克服しようとメンバーが一致団結すると、学習が生じる。また、よく考えられた前向きなリフレーミングによってメンバーはいっそう密にコミュニケーションを図ろうとするようになり、やがてピラミッド型組織の境界が薄れていく。個々人の動機がプロジェクトの目的にぐっと近づくのである。

プロジェクトの目的

従業員一人ひとりがいくら問題に気づいていても、共通の目的を理解して心にかけていなければ、解決のために一丸となって努力する可能性は低い。そのため、取り組むべき仕事を効果的にフレーミングすると、なぜ特定のプロジェクトが存在するのかという疑問に対する説得力ある答えを提供することになる。プロジェクトはどんな目的を果たすのか。従業員や顧客や社会に、どんな価値をもたらすのか。リーダーの仕事は、そうした共通の目的を中心に人々を一つにまとめ、彼らが団結するのを手助けすることだ。目的意識を生み出す努力が功を奏するかどうかは、チーミングを、目的や目標に――かつてない不確かなプロジェクトが終わるまで、人々にやり遂げる意欲を持ち続けてもらえるだけの目的や目標に――リーダーが結びつけられるかどうかにかかっている。個人がやる気に満ちてどんどん前進するかあるいは足踏みして先へ進まずにいるかという方向性を持つのと同様、プロジェクトも向上心あふれる方向かあるいは受け身で消極的な方向のいずれかへフレーミングされる場合が少なくない。

向上心あふれる目的か、受け身で消極的な目的か

この章で取り上げている四つの病院はMICSの導入にあたり独自の道をたどったが、新技術導入の理由に関するチームとしての信念――はっきり表明されたにせよ、ほのめかされたにせよ――という観点からは二つのグループに分かれた。

成功したチームのメンバーは向上心あふれる目的意識を共有し、患者のためにあるいは病院のためになんとしても目標を達成しなければという思いに突き動かされていた。病院#1は患者の利益を重視し、病院#2は心臓手術のときに限界を試して新たな領域へ到達することによって意欲を高めていたのである。

それにひきかえ、失敗に終わった二つのチームが目標としていたものは、基本的に予防的で受け身だった。どちらのチームも新しい技術を、必要で耐えるほかない重荷としてとらえていたのである。

二つのチームは、競争相手に対する恐れによって突き動かされ、技術的変化に対処できるかどうかという不安に苛まれていた。その信念は怠慢な状態にあると思われた。すなわち病院#1、#2で生まれたような、今までにない、意欲をかき立てるような信念を与えるリーダーシップが欠けていると思われた。

大学病院は最先端の医療センターであり続けるためだけにイノベーションを求められると言っても過言ではない。にもかかわらず、病院#1と#3のチームがどちらも大学病院でありながらMICS導入プロジェクトに対する考え方が根本的に違っていたのは、この新技術の目的をフレーミングする方法が二人の外科医で異なっていたためだった。

病院#3の経験豊富なリーダーは、新技術がもたらす変化をどちらかといえば軽く考えていて、導入プロセスを明確にフレーミングせず、またORチームのメンバーのやる気を促して新たな手順を学習してもらおうともしなかった。メンバーはMICS導入の論理的根拠を勝手に推測するほかなく、しかし孤立したような状態では、変えなければならないもっともな理由を認識した人は誰もいなかった。それどころか、新たな手順の一つひとつを何か空恐ろしいもののように思ってしまった。変化について明確な理由がないことで、チームは技術の最先端を行くことは外科医のためになるだろうと思う一方で、その目標について誰も責任を感じることはなかった。

これを、病院#1のチームメンバーと比べてみよう。私が個別に取材したメンバーはみな、何か新しいことをして、手術を受けた患者が少しでも早く快復するよう手助けするときのわくわくする気持ちについて触れていた。看護師たちは、プロジェクトのために選ばれてうれしく思うし、このチャレンジに刺激を受けたと述べていた。患者の利益に集中することによって、病院#1のリーダーたる外科医は、ＭＩＣＳの学習がもたらす困難に立ち向かおうとチームの意欲をかき立てたのだった。この外科医は新しい技術に対する自信が増していくことを何度も言葉にして述べ、またメンバーたちはこの方法が大いに患者のためになるという信念を共有していた。ある看護師は目を輝かせてこう述べた。「ＭＩＣＳをすることになるたび自分の知識がたしかになっているのを実感します。患者さんたちが早く快復するのを見られるんです。本当にやりがいのある経験です。メンバーに選ばれたことを心から感謝しています」

いずれもコミュニティ病院である病院＃2と＃4でも、同様の違いが浮き彫りになった。病院＃4のチームメンバーは、ＭＩＣＳを行う理由は「世間に後れをとらない」ためであり、この先、競争圧力に負けないためだと述べていた。心臓手術のリーダーがＭＩＣＳを行うことにしたのは、本人曰く「マーケティングの一環として、われわれがこの手術を行えることを世間に知ってもらいたい」からだという。メンバーの中には、リーダーがＭＩＣＳを行うのは単にイメージをよくするためだと思っている人もいた。「ほかの病院と対等でいたかったのです」と述べる看護師もいた。これにひきかえ、病院＃2のチームメンバーは、ＭＩＣＳは心臓病患者だけでなくＯＲチームにとっても可能性を試すわくわくするような機会だと確信していた。病院＃2の灌流技師の考えでは、ＭＩＣＳの実施は「人々の持つ可能性を探るもの」なのだった。

明確で説得力のある目的を伝える

人々に積極的に貢献してもらえるようになることが、リーダーシップの最も重要な仕事である。

これはつまり、めまぐるしく変化する環境にいるリーダーは、集団的学習プロセスを促進・指導する必要があるということだ。そのためには、リーダーはチームメンバー全員の心に響く明確で説得力のある目的を伝えなければならない。

チーミングを促す目的にはふつう、金儲けや保身を超えた意味がある。そして向上心を刺激する明確な目標が示され、それがメンバーのやる気を高め、チーミングと学習に対する集団責任に焦点をあてられるようになる。向上心を刺激する目標には、なんらかの行動によって誰かほかの人を支援したりチームメンバーが困難を伴う学習を頑張り抜くのを手伝ったりするというわくわく感がぎゅっと詰まっている。また、新たなプロセスや技術に対する自信が高まっていくことを明確に伝えることによって、リーダーはチームメンバーに、目標達成へ向けて前進していることをはっきり認識させることができる。

フレーミングの三つの側面——リーダーの役割、メンバーの役割、プロジェクトの目的を確立すること——は一つに合わさって、大きな変化を伴う取り組みが成功するか失敗するかを決めるのに重要な役目を果たす。役割や目標に対する人々の認識形成に影響を及ぼすことによって、入念なフレーミングは、協働を後押しして最後までやり遂げようと思える環境をつくるか、それとも、変化を耐えるべき重荷として明確に位置づけてしまう後ろ向きな環境をつくるか、その違いを生む。そうしたフレーミングはまた、自分は価値ある学習の旅を始めようとしていると考えるか、単に仕事を片付けようとしていると思うかという、大きな差も生む。

学習フレームvs実行フレーム

リーダーが、重要な変化を達成するにあたり自分はメンバーと相互依存しているとフレーミングし、メンバーを重要なパートナーだと考え、向上心を刺激する目標を明示する場合、そのリーダーは学習フレームを使っている。先述した病院のチームのうち二つは学習フレームを使っていた。対照的に、積極性に欠ける目標を持つチームのリーダーが、これから始まる旅を最後まで続けようと思いながら、自分はチーム内の誰より重要な専門家だという顔をし、他のメンバーを脇役だと見なす場合、そのリーダーは実行フレームを持っていると考えられる。学習フレームの三つの側面と実行フレームの三つの側面とは、**表3-2**に示したとおり、顕著な対照をなしている。

学習フレームでは、より包括的で、探求心に富むリーダーシップ・スタイルがとられる。このスタイルにのっとって、外科医は相互依存するチームメンバーとして行動した。また、ORチームの他のメンバーは自分を意義深いプロジェクトの成功に欠かせない一人前のメンバーだと自認していた。対照的に、実行フレームを持つチームでは、積極性に欠ける目標――市場シェアを近くの病院に奪われるのを回避する、など――がまず選ばれ、リーダーが技術的専門家として、他のメンバーが脇役として位置づけられた。また、病院#1と#2では、#3や#4とは違い、外科医でないメンバーも手術室で自分の所見を気兼ねなく自信を持って述べることができた。さらには、メンバーはみな意義深い省察に参加してMICSの進歩状況を話し合い、プロジェクトの成功に自分が不可欠な役割を果たしていることを確認した。

リスクと不確実性に満ちたプロジェクトを管理している場合、学習フレームを使い、それによってコミュニケーションを図るリーダーは、得るところの多い協働的な取り組みを促して、学習とイノベーションを促進できるようになる。それにひきかえ、意図的にあるいは無条件に、プロジェクトが一度で「完璧にやり遂げる」機会としてフレーミングされると、人々はそのプロセスにおいて学習し、最終的に正しく理解することがあまりできなくなってしまう。

不確実性を含むどのような実行プロセスも、最もうまくいくのは、メンバーが変化に抵抗感を持たず、最適なものを熱心に見つけようとし、ほかのメンバーが別の視点を持っているかもしれないことを認めている場合だ。ほかの人は自分とは違った角度からものを見たり解釈しているかもしれないことをはっきり意識していると、好奇心が強まり、どんなことを試すべきかについて互いにどんどん話し合うようになる可能性が高い。これこそが学習フレームのまさに本質である。しかしそうした可能性を検討するには、生来的にあるいは訓練によって、自

表3-2　学習フレームVS実行フレーム

プロジェクトの特徴	学習フレーム	実行フレーム
プロジェクトを実行するときの、リーダーの自身に対する見方	待ち受ける困難を克服するにあたり、重要な立場にあると同時に相互依存している	するべきことを承知しており、何をすべきか他のメンバーに命じる立場にある
プロジェクトを実行するときの、リーダーの他のメンバーに対する見方	大切なパートナーであり、待ち受ける困難を克服するために重要な意見をくれる	脇役、あるいは部下
プロジェクトが生み出す状況に対する全体的な見方と、プロジェクトに伴う暗黙の目標	やりがいがあり、わからないことに満ちていて、新しい考え方や技術を試すチャンス。暗黙の目標は、次に何をすべきかを知るためにできるだけ多くを学ぶことである	ふだんと同じ、または「それほど違わない」。暗黙の目標は、仕事を片付けることである

分を知り、協働し、何にでも好奇心を抱く習慣が必要になる。残念ながら、そうした特質やそれに伴う認知フレームが、企業その他の組織的環境において自然に生じることはまずない。

フレームを変える

一般に、仕事について自然に生まれるフレームの多くは、本質的に自分を守ろうとするものだ。残念ながら、守りの態勢をとると代償を払うことになる。保身のフレームは学習と向上の機会を著しく妨げてしまうのだ。しかし研究によって明らかになっているとおり、人々はリフレーミングして、自然に生まれる保身のフレームを思慮深いあるいは学習本位のフレームへ変えることができる。このとき、新たなフレームはもはや――少なくともはじめは――暗黙のものではなく、効果を発揮しようとしてむしろ状況やプロジェクトに明示される[14]。

次に、学習フレームを向上させ、強固にするためのステップを紹介する。併せて、自分の役割についての解釈を新たにするための具体的な戦略もお話しする。

学習フレームを確立する

学習フレームを採用してＭＩＣＳの実施に成功した病院では、その集団的学習プロセスに、密接に結びついた繰り返し生まれる四つのステップがあった。まずチームに加わってもらうメンバーをリーダーが厳選する「登録」のステップがあり、次いで「準備」、何度も繰り返される「試行」と

「省察」の各ステップへと続いていく。**表3-3**に、これらのステップの要約と、新技術の実施に成功した人たちに共通する具体的な行動を示した。そうした行動を支える基本的な認識も併せて載せてある。

登録

登録の重要な特徴は、プロジェクトや役割のために特別に選ばれていることを、本人にはっきり伝えることだ。これにより、専門技術の上でも気持ちの上でもその仕事に深くかかわる用意が整うのである。登録は、新たな技術によって変化を余儀なくされること、その変化が困難を伴うものであること、変化が成功するかどうかはメンバー全員の力にかかっていることを認識させるものでもある。また、基本的なリーダーシップ行動であり、その後のプロセスの調子を決定づけるものでもある。さらには、提案されている変化について初めて気持ちを一つにする機会であり、それによってメンバーは自分たちの、そして組織の前途に待ち受けるものについて第一印象を持つことになる。その第一印象に、自分が加わることが結果に影響を及ぼすのだというわくわく感や自信が含まれると、そうした印象がずっと続いていくことになる。

準備

準備のステップでは、社外トレーニングや社内での模擬セッションに参加することが求められる場合がある。あるいは、他のメンバーの強みや弱み、期待、不安を知るために、ただちにチームづくりのためのミーティングがひらかれることもある。プロジェクトの性質によって変わる準備段階

表3-3　成功した実行プロセスの活動と認知フレーム

ステップ	行動	フレーム（暗黙の認知）	結果
登録	プロジェクトのメンバーが熟慮の上で選ばれていることを伝える。プロジェクトの目的を伝える	プロジェクトによって組織や人々の仕事に大きな変化が生まれるだろう。プロジェクトの成否にかかわらずメンバーは重要な役割を果たしている	メンバーはチームの一員であることを実感し、目的意識を共有し、プロジェクトに深くかかわっていることを意識する
準備	職場を離れてセッションをひらき、新たな技術などの変化がもたらす結果について、気兼ねなく意見を交わす。これからの行動について練習をする	プロジェクトを成功させるには、一致団結して仕事をする方法や問題を予期する方法を学ぶ必要がある	メンバーはチームの中で対人リスクを厭わなくなり、新しい不確定な行動のために尽力しようと意欲的になる
試行	新しい考え方や、プロセスや、ツールを試してみる。どんなことが起こるか細かく注意を払う	プロジェクトのこの段階での行動は実験である。一度で完璧に作業を進められるかどうかは問題ではない。どんなことが起きるか、一人ひとりが好奇心をかき立てられる	あらゆる出来事、あらゆる行動が、学習する機会として考えられる。人々は起こりうる変化に細心の注意を払う
省察	試行の結果について話し合う	過去の試行から学習することは個人にとってもみんなにとっても役に立つ。他のメンバーは気づいたのに自分は見逃してしまったことは何だろうと考える	メンバーは自分のしたこととそれによって起きたことについて話し合う。次いで、その意味するところを分析し、必要な場合は別の可能性をブレーンストーミングで話し合う

のセッションでは、既存の方法をなぜ変える必要があるのかについて話し合うことが肝要だ。変化の実現へ向けてアイデアを集めるためである。さらに重要なことには、率直に意見を述べる模擬セッションを行うと、「現実の」状況――そこでは顧客をはじめ外部の人が害を受けたりネガティブな印象を持ったりする――で新たな試みを行う際の、実際の知覚リスクを減らすことになる。そうした練習によって、チームメンバーは自分自身のスキルに磨きをかけ、自分の行動と他のメンバーの行動を一つにまとめられるようにもなる。準備のステップで行われる活動としてはこのほかに、チームの規範を定めること、すなわち、チームとしてどのように一致団結するか、懸念や所見を率直に話すことをどのように促すか、力関係がどのようにチームに影響を及ぼすかについて、徹底的に話し合うことが含まれる。

試行

チームによる学習プロセスの次のステップとしてはまず、新しい技術などの変化について実際に行う試行がある。これは実際に仕事をして、その仕事を、多くの学びを得る実験として前向きにフレーミングするものだ。このステップで、メンバーは新たなプロセスや技術が組織での仕事の仕方をどのように変えるかを想像し、具現するようになる。ここでの目標は、一度で完璧に作業を進めることではなく、将来の成功のためにどんな調整や変更が必要になるかをすばやく認識することである。試行は、関係する人々が好奇心と探求心にあふれていると、うまくいく。

省察

前のステップ（試行）とペアである省察は、うまくいったことといかなかったことから学習する機会だ。一連の試行が終わるとそのたびに、重要な観察結果を使って、改善できそうなところを探るのである。最後の二つのステップ、試行と省察はともに、変革実行やイノベーションの成功を促す学習サイクルの土台である。新たなプロセスや技術が決まった手順となって定着するまでずっと、二つのステップを使った実験が繰り返される。そして毎回どこかしら前回とは違う部分がある。違いは、それが認識され、影響が分析され、次の試行の計画にあたって考慮されて初めて役に立つ。そのようにして、次回のサイクルの計画では前回のサイクルで得た知識が絶えず活かされる。サイクルが繰り返されるたび、変化が生まれるのである。

学習フレームを強固にする

学習フレームを心から受け容れられるようにする一つの要因は、個人で練習するのではなく、みんなで使うようにすることである。変革実行プロジェクトのリーダーであれメンバーであれ、リフレーミングのための戦術に従おうと思う人々は、これからやってみようと思うことについてほかの人たちと率直に意見を交わす。すると、ほかの人たちはその学習フレームを理解し、意見を述べ、さらには自分も試してみようとするようになる。注意すべきは、リーダーがこのように行動することはふつうはないということだ。人々（上司を含め）をプロジェクトに取り組ませる戦術について、リーダーは胸に秘めて口外しないほうが多いのだ。次に、**学習フレームを強固にするための五つのリーダーシップ戦術**を挙げる。

▼言葉と目を使った会話により、学習フレームを促進する。
▼望ましい対人行動および協調的行動について、説明したり手本を示したりすることによって、学習フレームを促進する。
▼そうした望ましい行動は具体的な言葉を使って説明する。たとえば「何か問題に気づいたら、率直に話してください」とか「疑問を感じたらすぐに電話をして尋ねてください」といった具合だ。
▼行動を始める。たとえば、発足会を開催したり、ミーティングをひらいて、チーミングや学習が終わるまでに達成すべき個人的な目標を見つけたり、トレーニングを行って、個人間の対立に対する効果的な対処法を知ったり。こうした行動を行うと、新たなプロセスや決まった手順がうまく進むようになり、チームメンバーの自信を高められるようになる。
▼プロジェクトの作業領域に現れた顕著な兆候などの結果を使って、学習フレームを視覚的に強固にする。

理想的な従業員？

本章ではよく考えられたフレームを使うことに焦点を当てている。しかし組織での学習に最も強い影響を及ぼすのは無意識のフレームである。多くのマネジャーが、理想的な従業員とはこういうものだ、という考えを持っているのだ。

次のことを考えてみよう。理想的な従業員であれば、持ち上がるどんな問題に対してもやすやすと対処できる（むろん、マネジャーの手を煩わせることなく）。大騒ぎすることなく黙ってミスを（自分のミスもほかの人たちのミスも）直す。何でもそつなくこなす。組織やそのプロセスに全力を注ぐ。こうした仮想の従業員について、私はよくマネジャーたちとの話の中で持ち出しては尋ねる。「この従業員のよくないところはどこですか」。およそいつもこの答えが返ってくる。「そんな従業員など存在しないことだ！」。いいえ、問題はその点ではありません、と私は答える。そういう従業員は存在する。大きな組織なら例外なく、精力的に仕事に取り組み、しかし出しゃばることのない人物が何人かはいるのだ。けれどもそれは本当の問題ではない。いわゆる理想的な従業員について問題になるのは、そういう人は組織が学習するのを困難にしてしまうことである。

学習する組織においては、問題やミスは報告されなければならず、そのために全員が学習することができる。ところが、仕事ぶりが完璧だと、ほかの人にかかわってもらうことができない。さらにいえば、組織のプロセスには、盲従して実行するのではなく、挑戦する必要もある。リサーチを検討して、病院が失敗から学習しない理由を説明していたとき、アニタ・タッカーと私は挑発的に次のように考えを述べた。学習する組織をつくりたいと思っているマネジャーは、自分の考える理想的な社員をリフレーミングし、現状をそのままでよしとしない、うるさいほど質問する人を歓迎できるようにならなければならない、と。[15] そうした組織学習ができる人は今のやり方について、単に受け容れて使うのではなく、絶えず疑いの目を向け、改善しつづけるのである。

個人がリフレーミングするための戦術

ここまでは、フレーミングをリーダーの仕事として述べてきた。たしかに、フレーミングはリーダーがメンバーや結果に対して好ましい影響をもたらしうる最も重要な手段の一つだ。しかし、担っている役割が何であれ、変化への取り組みにかかわっている人なら誰もが、学習フレームを確立したり強固にしたりするのを手伝うという形でリーダーシップを発揮できる。重要な変化に直面している場合、リーダーの肩書きを持つ人だけが、これから取り組む仕事を集団的学習の旅として積極的にフレーミングするべきではない。また、学習する姿勢を共同でつくることにみんなが参加すると、そうした姿勢を広く共有できるだけでなく、ほかの人がみずからのリーダーシップ・スキルを磨くのを手助けできるようにもなる。

フレームを変えるうえで最も困難なのは、状況に対する現在の知覚の根底にあって当たり前になっているフレームを認識することである。もっとも、リフレーミングしようと決心すること自体は比較的やさしい。ここで言っておきたいもう一つの重要な困難は、人々がかなりの頻度で、状況やこれから取り組む仕事を厄介なものとして見ることである。しかし、最初から難しいとする状況に対処することは、自己イメージの一部になる可能性があり、素晴らしい結果を出す責任感を低下させてしまいかねない。

たとえば、「この状況ではどうにもならない。うまくいかなくても私のせいじゃない……」と考えることによって、人々は自分の力不足に対して、あるいは失敗した場合に非難する他人に対して、自己弁護する。人によっては、そうした姿勢が確固たるものになってしまい、なかなか変えられないこともある。あるいは、暗黙の、役に立たないフレームを通して解釈をし、わかったつもりになることもある。そこで、新しい強力なフレームを使って試みることは、人が成長し、向上するためのまたとないチャンスになる。

次に、**個人がリフレーミングするための四つの戦術**を挙げる。これは、チーミングや学習、新たな技術の導入、組織変革の推進に取り組んでいる人なら誰もが、既存の認知フレームを変えるために使える戦術である。

▼このプロジェクトはこれまでにかかわったどんなプロジェクトとも違っていて、新たなアプローチを試し、そこから学習する胸の躍るような機会に満ちている、と自分に言い聞かせる。
▼自分は、プロジェクトの成功に不可欠だけれども、ほかのメンバーが意欲的に参加しなければ成功を収めることはできない、と考える。
▼ほかのメンバーはプロジェクトの成功に欠かせない存在で、自分には予想もつかない重要な知識を提供したり提案をしたりするかもしれない、と自分に言い聞かせる。
▼以上の三つが本当だったら他人にどのように話すだろう。それと全く同じように、実際にほかの人に話す。

こうしたリフレーミングのステップは、懸命に練習すれば、見かけ以上に効果を発揮する。行動を変えて異なる結果を得るには、潜在する認知を変えて望ましい行動を引き起こし支援しなければ難しいというのは、治療学の研究報告書でも広く同意の得られているところだ[16]。そのため、個人がリフレーミングするための四つの戦術は、第二の天性になるまで、新たな状況に対して繰り返し用いる必要がある。

リーダーシップのまとめ

チーミングや学習を進めるときには、フレーミングから始めるとよい。どのように考えるかによって行動を方向づけられ、次いで期待される結果をどれくらい効率的に手にできるかが左右されるのだ。この基本的な因果関係は、認知心理学や行動療法や組織学習などさまざまな研究分野で認められている。フレーミングするとき人々の間に習慣的な違いがあることを認知心理学者が確認しているのと同じように、また人々がリフレーミングによって情緒的、心理的健康を促進するのをどうすれば手助けできるかを行動療法士が述べているのと同じように、本章ではリーダーの力に焦点を当てている。新たな取り組みに対して責任を負うチームのリーダーは独特の立場に置かれ、メンバーがそのプロジェクトをどのようにとらえるか、とりわけプロジェクトの目的をどう考え、その目的を達成するときの自分の役割をどう見るか、それらの点に影響をもたらすのである。

学習フレームが向上するのは、組織のあらゆるレベルのリーダーが、ほかの人たちの、とくに部下の重要な貢献を認識し、ピラミッド型構造に対してとる姿勢を変えるときである。とりわけプロジェクトリーダーは、目標や目的や望ましい行動について共通の理解を育てる必要がある。そうしたリーダーはプロジェクトのためにメンバーを厳選しなければならない。また、さらに一歩前へ進むために、リーダーは他のメンバーと高いレベルで相互依存してこそ成功が手に入ることを強調する必要がある。これには、向上心あふれる目的をはっきり伝えてメンバーのやる気を高めることが不可欠だ。そうした目的はもっとも、なものであり、やりがいのあるものでもあるが、疑念や無力感を引き起こすほど困難なものではない。

フレーミングの三つの特徴――リーダーの役割、メンバーの役割、プロジェクトの目的――が一つに合わさると、人々がどのように協力し合い、目の前の仕事について共通の理解を生み出すかという点に大きな影響をもたらす。学習本位の認知フレームとそれに伴う行動は、昔ながらの職業環境ではまず見られない。幸い、人々の認知フレームは変えることができる。本章の最後のセクションでは、かつてない、もっと相互依存するフレームを、協働して最後までやり抜くことを促すフレームを、確立し、強固にする戦術を紹介している。そうした戦術は、リーダーがプロジェクトを学習する取り組みとしてフレーミングしやすいように考えてある。これらの戦術に従うリーダーは、メンバー全員のこの上なく素晴らしいアイデアとこの上なく鋭い質問が大いに必要であることを、はっきり伝えやすくなるだろう。この戦術はまた、誰もが率直に話をしやすくなるように考えてあり、そのあとには、次章のテーマである心理的に安全な環境をつくるプロセスが始まる。

Lessons&Actions

- □フレームとは解釈であり、これを使って人は環境を感じて理解する。およそつねにフレームは自然に生まれる。
- □リフレーミングは、自分の行動を変えたり人々に変わってもらったりするための強力なリーダーシップ・ツールである。

□組織で働く人、とりわけリーダーの立場にある人がどのようにプロジェクトをフレームするかによって、成功するか失敗するかが左右される。

□チーミングと学習を必要とする新たな取り組みをうまくフレーミングするには、役割と目標――リーダーの役割、メンバーの役割、チーミングの目標や目的――が大きく影響する。

□自分の役割をフレーミングするにあたっては、リーダーは自分が相互依存していることをはっきり述べ、自分も間違う場合があることと協働を必要としていることを伝えなければならない。

□チームメンバーの役割を定義するにあたっては、リーダーはメンバーがプロジェクトの成功に不可欠な優れた人物として厳選されていることを強く伝える必要がある。

□メンバーのやる気を高め、団結させるために、リーダーは明確で説得力のある目標をはっきり伝えなければならない。

□学習フレームの確立には四つの反復されるステップがある。登録、準備、試行、省察の四つである。

□学習フレームを強固にするためにすべきこと。まず、言葉と目を使った会話をする。期待される対人行動と協調的行動を、具体的な言葉を使って説明する。新たな手順がうまく進み、自信を高めやすくなるような行動を始める。さまざまな結果を使って、学習フレームの要素を視覚的に強固にする。

□チーミングや学習においてよりよい結果を得るには、個人として行う次の戦術を使ってみよう。このプロジェクトは胸の躍るような機会に満ちている、と自分に言い聞かせる。プロジェクトの成功に自分は不可欠だと考える。ほかのメンバーはプロジェクトの成功にとって重要である、と自分に言い聞かせる。以上の三つについて、それらがまさしく本当であるかのように、ほかの人に話す。

二〇〇三年一月一六日、スペースシャトル「コロンビア号」は一六日間にわたる研究ミッションのためケネディ宇宙センターから無事に打ち上げられた。その翌日、打ち上げのビデオ映像をチェックしたエンジニアのロドニー・ローシャは、シャトルの外部燃料タンクからはがれ落ちて左翼を直撃したと思われる断熱材の破片の大きさと位置について深い懸念を抱いた。映像は粒子が粗くて不鮮明なため、何が起きたかはっきりしたことはわからなかった。ダメージの有無を判断するため、ローシャは偵察衛星から撮影したシャトルの翼の写真を手に入れたいと思った。それには空軍の許可が必要だが、要望がかなえられるのに技術的にも金銭的にも奇跡は必要なかった。NASA（米航空宇宙局）は米国防省に協力を求めることになるからである。

ローシャはまず、衛星からの写真の必要性を訴える電子メールを直属の上司に送り、太字のフォントを使って緊急であることを強調した。しかし要望が通りそうにないことがわかると、今度は批判的なメールを書いた。「安全性を強調するNASAのポスターがそこら中に貼ってあるのを、まさか忘れてはいないでしょうね。『安全でないなら、声を上げろ』。今回のことはそれくらい深刻なのです」。しかし、彼はこのメールをミッション・マネジャーに送らず、仲間のエンジニアたちに話すだけに終わった。[1] のちに彼は次のように説明した。「エンジニアはたびたび言われていたのです。自分よりはるかに地位の高い人に意見を具申するなどもってのほかだ、と」[2]

断熱材の問題に早い段階で注意を向けてもらおうとしたもののうまくいかず、といって懸念を口にするのはNASAではキャリアをふいにすることにほかならないと思い、ローシャは打ち上げから八日目の重要なミッション・マネジメント・チームの定例会議で話すのをやめてしまった。もっと強い影響力を持つ人たちが指摘してくれたらと彼は願ったが、機会は去ってしまい、その問題が公式に再検討されることは二度となかった。

懸念を述べる機会が失われてからちょうど八日後、コロンビア号は大気圏に再突入する際に燃え上がり、七人の宇宙飛行士全員が命を落とした。その後ずいぶん経って、ABCのニュースキャスター、チャーリー・ギブソンによるインタビューを受け、ミッション・マネジメント・チームの定例会議でなぜシャトルの安全性について懸念を述べなかったのか尋ねられたローシャは、次のように答えた。「そんなことはできませんでした。私がいるのはピラミッドのずっと下のほう……そして彼女（ミッション・マネジメント・チーム・リーダーのリンダ・ハム）ははるか上の人ですから」[3]

二〇〇三年のコロンビア号の悲劇は、職場で率直にものを言わない、とりわけ確信のない懸念や根拠のない考えに関して口を閉ざしているという、ありがちな組織ダイナミクスの悲惨な結果を反映している。もっとも、人々が懸念を口にしたがらない、あるいは自分のイメージを傷つけかねない行動を取りたがらない事例は、さまざまな業種や組織の中で起きている。

些細なミスを黙っているのはわからなくはないが、多くの状況において、過ちは大変な結果を招きかねない。たとえば、ある看護師が、入院患者に投与する薬の量が多いのではと一瞬思ったのに、すぐにその思いを追い払ってしまったとする。医者に電話しようという考えが脳裏をよぎるが、医者はすでに家でぐっすり眠っている頃であり、看護師は前回電話したときに医者に言われた非難がましい言葉を思い出す。こうして、懸念を口に出す機会であるわずかな時間の中で、看護師の脳は医者の非難をことさら大げさにとらえ、患者に害をもたらす可能性をひどく軽んじてしまうことになる。

病院とは全く違う例を挙げよう。若いパイロットが軍の練習飛行中、先輩パイロットが重大な判断ミスをしたかもしれないと気づいたが、指摘しないまま時間が過ぎてしまう。若いそのパイロットは先輩パイロットより階級が低いだけでなく、飛行のたびに正式に評価を受けているのだ。二人はコックピット内でチームを組んで相互依存しているのだが、それでも、上官にはっきりものを言うなど考えるだけでひどく気持ちが滅入る。そして前述の看護師が患者の安全より沈黙を選んだのに対し、このパイロットは自分自身の命を守るより沈黙していることを選ぶ結果になる。繰り返すが、彼の心はなぜか、率直に指摘しなければ墜落して命を落とすことになるかもしれないという可能性を軽く見て、非難されたり無視されたりすることに対する不快感のほうをことさら重視しているのだ。

ピラミッド型組織の頂点にいる人たちでさえ、率直に意見を言う不安を免れることはない。次の例を考えてみよう。成功しているある消費者製品メーカーに雇われて間もないシニア・エグゼクティブは、企業買収の計画に大きな疑問を抱いた。しかし経営幹部チームの中では新参であり、事情に明るくない自分の立場を意識していた彼は、ほかの幹部が一様にすっかり乗り気になっているらしいこともあって、口をつぐんでいた。

数カ月が経ち、買収が失敗に終わったとき、チームは起きたことを再検討するために集合した。コンサルタントの力を借りて、幹部たちはめいめいに、この失敗を引き起こしたかもしれない自分の行動、あるいは回避するためにできたかもしれない自分の行動について考えをめぐらせた。沈黙を守っていたエグゼクティブは、今ではいろいろ様子がわかるようになっており、実は前々から懸念を抱いていたことを打ち明けた。そして、何も言わずにいたことを率直に謝罪し、ほかの幹部が乗り気でいたため「楽しい気分を台無しにするいやな奴」になりたくないと思ったのだと説明した。

こうしたちょっとした出来事すべてに共通するのは対人不安である。これは現代の労働生活を特徴づけるものであり、また現代経済の特徴である知識集約型の組織にぜひとも必要な協働を阻害するものだ。紹介した失敗の多くの根底にあるのは、対人不安――個人的なやりとりや人との付き合い上のリスクに関する不安――なのである。この問題は広く蔓延している。私の研究では、企業でも病院でも政府機関でも、対人不安のせいで頻繁にまずい意思決定がなされたり実行すべきことが実行されなかったりしていることがわかっている。ただ幸いなことに、いくつかの新しい考え方を伴う効果的なリーダーシップや習慣があれば、心理的に安全な環境を生み出し、この問題を緩和できるようになる。

「心理的安全」とは、関連のある考えや感情について人々が気兼ねなく発言できる雰囲気をさす。簡単なことに思えるが、同僚が見ているところで支援を求めたり失敗を許したりできるというのは思いのほか難しい場合がある。しかし、チーミングによってさまざまな意見の違いを超えてたしかに協働できるようになると、率直に会話したり失敗を隠さず話したりすることになる。

この章では、心理的安全の構成概念を説明し、心理的に安全な環境を育てる方法と行動を探っていく。広範な研究をもとに、まず心理的安全を定義し、その基本的な姿勢を探究する。次に、心理的安全がチーミングと組織学習を成功へ導く七つの道筋を紹介し、ピラミッド型組織が心理的安全をむしばむことについて分析する。最後は、心理的安全を高める方法について詳しく説明して締めくくる。そこでは、ひらかれた安全な環境を育てることによって、チームリーダーが直接的、間接的にどのように集団的学習プロセスを方向づけ、強固にするかという点にも触れる。

信頼と尊敬

ひとことで言うと、心理的安全があれば、厳しいフィードバックを与えたり、真実を避けずに難しい話し合いをしたりできるようになる。心理的に安全な環境では、何かミスをしても、そのためにほかの人から罰せられたり評価を下げられたりすることはないと思える。手助けや情報を求めても、不快に思われたり恥をかかされたりすることはない、とも思える。そうした信念は、人々が互いに信頼し、尊敬し合っているときに生まれ、それによって、このチームでははっきり意見を言ってもばつの悪い思いをさせられたり拒否されたり罰せられたりすることはないという確信が生まれる。こうして、心理的安全が、当たり前に持つ確信——質問したり、意見を求めたり、ミスを認めたり、変だと思われるかもしれないアイデアを提案したりした場合に他のメンバーがどう反応するかについての確信――になる。ほとんどの人がとくに職場で、わけても自分を公式に評価する人の前では、対人リスクに「対処」して、よいイメージを維持する必要性を感じている。そうした必要性は、有益でもあり（昇進や報酬は上司たちの持つ印象次第で変わる可能性がある）、また社会情緒的でもある（誰しも反対されるより賛成されるほうがいい）。

心理的安全は、メンバーがおのずと仲良くなるような居心地のよい状況を意味するものではない。プレッシャーや問題がないことを示唆するものでもない。心理的安全は、チームには結束力がなければならないということでも意見が一致しなければならないということでもないのである。

研究によって明らかになっているとおり、チームの結束性は、異論を唱えることに対する積極性を弱めてしまう可能性がある。この問題に言及しているのが「集団思考」という言葉だ。具体的に言うと、結束している多くのグループでは、重要な問題についてどうやらみんなの意見が一致しているらしくそのために生まれている調和を乱したくないと人々は思うのだ。これによって人々は意見を言わなくなったり違う観点を持っていることを認めなくなったりするようになり、ひいてはまずい意思決定をしてしまう一因になる。エール大学のアーヴィング・ジャニス教授は、一九六一年に在米亡命キューバ人を送り込んでピッグス湾に侵攻しようとしたケネディ大統領の計画が散々な結果に終わったのは、集団思考が原因であると考えた。[4] 一方、心理的安全は、反対意見が期待されたり歓迎されたりする雰囲気について述べている。そして反対意見に対して寛容であるために、生産的な話し合いと問題の早期発見が可能になる。

多くの人が職場で口をつぐんでいることに心から不愉快な思いをしたり苛立ちを覚えたりしていることを私は知った。リサーチの対象だった彼らがアイデアや意見を言えずにいるのはたいてい、

「言ったところでどうにもならない」とかどうでもいいと思っているからではなく、ほかの人、とりわけ力のある人たちにどう思われるかという不安を、およそ誰もがなんとなく抱いているからなのだ。

大半の人が直観的に察しているとおり、私たちはそれぞれが暗黙の「入り組んだシステム」にかかわっており、そこで私たちは特定の対人行動に関するリスクを難なくさっと評価する、と同時に、ちょっとした行動を決める時点に直面する。ちょっとした行動を決める時点に直面するという言葉の意味を説明するために、想像してほしい。上司と話をしているときに、「この件について意見を言うべきだろうか」とふと思ったとする。この一瞬の思考プロセスにおいて、手にできるかもしれないものと失うかもしれないものとを天秤にかけることになる。こう思うのだ、「意見を言ったら、傷つくことになるだろうか、恥をかくだろうか、それとも批判されるだろうか」。あなたはすぐさまそんなことにはならないと結論し、心理的安全を得て、考えを言うことにする（傷つくことになるかもしれないが、とにかく言ってみようと思うなら、勇気を示すことになる）。一般に、意見を言おうと決めるのは、信頼できていることや思っていることや感じていることを、自分で自分にブレーキをかけることなく表現できるのである。

間違いを認めたり助けを求めたりすることが、ある職場環境ではとうてい不可能なのに対し、別の職場環境ではすんなり受け容れられ、高く評価さえされる。二つの状況の違い、それがまさに心理的安全である。

職場でのイメージリスクを最小限にする簡単な方法は、自分の正しさに絶対的な確信がないかぎり、何もせず何も言わないことである。むろんこれはふざけた解決策だ。創造性を制限し、イノベーションを妨げ、本物の人間関係をつくる可能性をゼロにしてしまうだけでなく、別の種類の重大なリスク――パフォーマンスや安全性に対するリスク――を生み出してしまうのだ。

このことがとくに当てはまるのは原子力発電など危険を伴う産業、つまりそうした産業では間違いを認めたり支援を求めたりすることが大惨事を避けるのに絶対に欠かせない産業である。[5] また、懸念は口にするより黙っていたいと思う人間の傾向は、病院のような、命を扱う組織でもとくに厄介である。

病院をはじめリスクの高い組織を広く研究して明らかになったのは、ルールと必要な手順があるだけでは、心理的安全に欠けているために発見も修正もされない間違いが完全になくなることはないということである。それは、人々が故意にルールを破るからではない。私たちが微妙な方法で、不確実性を理解したり、職場で互いのことを見たりしているからなのである。

職場環境における対人リスク

頻繁にであれごくたまにであれ、公然とであれそれとなくであれ、現況において、組織にいるほとんどの人が評価を受けている。自分より地位や影響力が上の人の前では評価されることにつきものの恐れが増すが、同僚や部下がいる場でもそうした恐れが消えることは決してない。**職場で直面する四つのイメージリスク**は次の通りだ。これらの不安によって、積極的に意見を言うかどうかが強力に左右される。

▼無知だと思われる不安…質問したり情報を求めたりする場合には、無知だと思われるリスクを冒している。自分のほかには誰も質問する人がいないようだったために、あるいはその情報は知っていて当然だと考えられている気がしたために、尋ねるのをためらった経験はおよそ誰もがしたことがあるだろう。

▼無能だと思われる不安…間違いを認めたり、支援を求めたり、試みにはつきものとはいえ失敗する可能性が高いことを認めたりする場合には、無能だと思われるリスクを冒すことになる。たとえば、やってみたことが期待どおりの成果を上げなかったことを認めると、ほかの人たちには、あなたに仕事を確実にこなすだけの技術や能力がないことを示すサインとして受け取られる可能性がある。

▼ネガティブだと思われる不安…学習して向上するためには、現在と過去の活動や仕事を批判的な目で評価することが不可欠だ。しかし、ネガティブだと思われるというリスクのせいで批判的な評価を言えなくなることは少なくない。多くの人が、ほかの人の仕事を批判すると難癖をつけたがる人だとか一緒に仕事のしづらい人に見える、と思っているのだ。さらに言えば、誰もが知っているとおり、悪い噂が上層部で見過ごされることはまずない。

▼邪魔をする人だと思われる不安…ほかの人の邪魔になったりほかの人の時間を奪ったりしてしまうのを恐れて、人々は意見や情報や支援を求めるのをやめてしまう。[6]とりわけ、自分の仕事に関して周囲からフィードバックをもらえると個人として得るものが多々あるにもかかわらず、なかなか意見を求めようとしない。これは、ネガティブなことを言われるかもしれないと思うからだが、それもまた、煩わしい人だとか自律できない人だと見られたくないという思いから生まれている。

職場で懸念を口にしたり質問したりする場合、私たちは無知だと思われるリスクを冒している。是非はともかく、答えは当然すでに知っているもの、状況を理解しているものと思われているのだ。同様に、ミスについて率直に話したり支援を求めたりすると無能な人というレッテルを貼られてしまう、と多くの人が直観的に感じている。問題や間違いについて声を上げると、ネガティブな人だと見られるリスクを冒すことになる。また、ほとんどの人が自分は精一杯の仕事をしていると思っているため、こちらがネガティブな意見を言うと、それは違うと思われ、ひいてはマネジャーに厄介な奴と見なされてしまいかねない。そしてもう一つ、何かについて率直に話すと、面倒な人だという印象を与えるリスクを冒すことになる。通常の営業時間内にその日の仕事をなかなか終えられないような忙しい組織ではとくにそうだろう。そのため仕事を中断されることは有益であるというより混乱を招くものに見えてしまう可能性がある。

▼有益な妨害

面白いことに、ミネソタ大学のメアリー・ゼルマー＝ブルーン教授が行った研究によると、仕事を妨害することは学習にとってプラスになるという。医薬品産業で仕事をする九〇のチームを調査した結果、仕事を中断させることによって、知識のやりとりが増え、新たな手順の習得が早まることが明らかになったのである。[7]

ところが、率直に発言することにそうしたメリットがあるにもかかわらず、内在するリスクとそれに伴うはっきり意見を言うことへの不安のために、組織としてみな押し黙っていることが当たり前になっている。

ある研究によれば、インタビューを受けたマネジャーとスタッフの八五パーセント以上が、懸念を口にすることはないと認めていた。[8]

心理的安全の研究の大まかな歴史

心理的安全の構成概念は、組織改革に関する初期の研究に端を発する。一九六五年、MITのエドガー・シャイン教授とウォレン・ベニス教授（のちに南カリフォルニア大学教授）は、心理的安全を生み出して、変化を確信させたり実感させたりする必要性を論じた。[9] シャインはのちに書いた論文で、心理的安全があると、期待や希望を否定するデータを示されたときに生じる守りの姿勢、すなわち「学習不安」を克服しやすくなると述べた。[10] そして、心理的に安全であれば、保身より共同の目標や問題の防止に思う存分、集中できるようになると結論した。

以来、ほかにも何人かの研究者が労働環境における心理的安全について探究を行っている。一九九〇年に発表した影響力ある論文で、ボストン大学のウィリアム・カーン教授は、心理的安全により職場でのパーソナル・エンゲージメントが可能になると論じた。[11] 彼は、組織環境にエンゲージしようという個人の積極性に、つまり「役割を果たす間に身体的、認知的、情緒的に自分の考えを表現しよう」という個人の積極性に、心理的安全がどのように影響するかを研究した。[12] さらに、特定のグループでの人間関係が信頼と尊敬という特徴を持っていると、疑わしい点を好意的に解釈してもらえる――心理的安全の大きな特徴だ――と思える可能性が高いとも論じた。

一九九九年に、私は「チームの心理的安全」という言葉をグループレベルの構成概念として紹介した。研究からわかっているのは、心理的安全は従業員一人ひとりの性質ではなく単一体としてのチームを特徴づけるということだ。多くの組織といくつかの産業にわたって行った一連の研究で、心理的安全は、同じチームのメンバーやチーミングを実現しようとしているメンバーなど緊密に仕事をする人たちが同様に覚えるものであることもわかった。これは、ともに仕事をする人々は状況から受ける同じ一連の影響を与え合う傾向があるからであり、また人々の認識は共通の重要な経験から生まれるからである[13]。たとえば、ミスについて話し合ったときに理解や関心が示された経験を共有していれば、何か失敗しても冷笑やあざけりを受けることはないと人々は思うだろう。さらに、心理的安全のレベルは部署や作業グループによってさまざまであることも、研究によってわかっている。つまり心理的安全は、個人の性格の違いによるものではなく、むしろリーダーが生み出すことができるし生み出す努力をすべき職場の特徴によって生じるということなのである。

心理的安全は組織内の小グループの特色になる

およそどんな企業あるいは組織でも、たとえ強力な文化を持つところであっても、心理的安全は部門によって違うのがふつうだ。これはたとえば病院の各フロアや企業の部門、レストランのチェーン店などで言えることである。とある地区の公立学校制度を見ても、学校によって、さらには校内のクラスによって、心理的安全は驚くほど多様な場合がある。局所的な現象なので、トップが命令して変えられるものではない。実際それは、二つの要因――グループリーダーのフレームおよび行動と、ともに仕事をする同僚たちの日々の行動およびコミュニケーション――が結果的に生み出す、環境の一つの側面としてじわじわと広がっていくものなのである。

心理的安全において、気の置けない関係が果たす役割は大きい。あなたが職場環境で心理的安全を覚えていたら、おそらく同僚も同じように安心感を覚えているのだ。また、あなたは外向的な人で、内向的な人と一緒に仕事をしているかもしれない。あるいは逆かもしれない。しかし心理的安全は社交性とは関係ない。それは、自分らしくあることと、（悪いことについてであっても）率直に話すことの結果として認識されるもの。製造ラインや厨房でも、互いのことをどう感じているかによってどれくらい効果的に仕事ができるかが大きく左右されるのだ。

人が重視するのは、能力よりも優しさや信頼できるかどうかや正しい行いをする人かどうかであることが、研究によって証明されている。これはおそらく進化論的な観点から見て、生き残ることにとっては、相手の能力よりその意図のほうが大きな意味を持っているからではないだろうか。もし仲間の誰かのことを優しくもなければ信頼も置けない人だと認識したら、たとえその仲間が有能であったとしても、人々は協調的なチーミングや学習に求められる方法では質問もやりとりもしなくなってしまうだろう。[14]

チーミングと学習にとっての心理的安全

心理的に安全な環境では、人々はアイデアや疑問や懸念を積極的に口に出す。失敗することさえ厭わず、実際に失敗したときには学習をする。心理的安全が必要であるその前提となっているのは、知識やベストプラクティスが一定でない場合、状況がどうあれ完璧なことは誰にもできないという事実である。個々の職場でこのことが互いに認識できていれば、心理的安全を生み出しやすくなる。しかし考えや意見、とりわけほかの人たちと食い違っているらしい意見に不安が暗い影を落とすと、私たちはしばしば人間関係上の抵抗を減らすという選択をする。

これが起きるのは、リスクにさらされているものが重大である場合（患者の健康、航空機の安全性、高くつく買収）と、リスクにさらされているものがそれほど重大でない場合（改善についてのちょっとしたアイデアが、その影響を受ける人やチームに伝えられずにいる）の両方だ。いずれの場合も沈黙が起きる。そして、学習できるかどうかで計画を実現したり生き延びたりできるかどうかが決まる組織において、チーミングが妨げられることになる。

そのため、知識が絶えず変化する組織や人々が協働する必要がある組織においては、心理的安全が必要不可欠になる。環境的要因、組織学習、チームのパフォーマンス、これらの関連性を調べてみると、次に示すように、**職場での心理的安全によって七つの明確なメリットがもたらされる**ことが明らかになっている。

▼**率直に話すことが奨励される**…心理的安全があれば、きまりの悪い思いをすることになる可能性を持つ態度や行動について、ほかの人がどう反応するかという懸念が軽減される。

▼**考えが明晰になる**…不安が原因で脳が活性化されると、探究したり計画したり分析したりする神経の処理能力が弱まってしまう。

▼**意義ある対立が後押しされる**…心理的安全があると、自己表現や生産的な話し合いが可能になり、対立を思慮深く処理できるようにもなる。

▼**失敗が緩和される……**心理的に安全な環境のおかげで、ミスについて報告して話し合うことがたやすくなり、結果としてそれが日常茶飯になる。

▼**イノベーションが促される……**率直に話す不安が取り除かれると、革新的な製品やサービスの開発に不可欠な、斬新なアイデアや可能性を提案できるようになる。

▼**成功という目標を追求する上での障害が取り除かれる……**心理的安全があれば、保身ではなくやる気を刺激される目標の達成に集中できるようになる。

▼**責任が向上する……**心理的安全は、自由気ままな雰囲気を後押しするのではなく、対人リスクを冒す――高い基準を追求したり挑戦しがいのある目標を達成したりするのに欠かせない――人々を支援する雰囲気を生み出す。

率直に話すことが奨励される

職場で心理的安全を重視すべきなのは、それによって率直に話すことが促されるのが最大の理由である。率直に話すことには、支援を求めたり試したりミスについて話し合ったりといった、学習行動の機会を増やすことが含まれる。ほとんどの場合、人々は心理的安全を職場環境の明確な特性だとは認識していない。知っていることや尋ねたいことを率直に口にするとリスクを感じ、口にしなければ感じないというだけだ。リスクを感じたり感じなかったりする経緯と理由について、ほとんどの人は多くの時間を割いて考えようとはしない。しかし徹底して調べてみると、大半の人がそれらの言葉を使って簡単に自分の職場環境を描写できることがわかった。人々は職場が心理的に安全か安全でないか、直観的に理解しているのである。

考えが明晰になる

エモリー大学の研究者・教授であり神経経済学者でもあるグレゴリー・バーンズは、脳イメージングの実験を行って、ふつうは痛みを処理する脳の部分が不安によって活性化されると、探索的行動を行うための神経の処理能力が衰えることを証明した[15]。低強度の不安は知覚や認知や行動を変化させ、注意力を狭めて潜在的な脅威に意識を向けさせる[16]。同様に、高強度の不安は脳の中で闘争・逃走反応を引き起こし、効果的な認知をいっそう低下させてしまう。つまり、不安が神経学的に見て活性化されると、従業員は最善の仕事に必要な種類の分析やイノベーションやコミュニケーションがあまりできなくなるということだ。しかし心理的安全があれば、脳は明晰な考えと創造的な表現のための神経処理能力を最大化できるのである。

意義ある対立が後押しされる

第2章で述べたとおり、チーミングを行っているときに対立を避けることはできない。そして、心理的安全は対立のないチーミングを約束するものではない。いや実際、心理的安全は、あまり安全でない場合に起きるだろう対立や意見の相違を、いっそうたくさん生むかもしれないのである。

心理的に安全な環境では、教授法について相反する考えを持つ教師同士がその考えを口にする。

看護師はある特定の処置を思いきってやってみる。プロジェクトチームのメンバーはさまざまなレベルの責任について憤りを述べる。ハーバード・ビジネススクールのドロシー・レナード・バートン教授が「創造的な摩擦」と名づけたそうしたタイプの対立は、心理的安全によって和らげられ、討論とイノベーションを行う学習環境が整うことになる。[17] 逆に心理的安全がなければ、そうした対立は有害になり、攻撃的で、恥ずかしい思いをする可能性のある場という特徴を持つことになる。

自己表現や生産的な討論が歓迎される組織は、人々が率直に発言するという意味でかなり手厳しい場所だ。人々は思っていることを口にし、間違っていることを証明されるのを進んで受け容れるのである。

失敗が緩和される

失敗に向き合わなければならないときほど心理的安全の問題が重要になることはない。
私が心理的安全と失敗との関係を知ったのは、偶然だった。共同作業《チームワーク》の研究を始めたときに目標にしていたのは、チームワークが上手にリードされているとミスが少なくなる、と証明することだった。薬を正しく投与するのにチーミングがどう役立つかを調べたときも、チームワークとカウントされるミスの回数とのポジティブな関係が明らかになるものと私は思っていた。ところが統計分析を行った結果データがはっきり示していたのは、人間関係が良好なうまくリードされたチームのほうがミスの数が多い（少ない、ではなく）という事実だったのである。[18]
わけがわからなかった。うまくリードされたチームのほうが、本当にミスが多いのだろうか。

結局、さらに研究を重ねた末に次のことが確認できた。上手にリードされたチームでは、心理的に安全な環境のおかげでミスについて報告して話し合うことがたやすくなり、結果としてそれが日常茶飯になるのである。

イノベーションが促される

研究によって、心理的安全がイノベーションに不可欠であることもはっきりした。率直に発言する不安が取り除かれると、革新的な製品やサービスの開発に欠かせない、斬新なあるいは型破りなアイデアを提案できるようになるのだ。

イギリスの病院の最高経営陣を研究した社会心理学者のマイケル・ウェストとニール・アンダーソンは、率直に発言することを組織が後押しすると、人々が深くかかわるようになり、より多くの革新的なアイデアが提案されるようになることを見出した。[19]

同様に、実験社会心理学者のレスリー・ジェームズとジェームズ・オルソンは、嘲笑の対象にされた人は（まさに笑われている場面のビデオを見ることによって嘲笑の対象にされただけだとしても）、嘲笑を含まない軽い冗談の対象にされた人に比べ、失敗をいっそう恐れるようになるばかりか、創造性が低くなり、順応しようとする傾向が強くなることを証明した。[20]

また、第3章で述べた心臓手術チームの研究でも、心理的安全の優れているチームのほうが革新的なことをするのを得意としていた。それは、病院で新たな技術をうまく導入するのに不可欠な要因だった。[21]

成功という目標を追求する上での障害が取り除かれる

社会心理学の広範な研究によって証明されているとおり、明確で挑みがいのある目標があると、グループやチームで努力したり実現したりしようとする意欲が高まる。ところが、対人不安によって道を阻まれてしまう――成功に関して魅力ある目標を持つことで得られる、意欲を引き出す効果を妨げられてしまう――場合がある。なぜか。それは、他人が持つ印象を心配する人は、協力したり共通の目標を達成したりするのに必要な行動を渋るかもしれないからである。そうした行動に台本はなく、即興で行う必要がある。即興を成功させるには、間違ったり恥ずかしい思いをしたり役立たずに終わったりする可能性を受け容れなければならない。また、グループで仕事をしている人たちが互いを信頼できず、心理的安全が低い場合は、協力して達成すべき目標ではなく自分自身の目標に集中してしまいがちになる。対照的に、心理的安全――信頼し尊敬し合うことを特徴とする――があると、協調的な行動が促され、互いの知識を共有して活用することが多くなる。製造工程を改善したい、新技術を導入したいと強く望んでいても、一定の心理的安全がなければ、そうしたタイプの目標の達成に必要な協働や質問を心から賛同して行うことに伴うリスクが大きくなりすぎてしまい、目標達成が妨げられることになる。

責任が向上する

職場の心理的安全が高くなると、人々に責任を持たせるのが難しくなるという意見があるかもしれない。たしかに、従業員同士が親しくなりすぎたり打ち解けすぎたりすると、会議室ではなく休憩室にふさわしい行動をとるようになり、パフォーマンスが下がるかもしれない。しかし、心理的安全を高めるというのは、自由放任の、あるいはだらしのない、あるいは規律のない組織の雰囲気をつくることではない。それは、人々が進歩や革新に必要なリスクを冒しつつ安心感を覚えられる環境をつくるということなのである。

心理的安全はグループの人間関係上の環境における一つの構成要素であり、責任もまたそうした構成要素の一つである。そして責任によって、高い基準を守ったり挑みがいのある目標を追求したりすることを人々がどれくらい求められるか、その程度が決まる。心理的安全と責任は、連続体の両端にあるものではなく、むしろ職場環境の明確に異なる二つの特質である。この関係を明らかにするのに役立つのが、**図4-1**に示した四つの組織的元型だ。どれか一つの元型だけで成り立っている職場はほとんどないが、これら四つの元型の性質を考えると、心理的安全と高い責任とのつながりについて直観的洞察を得やすくなるだろう。

図4-1　心理的安全と責任（4つの組織的元型）

出典：Edmondson, A.C. "The Competitive Imperative of Learning," *HBS Centennial Issue. Harvard Business Review* 86, nos. 7/8 (2008):60-67. Reprinted with permission of *Harvard Business Review.*

心理的安全も責任も低い作業グループでは（左下）、従業員は自分たちの仕事について無関心になりがちだ。また自発的な努力は共通の目標を達成するためではなく有利な立場を得るためになされるかもしれない。従業員がこの象限に分類される行動をしがちな組織は、巨大で、上層部の人数が多い、官僚的なところであり、そこでは人々は最小限の努力で仕事をする方法を考え出せるし実際考え出している。

また、心理的安全は高いが責任は低いという特徴を持つ職場では（左上）、人々は互いに楽しく仕事をし、陽気でもあるが、挑戦を受けていると感じることはめったにない。そのため、打ち込んで仕事をすることがほとんどない。同族会社や政府機関の中には、もちろん全部がそうではないが、この象限に分類されるものがある。従業員が、不安を感じることなくふだんの自分でいられるもののさらなるチャレンジを求める説得力ある理由が見出せない場合、学習やイノベーションを発展させることは難しい。これは「コンフォートゾーン」と呼ばれることもある。

次は、パフォーマンス基準は高いが心理的安全の低い組織だ（右下）。これは今日のペースの速い職場環境においてあちこちに存在する。そこは不安を培養する場所だ。そうした組織のマネジャーは残念ながら、高い基準を設定することとよいマネジメントを混同してしまっている。不安と相互依存が特徴になっている環境における高い基準は、心理的安全がないことと結びついて、次善のパフォーマンスを生む手段になる。パフォーマンスについて強いプレッシャーを与えることが優れた結果を確実に生む最良の方法だという誤った、しかし善意から生まれることの多い信念に従うマネジャーは、従業員が不安のあまりアイデアを提案したり、新しいプロセスを試したり、支援を求めたりできない環境を、知らぬ間に生み出してしまっているのだ。仕事が明確でかつ個人プレーであるなら、このやり方でもうまくいく。しかし不確実性や協働する必要性がある場合には、生み出されるものは成功ではなく不安である。

最後に、心理的安全と責任のどちらもが高い場合は（右上）、人々はたやすく協働し、互いから学び、仕事をやり遂げることができる。今日の最も成功している企業の中には、高い責任と高い心理的安全を特徴とする職場環境を努力して築いてきたところもある。ただし、そのためには、ピラミッド型組織と心理的安全の間にある緊張を管理する方法が編み出されている。

心理的安全に対するピラミッド型組織の影響

第2章で述べたように、私たちは生まれつき、また社会に適応した結果として、権力や序列にきわめて敏感になっている。これはつまり、職場での権力の序列において自分がどこに位置するか、みなよく承知しているということだ。さらには、その位置によって、チームやグループの中で対人リスクを冒すことがどれくらい安全と考えるかが決まる。

残念ながら、グループや部署内での地位が低い人は一般に、高い人に比べてあまり心理的に安全だと思っていないことが、研究によって明らかになっている。その結果、地位の低い人は、よくわからないことがあるときや、ミスをしたために非難されるのではないかと不安なときや、厄介な問題を言い出せないときや、自分のスキルが尊重されていない気がするときに、ほかの人に相談することが少なくなる。[22] 組織の最前線にいる人が特定分野の知識やアイデアに欠けている場合、あるいは反対に、言うべきことやすべきことを常に正確に知っている場合なら、問題にならないかもしれない。

しかしほとんどの組織においては、事はそう単純ではない。序列の低い人は、質問したりアイデアを提案したりするチャンスに出会う頻度が高い。彼らがその両方を確実にできるよう計らうのがリーダーの務めである。リーダーはしばしばエンパワーメントを説くが、階級や地位の違いによって生まれる不安に気づいていないかもしれず、結果として、エンパワーメントのメッセージを心理的に安全な環境の中で確実に伝えるために十分には手を尽くせていない場合がある。

序列と不安

序列において不安は何世代も前から役割を担っている。不安は支配権を維持するツールとして昔から使われてきたのである。序列の低い人々が権力を持つ人々を恐れるとき、彼らがするべきことをするようになるのは当然だ。しかし動機付けとしての不安に、とりわけ知識労働にとって絶対的な限界があることは、本章で述べているとおりである。

問題は、序列の中に組み込まれた不安は、無視することも心理的安全と取り替えることも簡単にはできないことだ。それが権利者にとって都合のいい考えだからである。また、もしできたとしたら、何千年にもわたって続いてきたために遺伝子に組み込まれ、社会をもたらしてきた構図なのに、それにみんなで逆らうことになる、という声もあるだろう。自然界では、第一位のものが支配し、下位にいる従属者は保身とはつまり生き残ることだと学んでいる。同様に、危険だと判断された状況での人間の生物学的反応――心拍数が増加したり、アドレナリンがほとばしったり、脳が活性化したり、逃げたいと思ったり――は、最低レベルの生存を確実にするのに必要なものとして生じる。

もっとも、現代の職場においてはとうの昔に役に立たないものになってしまっているかもしれないが。

ハロルド・ベンソンは人々が生理的ストレスを軽減するのに役立つ研究をしているが、彼をはじめとする現代の心身医学の医師たちが発見したところによると、たとえば消防車のサイレンが聞こえると私たちの体はまるでライオンが突進してくるときのような反応をするのだという。[23] また別の研究では、個人レベルであれ組織レベルであれ不安があると集団的学習が妨げられることが明らかにされている。従属的な役割を負う人たちの不安は、ちょっとしたアイデアを隠そうとする傾向を引き起こす。当然ながら、目立ちたくないというこの願望はチーミングのプロセスを遅らせる。率直に発言することを遠回しに言うのによく使われる表現を考えてみよう。「自分の身を危険にさらす」。「波風を立てる」。私たちが「率直に発言しない」傾向をどうしても持ってしまうとしても、なんの不思議もないのだ。

序列によって発言が抑制される場合

本章の冒頭で紹介したスペースシャトルの悲劇をちょっと思い出してみよう。エンジニアの仕事はその専門知識を使って別の専門知識を持つ人たちと協力することだが、なぜ懸念を率直に話すのに不安を覚えたのだろう。理由の一つはＮＡＳＡの階層文化だ。もう一つはチームリーダーの会議の運営法にある。ミッション・マネジメント・チーム（ＭＭＴ）の定例会議で、チームリーダーのリンダ・ハムはしばしば、会議の早い段階で自分の意見を高圧的に述べた。その中には、断熱材が衝突したとしてもミッションを危険にさらすものではないという明確な意見もあった。そしてこれが率直に発言するハードルを高くしてしまった。

権力を持つ人が高圧的に、しかも最初に話をすると、それが本来の意図ではなかったとしても、人々はいっそう自分で自分にブレーキをかけるようになる。同様に、そのつもりはなくても、マネジャーは自分の意見に対し、疑問を正直に口にすることよりむしろ支持を求めることによって、意義ある反対意見を述べようという人々の意欲をそいでしまうことが少なくない。

まさにこのとおりのことをハムがしたのは、ベテラン中のベテランで高い尊敬を集めるエンジニア、カルヴァン・ションバーグの意見を求めたときだった。ＭＭＴの会議の重要な場面で、断熱材の衝突が問題にはならないという自分の意見を後押ししてもらうためである。考えを尋ねられた、ＮＡＳＡに三〇年勤める古参のションバーグは、断熱材の衝突がミッションにリスクをもたらすとは全く思えないと述べた。悲しいかな、ションバーグの専門分野がシャトル外部の金属類の中でも別の側面であることを、ハムは考慮していなかった。ションバーグの発言によって、ほかのもっと知識のあるエンジニアたちが優勢になっている意見に対し率直に声を上げて反論することは、はるかに難しいものになってしまった。

▼低い心理的安全

心理的に安全なところで仕事をしたいかどうか尋ねられたら、ほとんどの人がイエスと答えると思ってまず間違いない。いったい誰が、対人リスクが低く、学習行動が称賛され、個人としても集団としてもパフォーマンスの高い職場で働きたくないなどと言うだろう。しかし、ある研究によれば、さまざまな国のさまざまな産業における心理的安全の中央値が、一〇〇ポイント中七六にとどまっていることがわかった。[24]これは、世界規模の労働人口のうちかなりの割合が、心理的安全のレベルがチームワークと組織学習に最適なレベルに達しない組織で仕事をしていることを示すものである。

NASAのシャトル計画に心理的安全が欠けていたことはたしかだが、一方で、強い懸念を持っていた人たちについては、率直に発言する勇気が欠けていたことに対する責任が取りざたされている。元宇宙飛行士のジム・バージアンは次のように述べた。「こうすべきだった、こうすればよかった、こうできたはずだったなどと、そんなのはどうでもいい。あの日きみたちは意見を求められたのに、権威に屈したんだ。膝を折ったんだ、自分の責任なのに。他人のせいにするな。口をつぐんでろと、誰かに強要されたわけじゃないだろう[25]」

これに対し、元米空軍長官シーラ・ウィドノールはむしろ次の点を指摘している。リーダーは、誰かが前に進み出て反対意見を述べるのを待つのではなく、上手に質問をする必要がある。リーダーの仕事はメンバーから情報を聞き出すことなのだ、と。ウィドノールは次のように説明した。

私はいつもエンジニアに言っています。「懸念をずらりと並べたリストを持ってくるのはやめてちょうだい。心配事はすぐ実行できる形にして伝えなさい。できるだけ正確に伝えること。数字で表すこと……。その懸念について私にしてほしいことを言いなさい。どんなデータが欲しいのか、どんなテストをしたいのか、どんな分析が必要なのか」。今回のケース

（コロンビア・ミッション）では、エンジニアたちはすぐ実行できる形にして懸念を表明していました。写真が欲しいとも言いました。これこそが行動です。その行動は、リスクの可能性についての、実際に起き、そして目撃されたことについての、正しい判断に基づいてなされていました。それは、きわめて複雑なシステムを扱うエンジニアの適切な行動として、私の基準を満たすものです。[26]

心理的に安全な環境であれば、意義深い会話に参加するのに、勇気をふりしぼる必要も、特別な励ましも必要ない。これはつまり、リーダーには、とりわけ複雑な業務をリードしているリーダーには、意見が歓迎される環境をつくろうと努力する責任があるということだ。そういう環境をつくるには克服すべき課題がたくさんある。心理的安全は、簡単な管理テクニック一つでは変えることの不可能な、とらえどころのない、人間関係に関する一連の考えなのだ。

このあとのセクションで紹介するが、心理的安全を生み出すためにリーダーにできる行動はいろいろある。とはいえ、新しいもっとオープンな環境は断じて、好きにつくってよいものでも命令されて生み出すものでもない。そのため、リーダーが実行しようと思った考えと職場環境の現実とにギャップが生じる。理屈の上ではリーダーは心理的安全やそれによって可能になる意見や参加を支持するかもしれないが、ピラミッド型組織における優位を示す、声を荒げたり怒った顔をしたりといった行為を控えるのは簡単とはかぎらない。またメンバーにとっても、不安に屈せず、信念を貫き、率直に意見を述べるのは容易ではない。それよりも、沈黙という避難所に逃げ込むほうが慣れていて楽なのだ。

心理的安全を高める

リーダーはどのようにして、組織における心理的安全のレベルを上げればいいのか。それが、プルデンシャル・ファイナンシャル社のCEO、アーサー・ライアンが、創業一〇〇年になる保険・投資会社を上場したのちにみずからに投げかけた問いだった。ライアンはますます複雑で競争の激しくなる金融サービス業界を見まわし、次のように結論した。プルデンシャル（Prudential）――用心深い（prudent）感じがするその名前のために、従業員から「プル・ポライト（Pru-polite）」とあだ名をつけられている――の文化を変えなければ成功はない、と。とくに、公開会社としてしっかり操業していくには、社員の間に飾らない本物のコミュニケーションがなくてはならないと考えた。それはつまり、心理的に安全な環境を生み出して、社員が率直に問題点を話し合ったり顧客ニーズを分析したりできるようにすることだった。

心理的安全を高める取り組みとして、ライアンは人事部から集めたチームに、社員が率直に発言して考えを共有できるようにすることを目的としたプログラムをつくらせた。プログラムを「Safe-to-Say（安全に話せること）」と名づけて、チームは、職場環境の心理的安全を高めるだろう一連の総合的な訓練プログラムとスタッフミーティングを、精力的に計画し、実行した。シニアマネジャーや最前線に立つセールスパーソンを含め、プルデンシャルの多くの人が、この取り組みについて前向きな発言をしたが、文化の実質的な変化はなかなか現れなかった。内部調査によって、率直に話すために必要なのにちっとも変わっていない部分が多々あることが明らかになった。

ここで学ぶべき基本的な教訓はこれだ。会社のため、社員のためを思ってなされたとしても、魔法のように、指をパチンと鳴らすだけで短期間の取り組みを成功させ、心理的安全を突然生じさせることはできない。

この取り組みを研究して私が注目したのは、多くの社員が、「Safe-to-Say」に明示されているような率直であるという目標に喝采を送っているものの、その価値がパフォーマンス向上にどのように直接関係するのか正確に理解していないことだった。結論として私は、心理的安全を直接的かつあからさまに生み出そうと重点的に取り組むのは、必要な変化を生み出す方法として間違っている、と考えた。ライアンがもし、金融サービスの仕事上の変化について社員の理解を深めてほしいという指示を、組織のあらゆるマネジャーに出していたらどうだろう。もしかしたらマネジャーたちは、専門知識や、調査や、金融市場の脅威の高まりを早期に発見することや、顧客満足の向上・財務利益の獲得における関係管理の役割を共有することが重要になってきている点を重視したかもしれない。そうしたアプローチなら、心理的安全ではなく、仕事そのものや、その変化や、成功に必要なものに意識が集中することになる。

プルデンシャルの変革チームはもしかすると、率直に発言する安全性を生み出すことに集中しすぎたのかもしれない。ライアンの指示やチームの視野の狭さ（チームの専門分野にばかり意識を向けること）によって、チームは変化するビジネス環境の必要性にしっかり目を向けることがあまりできなくなってしまった。のみならず、文化の変化の必要性をそれ自体が目的であるかのように提示してしまった。この過ちのせいで、プルデンシャルの職場環境を変えるプロセスは妨げられてしまったのだろう。これはまた、リーダーが心理的安全に与える強い影響力を浮き彫りにしてもいる。

心理的安全を生み出すときのリーダーの役割

あらゆるレベルのリーダー、とくに組織の中間層に位置するリーダーは、心理的に安全な組織を生み出すときに重要な役割を果たす。組織文化にリーダーがもたらす影響は、研究によって明らかになっている。[27]それによれば、出来事に対するリーダーの反応によって、適切で安全な行動について他のメンバーが抱くイメージに影響が及ぼされるという。[28]影響力を持つ人々から送られるシグナルが、他のメンバーの、アイデアや所見を述べる力や意欲を方向づけるのにきわめて重要であるのは明らかだ。チームリーダーがメンバーの支えとなり、助言を惜しみなく与え、疑問や挑戦に対して身構えなければ、このチームの環境は安全だとメンバーが感じる可能性が高くなる。逆に、チームリーダーが独裁主義者かすぐ罰を与えたがる人のように振る舞うと、他のメンバーの心理的安全が低くなり、結果として、メンバーは集団的な取り組みに関して力を尽くそうとしなくなってしまう。

心理的安全に最も重要な影響をもたらすのは、いちばん近くにいるマネジャーや監督者や上司である。こうした権威者は、やんわりとであれはっきりとであれ、チームやグループ内のコミュニケーションの性格を方向づける。そのため、よりひらかれた職場環境をつくることにも、権威者は主要なドライバーとしてかかわる必要がある。職場を心理的に安全な場にするために、具体的な手段を講じなければならないのだ。カギとなるのは「具体的な手段を講じる」こと。そして心理的安全は、経験の共有を通してこそ育つ共通の感覚である。あらゆるレベルのリーダー、あらゆるタイプの組織のリーダーが、「問題があればいつでも話しに来なさい」とか「私の部屋のドアはいつでもオープンです」

などと言うだろう。しかし多くの場合、具体性に欠けるそうした言葉では意義ある変化を起こすことは不可能だ。プルデンシャルの例から明らかなように、心理的に安全な環境は指示や指針やスローガンを使ったところで生み出すことはできない。心理的安全の高い仕事の仕方や状況をつくるには、リーダーは行動しなければならないのである。

心理的安全を高めるためのリーダーの行動

研究からわかっているとおり、リーダーは、心理的安全を高めるように行動することによって、より効果的なチーミングや学習を行う環境をつくり出すことができる。また、リーダーのさまざまな姿勢や行動によって、メンバーが率直な発言を促されたり対人リスクをものともしなくなったりすることも明らかになっている。リーダーは、メンバーを尊敬していることを、とりわけメンバーが持っている専門知識やスキルを認めることによって、はっきり伝えなければならない。率直に話したりミスを報告したりすることを大いに促す必要もある。そんなふうにメンバーを導くと、リーダーは心理的に安全な環境を生み出し、支援していけるようになる。対照的に、リーダーが独裁者のような態度をとったり、なかなか会えなかったり、自身の弱さを認められなかったりすると、メンバーはアイデアを共有したりミスを検証したりしたがらなくなってしまう[29]。

次に、**心理的安全を高めるためのリーダーシップ行動**を挙げる。これらはシンプルな、ときに経験と相容れない姿勢や行動だが、いずれも、質問したり意見を述べたりすることを尊重する環境づくりをリードするうえで、大きな違いを生むものである。

▼**直接話のできる、親しみやすい人になる**…メンバーと直接話をし、個人としてかかわると、リーダーはともに学習するようメンバーを促すことになる。

▼**現在持っている知識の限界を認める**…あることについて自分は知らないとリーダーが認めると、謙虚さを誠実に示したその姿勢によって、メンバーにも同様の姿勢を持つよう促すことになる。

▼**自分もよく間違うことを積極的に示す**…心理的安全を生み出すために、チームリーダーは自分もよく間違うのだと認めて、失敗に対する寛容さを示す必要がある。

▼**参加を促す**…自分たちの意見をリーダーが重視していると思えたら、メンバーはもっと積極的にプロジェクトにかかわり、すんなり意見を言うようになる。

▼**失敗は学習する機会であることを強調する**…積極的にリスクを冒してやってみたが期待はずれの結果に終わった場合、リーダーとしてそのメンバーを罰するのではなく、ミスを受け容れ、失敗と有意義に向き合うことを促す。

▼**具体的な言葉を使う**…具体的ですぐに行動に移せる言葉を使うと、率直で単刀直入な話し合いが促され、学習できるようになる。

▼**境界を設ける**…望ましいことをリーダーができるだけ明確にすると、メンバーは境界が曖昧で予測不可能な場合よりも心理的安全を感じることができる。

▼**境界を超えたことについてメンバーに責任を負わせる**…メンバーが、あらかじめ設けられた境界を超えたり設けられた基準以上のパフォーマンスを達成できなかったりした場合、リーダーは適切な、かつ一貫した方法でメンバーに責任を負わせる必要がある。

直接話のできる、親しみやすい人になる

メンバーと直接話をし、個人としてかかわると、リーダーはともに学習するようメンバーを促すことになる。第3章で話した心臓手術チームの一つのメンバーである手術室担当看護師は、チームを率いる外科医とのそうしたつながりについて、次のように述べた。「会おうと思えばすぐ会えます。オフィスに、いつも二秒で会えるところにいてくれるんです。何かを説明するときはいつも五分ほど時間をかけてしてくれますし、相手をばかにされたような気分にさせることは決してありません」

これと著しい対照をなすのが、成功を得られなかったチームの外科医だ。彼は外科医ではないメンバーに対し、何か話があるときは直接話すのではなく研修医（まだ研修中の若手の医師）を経由することを求めたのである。

こうした行動を通じて、二人の外科医は全く異なるメッセージをチームに伝えていた。一人目の外科医は、懸念や疑問がある場合にメンバーが手術室の内外を問わず率直に話せる可能性を高めていた。これに対し、二人目の外科医は明らかに、コミュニケーションのプロセスをますます難しいものにしてしまっていた。

現在持っている知識の限界を認める

グループやチームが直面している難しい問題に対し、答えがないことをはっきり認めよう。奇妙

に思えるかもしれないが、あらゆる問題や挑戦に対する答えを自分が持っているわけではないことを、多くのリーダーはおおっぴらに言いたがらない。これは知識が不完全なのを認識していないということではなく、単に言わないのだ。不確実性を認めるのは弱さに見えるかもしれないが、実のところは先の見えない状況に対する賢明で的確な判断であるのがふつうだ。さらには、情報や専門知識を提供してほしいと暗黙のうちに促すことにもなる。

自分もよく間違うことを積極的に示す

心理的安全を生み出すために、チームリーダーが自分もよく間違うのだと認めて、失敗に対する寛容さを示す必要がある。チームリーダーが自分をさらけ出すと、限界を効果的に明らかにできるのだ。[30]

たとえば、先述した心臓手術チームのあるリーダーは次の言葉を繰り返し述べていた。「きみたちの意見が必要だ。私はきっと何かを見落としているだろうから」。この言葉は中身も大切だが、同じくらい大切なのが繰り返していたという点だ。古い規範や姿勢に反するメッセージを、たった一度しか耳にしない場合、人はそのメッセージが聞こえなかったり信じなかったりする傾向があるのだ。

自分はよく間違うしほかの人の意見が必要だと認めると、メンバーの意見が尊重されていることをさりげなく示し、プロジェクトに積極的に参加するという規範を確立することになる。さらには、マネジャーや監督者が、あることについて自分は知らないとか間違いをしたと認めると、謙虚さを誠実に示したその姿勢によって、ほかの人たちにも同様の姿勢を持つよう促すことにもなる。

参加を促す

限界を認め、間違いをすることのいわば手本になっていると、必然的な展開として、意見や考えを出してほしいと求めることになる。これはつまり、チームのメンバーから、さらに広く組織のメンバーからおおっぴらに意見を求めることである。チームレベルにしろ組織レベルにしろ学習の成功は、個人が持つ貴重な、まだ開発されていない、膨大な知識を使えるかどうかにかかっている。[31]リーダーはそうした個人に内在する知識を、メンバーから、とりわけ地位の低いメンバーから引き出さなければならない。そういうメンバーは求められないかぎり自分からは言おうとしないのだ。

チームリーダーは、仕事や時間のプレッシャーを一時的に取り払った、じっくり考えるセッションを設けることによって、メンバーの考えを引き出すという役割を果たすことができる。そうしたセッションでは、質問をしよう。ただし、誘導尋問や形ばかりの質問ではなく、心からの質問をすること。リーダーやマネジャーが自分たちから考えを聞きたいと思っている、自分たちの意見を尊重していると信じられたら、人々はすんなり考えを言うようになる。

▼職場が心理的に安全であることを示すサイン

心理的安全があることを、リーダーやマネジャーが確認できる場合を挙げよう。

▽チームメンバーが次のような言葉を口にする。

「私たちはみな互いに尊敬し合っている」

「誰かがあることを気がかりに思うと、みんなでそれに取り組むことができる」

「グループの誰もが、プロジェクトに対して責任を持っている」

「職場で仮面をかぶる必要がない。ありのままの自分でいられる」
▽メンバーが、成功だけでなく、失敗や問題についても話をする。
▽職場が笑いとユーモアを促しているように思われる。

失敗は学習する機会であることを強調する

積極的にリスクを冒してやってみたが期待はずれの結果に終わった場合、リーダーはそのメンバーを罰するのではなく、ミスや失敗を受け容れ、有意義に向き合うことを促そう。失敗については第5章で深く掘り下げるが、期待はずれの結果に対して意図的に罰を与えなかったというハッとさせられる例はマネジメントに関する調査報告書のあちこちに見られる。真偽の怪しい話も多くの組織で語られている。ただ、そうした話はなかなかどうして、組織全体の心理的安全に対する見方に経営幹部がいかに大きな影響を及ぼすかをよくとらえている。

そうした話の中に、IBMのトム・ワトソン・ジュニアと一〇〇〇万ドルのミスの責任を負ったある現場責任者の話がある。会長室に呼ばれた責任者はむろん不安に思っていた。ポール・キャロルの伝えるところでは、「ワトソンが『なぜ呼ばれたのかわかるか』と尋ねた。現場責任者の男は『クビを言い渡されるためだと思います』と答えた。ワトソンは驚いた様子で、『クビ?』とオウム返しに聞いた。『まさか。きみに学んでもらうのに、一〇〇〇万ドルかけたんだぞ』。

こうしてワトソンは責任者を安心させ、これからもリスクを恐れず思いきってやってみるように言ったのだった[32]」

本当の話にせよ作り話にせよ、こうした話はいつまでも組織に影響をもたらしていく。失敗は避けがたいものであり、大切なのは学ぶこと、学んだことを共有すること、ふたたび挑戦することだというメッセージが伝わっていくのだ。ワトソンが固く信じていたように、「積極的に失敗しないなら、イノベーションに真剣に取り組んでいるとは言えない……成功する最速の道は、失敗率を二倍にすること[33]」なのだ。

その例としてとくによく知られているのは、3M（スリーエム）の大ヒット商品、ポストイットの話だろう。およそ誰もが一度は聞いたことがあるはずだ。ポストイットに使われている粘着剤は、超強力な粘着剤をつくろうとして失敗した試みから生まれたのである。同様の例として、ある有名な広告会社は、月に一度のミーティングを、「Mistake of the Month（今月のミス）」に気づくことからいつも始めている。こうすると、一体感を養うことも失敗から学ぶ大切さを認識することも、気軽にできる[34]。

具体的な言葉を使う

知識労働では、ネガティブだと思われるのでは、上司を非難することになるのでは、会社の信用を傷つけることになるのではないかと不安に思うからといって、批判をしないわけにはいかない。また、戦略チームや新製品開発などのプロジェクトチームはしばしば重大な決定を迫られ、現状を評価したり難しい変化を提案したりしなければならなくなる。そうした話し合いにおける大きなチャレンジは、客観的かつ率直であることだ。しかしながら、言葉は率直というには程遠い場合が少なくない。例を挙げよう。私が研究したある製造会社の経営幹部チームは、新しい戦略を策定する一連の会議に出席していた。そうした会議を見ていて気づいたのは、会社の戦略的選択について述べるために、はっきりとした表現ではなく比喩がいつ終わるともなく使われていることだった。たとえば幹部の一人はある会議で次のように述べた。

ボブが船について話すのを聞いて、私は違いを知りたいと思う。船と、その舵がいつどのように切られるのかを、船団と対比してどう違うのか知りたい、と。船団には小さな舵がたくさんある。そしてわれわれはそういう船団を組織化しようとしているのだ。ある意味われわれは、船団のたとえ話によって呼び覚まされるある程度の自由を認めつつ、その船について、ある場所へ到達するために船の進む方向だけでなくその船の操作の仕方をも決定しようとするあらゆる複雑さについて話すことになる。

比喩は新たなアイデアを生んだり創造性を呼び覚ましたりするが、実際の問題点を見えなくしたり率直なあるいは活発な話し合いを妨げたりする場合がある。このチームのメンバーは、明瞭な言葉で話し合おうとすることも、どの部分で意見が合わないのか突きとめようとすることも、およそなかった。それどころか、会社のことについてもその状況についても抽象的な言葉でしか話し合うことがなく、意見がぶつかることを避け、解決を先延ばしにしつづけた。定例会議をひらいて六カ月が過ぎようというころになっても、進展はほとんどなかった。抽象的な言葉による話し合いを繰り返したところで、どのような行動にもつながることはなかったのだった。[35]

境界を設ける

逆説的だが、リーダーがどんな行為が非難に値するかをできるかぎり明確にすると、メンバーは好ましい行動の境界を当てずっぽうに想像している場合よりも心理的安全を感じることができる。これはつまり、リーダーはチーミングや学習を始めるときに境界をつくったり明確にしたりする必要があるということだ。金融機関なら、承諾を得ずに特定の投資限度額を超えることは決してないということが境界になるかもしれない。病院なら、患者の容態や投薬について何か疑問があれば必ず協力を求めることが当てはまるかもしれない。

モトローラのRAZRチームにとっては、製品が公開されるまで、プロジェクトについて決して口外しないという約束を守り通すことだった。この明確な制約が設けられたために、線引きされた境界内で解放感を高めたり発言を促したりできるようになり、人間工学の専門家が薦める携帯電話の幅を無視することも可能になったのだった。

どのような状況であれ、チームの中に行動と姿勢に関する明確な境界を設けることで、リーダーは心理的に安全な環境づくりに一役買うことができるのである。

境界を超えたことについてメンバーに責任を負わせる

リーダーの務めは、受け容れられない行動は必ず生まれるが間違いなく公正に対処されるとメンバーに理解してもらうことだ。罰したり場合によっては解雇も辞さないといった厳しい措置をとるときには、状況と理由をはっきり説明し、必要に応じて機密保持規定を守る必要がある。厳しい措置の背後にある理由を説明すると、一連の措置が恣意的で自分たちの身にもいつなんどき降りかかるかしれないという不安からメンバーを守ることになる。多くの場合、メンバーはチームや組織の健全さを守るために加えられた制裁の根本的理由や必要性を理解し、それで目的は効果的に果たされることになる。はじめは心理的安全を生み出すより壊さないようにすることのほうが大切だが、境界を超えたことについてメンバーに責任を負わせると、公正さと責任感が生まれ、リーダーの気まぐれではないかという不安感が取り払われることになるのだ。

そういうわけで、心理的安全と責任感はどちらも、医療などリスクの高い事業においてますます中心的概念になってきている「公正な文化」にとって不可欠になっている。公正な文化という考え方が編み出されたのは、「有能な専門家でも間違うことがある……不健全な規範（手っ取り早い方法、『決まった手順に対するルール違反』）をつくることさえある」がその一方で「無鉄砲な行動に対しては断固とした措置」を必ずとる、ということを認識するためだった[36]。早い話、心理的安全は生ぬるい基準や自由放任によって生み出されるものではなく、どんな職場にも困難と制約があり、進歩のためにはそれらについて率直に話す必要があると正しく認識することによって生み出されるものだということである。

境界を明示してメンバーに責任を持たせることは、心理的に安全な環境を生み出そうとするリーダーにとってきわめて重要だ。もしかしたら経験と相容れない考えに思えるかもしれないが、それは橋に設置されたガードレールのようなものだとして次の二つの行動を考えてみよう。もしガードレールがなかったら、あなたは車をできるだけセンターラインの近くに寄せて走るだろう。ガードレールが設置されていない橋の端を走るのは、どう考えても怖いからだ。チーミングや学習を行う場合、同様のことが安全で従順な行動について言える。そうした行動は罰せられる可能性からあなたを守るが、一方で、間違いを認めるといった、対人リスクを伴う行動を、「針路からはずれている」と解釈されるかもしれない行動を避けてしまうものである。しかしガードレールが設置されていれば、思いきって追い越し車線を走って、もっと大局的で情報あふれる視点を手に入れようとしても、リスクが少なくなる。はっきりとした境界を設けてそれを確実に守る構造があれば、現在のプロセスや知識の限界を試す可能性が高くなる。すると、チームメンバーとチームは協働と学習とイノベーションの力を飛躍的に伸ばせるようになる。

リーダーシップのまとめ

心理的安全は、互いが信頼し合い、尊敬し合うことを特徴とする職場環境を表す社会的構成概念である。誰かの過ちを指摘するといった、人を脅かすようなことを口にした場合の、あるいは自分自身の間違いを報告するといった、ばつの悪い思いをする可能性のあることを口にした場合の、他人の反応を気にする程度によって、あなたがどれくらい心理的安全を感じているかが決まる。心理的安全があれば、自己を現したり、生産的な討論をしたり、場合によっては対立に思慮深く対処したりできるようになる。一体となって仕事をしたり複雑な仕事を統合したりするには、人々は考えを率直に話したり他のメンバーの考えを過度に心配することなく行動したりする必要があるため、心理的安全があればチーミングは素晴らしい成果を上げ、なければさっぱりうまくいかなくなる。

ところが、研究によって明らかになったとおり、大半の人が他人の、とりわけ職場の人々の目に映る自分のイメージをコントロールしなければと思っている――むろん、学習する環境をつくって、そうした生来の傾向を消し去る取り組みがなされている場合は別だけれども。私たちの誰もが、思っていることを職場で言わず、アイデアや疑問や懸念を共有することができずにいる。多くの企業で、組織内の序列とそれが生み出す不安がチーミング行動や学習行動に強い影響をもたらしているのだ。この不安のために、人々は自分のイメージを脅かすかもしれない行動をなかなかとりたがらない。また多くの場合、序列が上の人に向かってはっきり意見を言うことは下の人にとってはほとんど不可能に思える。状況によっては、それでもなんら問題はないかもしれない。しかしチーミングが必要とされ、学習が期待される場合、すなわち、さまざまな考えや重要な専門知識を持つ人たちがそれぞれの知識と行動を統合しなければならない場合には、心理的安全が欠けていることは致命的かもしれない。

幸い、有能なチームリーダーの中には、優れていればインセンティブを与え、パフォーマンスが低ければ制裁措置をとり、なおかつチーミングや学習につきものの失敗については歓迎する、という行動をとっている人がいることも、研究によって明らかになっている。言い換えるなら、心理的安全を高く保ちながらしっかり責任を持つことは可能だということだ。そのためには、リーダーは、失敗など悪い知らせに対する抵抗感をおくびにも出さない一方で、パフォーマンスと責任について期待することをはっきりと伝える必要がある。

心理的安全とはつまり、意欲的なパフォーマンス目標を達成しようとして生じた失敗や疑問のために罰せられたりばつの悪い思いをさせられたりする人は一人もいない、ということだ。次にリストアップする教訓と行動は、心理的に安全な環境を生み出し、失敗から学ぶことを促す風土をつくるための枠組みをチームリーダーに提供するものである。

Lessons&Actions

- □心理的安全は、職場環境での対人リスクがもたらす影響について、個人がどのように認識しているかを示している。
- □職場で直面する明確なイメージリスクとは、無知、無能、ネガティブ、あるいは邪魔をする人だと思われることである。
- □心理的に安全な環境では、信頼と尊敬の両方が特徴になっており、人々は間違ったり支援を求めたりしても罰を受けることはないと信じることができる。
- □心理的安全があると自己表現や実りある話し合いが促されるため、それはチーミングや組織学習にとってなくてはならないものになっている。

□心理的安全は仲良くなることともパフォーマンス基準を下げることとも関係ない。むしろ、グループが高い目標を設定し、協働と集団的学習によってその目標をめざして努力できるようにするものである。

□心理的安全によって明確に七つのメリットがもたらされることが、研究から明らかになっている。心理的安全があると、率直に話すことが促され、考えを明晰にすることができ、意義ある対立が後押しされ、失敗が緩和され、イノベーションが促進され、目標とパフォーマンスの関係が穏やかになり、従業員の責任が向上するのである。

□序列とそれが生み出す不安は心理的安全にネガティブな影響をもたらす。一般に、序列が下位であるチームメンバーは上位のメンバーほど安全性を感じていないことが研究から明らかになっている。

□組織の心理的安全を高めるうえで、リーダーは重要な役割を果たす。しかし心理的安全は断じて、好きにつくってよいものでも命令されて生み出すものでもない。むしろ特定のリーダーシップ行動を必要とするものである。

□心理的に安全な環境をつくろうとするときには、グループの仕事や、それがどのように変化してきているかや、しっかりやり遂げるために何が必要かといったことに焦点を当てるべきである。これにより、心理的安全が必要であるという結論を、人々がみずから見出すことになる。

□心理的に安全な環境をつくるために、リーダーは、直接話のできる親しみやすい人になり、現在持っている知識の限界を認め、自分もよく間違うことを積極的に示し、参加を促し、失敗した人に制裁を科すのをやめ、具体的な言葉を使い、境界を設け、境界を超えたことについてメンバーに責任を負わせる必要がある。

衝突や問題や失敗が一つもないまま、チーミングが申し分なく進展することはめったにない。これはつまり、失敗から学ぶことが、チーミング・スキルとして欠かせないということだ。

多くのリーダーが、学習プロセスにおける失敗の重要性を理解していると言うが、本当に受け容れている人はあまりいない。また研究してわかったこととして、相当な資金と努力を費やして学習する組織になろうとしている会社でさえ、失敗から学ぶという日頃からの考え方や行動に関して苦労している。そうした組織のマネジャーは、組織が失敗やミスを繰り返さないために学習するのを、意欲的に手助けしようとしていた。中には、多くの時間をかけて事後検討や事後分析を行っているマネジャーやそのチームもあった。だが、マネジャーやリーダーが失敗について誤解している場合、そのように骨身を惜しまず努力しても結果が出ることはない。

私が話をしたほとんどの幹部が、失敗は悪いものだと思っていた。実際に失敗した場合、そこから学ぶのはいたって簡単だとも思っていた。人々に対し、適切にできなかったことについてよく考えるように言ったり、今後は同じようなミスをしないように指示したりすればそれでいいと思っていたのである。あるいは、起きたことを検討し、レポートを書いてみんなに配るよう命じる場合もある。残念ながら、そうした広く支持されている考え方は見当違いだ。失敗についての真実とはこれである。「失敗は良いものもあれば悪いものもある。そして、避けがたい場合が少なくない」。「良い」「悪い」「避けがたい」ものであって、組織的失敗から学習することは決して「簡単」などではないのである。

失敗や間違いから学ぶためには、組織は新しいもっとよい方法を採り入れて、中身のない学び（手順が踏まれていなかった）や自分勝手な学び（市場が、われわれの素晴らしい新商品を受け容れる段階になっていなかっただけだ）を超える必要がある。それには、成功についての古い文化的信念やお決まりの概念を捨てて、代わりに、今日の複雑な職場環境においてはいくらか失敗するのは避けがたいことや、成功している組織は失敗にすばやく気づき、修正し、学んでいることを認める新しいパラダイムを持たなければならない。

本章では、チーミングには失敗がつきものであることを述べ、ちょっとした、あまり重大に見えない失敗から学ぶ大切さに焦点を当てる。さらに、失敗から学ぶことに対する認知的、社会的障壁について述べ、失敗がプロセス知識スペクトル上の位置によっていかに多様であるかを示す。そして最後に、失敗に対する学習アプローチを展開するための実際的な戦略をお話しして、本章を締めくくる。

失敗は避けがたいものである

職場で失敗することは、絶対に楽しいものではない。少し残念に思う程度のことから（提案が会議で通らない、など）惨敗まで（何カ月もかけて考えた新製品のデザインがフォーカスグループに却下されるなど）、失敗と名のつくものはどれも不愉快であり、自信がむしばまれる場合もある。[1] 試行錯誤のプロセスとはっきり位置づけられている場合でさえ、大半の人がやはり失敗したくないと思うだろう。しかし、失敗は日常よくあることだ。この世に完璧などというものは存在しないし、チーミングにおいてはなおさらである。

さまざまな専門知識とスキルを持つ人々を一つにまとめて協働してもらおうとするときに失敗がつきものなのは、主に二つの理由による。一つは、技術的なチャレンジの存在である。新しい機器、技術的進歩、プロセスの変更には必ず予期せぬ側面があり、それまでとは違う知識やスキルが求められる。そのため、新しいあるいは複雑な問題や手順に直面している個人やグループが、一度で成功を収めることはまずない。

チーミングしているときに失敗する二つ目の理由は、人間関係上のチャレンジに直面するためである。これは技術的なチャレンジほど具体的ではなく、理解したり解決したりするのがはるかに難しい場合が少なくない。[2] ある人は、重要な情報を報告せず、グループの他のメンバーから怒りを買うかもしれない。あるいは、新技術の実装方法を学ぶのに悪戦苦闘する人もいるだろう。互いの強みや弱点を知らない人々のチームは、コミュニケーションの図り方に問題を抱えるかもしれない。そうした問題には、細部に気を配る必要のある仕事を、「大局的見地に立って」仕事をするのが得意な人に割り振ることや、新しい手順についてよく知っている人と知らない人をペアにするのではなく不慣れな人同士を一緒にしてシフトを組むことなどがある。こうしたチャレンジは、高い業績をあげる多くの人が共有する傾向、すなわち、同僚のことをともに学び仕事をする人だと考えず、オーディエンスだと——優れたパフォーマンスを期待する人々だと——考える傾向によって、いよいよ難しいものになる。人間関係に関するこれらの変わりやすい要素を合わせてみよう。すると、チーミングへ向けたどのような新たな取り組みも、境界の設けられた長期にわたるチームであれば起きないかもしれない社会的レベルで、きっと失敗を経験することになる。だからといって失敗は避けるべきだということではもちろんない。失敗をできるだけ小さなものにする必要があるということ、できるだけ多くの学びを生み出さなければならないということなのである。

ちょっとした失敗の重要性

広く報道された組織レベルの大失敗は、人々を驚かせ、注目させる。しかしこうした「トップニュースになる失敗」――「コロンビア号」と「チャレンジャー号」の悲劇や、メキシコ湾における英エネルギー大手BP（ブリティッシュ・ペトロリアム）社の原油流出事故や、バーナード・マドフの投資の仕方に関する警告に証券取引委員会（SEC）が耳を傾けなかったことなど――の多くが、ちょっとした失敗が無視されたために起きた大失敗であることを示している。同様に、テロ攻撃も、些細な情報が無視されたか適切な機関に伝えられなかったことが原因だったとわかる場合がほとんどだ。ボストンにあるダナ・ファーバーがん研究所で起きた投薬ミスによって『ボストン・グローブ』紙の記者の命が奪われた例など、規模はそれほどではないものの印象の強い失敗も、ミスが見落とされたり、問題が無視されたり、警告が軽んじられたりしたのちに起きている。[3]

多くの場合、大失敗には複数の原因があり、その中には組織に深く根を下ろしてしまっているものがある。そういう原因を修正するのは一筋縄ではいかない。しかし実を言えば、小さな失敗は、その後の取り返しがつかないほどの失敗を回避するのに重要な、早期の兆候なのである。[4]

▼失敗が意味するもの

「失敗」という言葉が表す現象にはさまざまなものがある。同様に、組織における失敗も実に多様である。失敗を上手に避ける方法や失敗から学ぶ方法について話し合うときには、失敗の意味をはっきりさせなければならない。ひとことで言えば、失敗とは期待される結果から外れていることである。それには、避けられる不幸と、試みなどリスクを伴う行動につきものの避けられない結果の両方が含まれる。

失敗に対処するにあたりどんな社会的心理が働くかを詳しく知るためには、この言葉について二つの事実を理解することが重要だ。一つは、失敗という言葉には精神的な重荷と組織の不名誉の両方の意味があり、そのため慎重に扱う必要があること。もう一つは、失敗という言葉はきわめて曖昧で、取るに足りない問題から重大な事故まで多様な出来事が含まれるということである。

病院の手術室であれ重役の会議室であれ、組織として失敗から学習するという知的プロセスでは、ちょっとした失敗を積極的に認識し、そこから学ぶことが必要だ。ちょっとした失敗は見過ごされることが多い。なぜか。生じたとき、それは些細なミスあるいはきわめて稀な異常であり、時間をかけて考える価値のほとんどないものに思えるからである。

小さな失敗は、重要な試みの途中でも、日々の仕事が複雑で相互依存するものである場合にも起きる。そうした仕事の最中に必然的に失敗が起きる場合、働く人には選択肢が二つある。一つは、問題をなかったことにするという選択だ。するとちょっとしたその問題を伏せておけるかもしれない。しかしそのために情報が隔離され、学習する機会が消えてなくなってしまうなら、なかったことにするのは建設的とは言いがたい選択になるかもしれない。

もう一つの選択肢は、問題解決に力を貸してくれる人に知らせることによって、ちょっとした失敗の根本原因を探ろうとすることだ。しかしこれはまずいパフォーマンスを人目にさらすことになる。イメージや地位を守りたいと思うのは自然であり、自分のミスを進んで公にしようとする人はほとんどいない。しかしながら、些細な失敗から価値を得るには、個人であれグループであれパフォーマンス・ギャップを認識できるようになる必要がある。

小さな失敗は、取るに足りないものに見えるが、しっかりした組織学習を行う機会を提供する。マンモグラム（乳房X線写真）を読む放射線科医を例に考えてみよう。

キム・アドコック博士がコロラド州にある医療事業体カイザー・パーマネンテの放射線科のチーフになったとき、マンモグラムの読影における予想される読み間違いの率は、その特有の難しさのために一〇～一五パーセントとされていた。標準的な検査では、腫瘍を一つ、あるいはいくつか発見できなかったからといって放射線科医の能力になんら傷をつけるものではなかった。そうした腫瘍の見落としは小さな失敗だと考えられ、そのためたやすく無視されたのである。

しかしアドコックはその小さな失敗から学ぶ方法を探した。そして、多数のマンモグラムが読影された結果として蓄積されている膨大なデータを分析することによって、重要なパターンを発見し、放射線科医が事前に気づいて失敗を避けやすくなるようにと、さまざまな棒グラフを添えて詳細に意見を述べた。[5] こうして、放射線科医たちは初めて、ミスの許容範囲ギリギリなのか範囲を超えているのかがわかるようになり、判読の精度を高められるようになったのだった。

たいしたことがなさそうに見えてその実、学習する重要な機会を含んでいる失敗をタイミングを逃さず活用する組織は、失敗を無視したり隠したりする組織よりもしっかりと進歩し、イノベーションを図り、大失敗を避けられるようになる。逆に、ちょっとした失敗を認識し、話し合い、分析することがない場合、もっと大きな失敗を避けることはきわめて難しくなる。[6] しかし、こうした事実を知っているからといって、失敗を受け容れ、そこから学ぶのが簡単になるわけではない。学ぶ意志や動機があっても、失敗を認めて分析することに対する心理的、認知的、社会的障壁を克服するのは、やはり難しいことなのである。

失敗から学ぶのが難しい理由

ほとんどの人が、成功をめざすようにと教え込まれてきた。幼い頃から学校に通い、よい成績や定期的な進級や成績優秀賞といったものに意識を向けてきた。結果として、大半の人が失敗を許されないものだと見るようになっている。[7] 失敗は必然であり、学習する重要な機会を生み出すものだとわかっていても、なんとかして避けたいと思う。看護師として投薬を間違えたり、マーケティング担当者として新製品を市場に出すチャンスを逃すなど、絶対にしたくないと思うのだ。そのため人々は職場において、自分が経験した、学ぶことが多々あるかもしれないミスや問題や期待はずれのものごとについて、口を閉ざしたままでいることが少なくない。しかしそれによって会社は、失敗から得られたかもしれない学びを逃してしまうことになる。

失敗から学ぶことに対するこの障壁の根は、失敗に対しておよそ誰もがする強力な心理的、社会的反応にある。[8] そして自信過剰になったり世間体を守ったりする利己的な傾向が、そうした障壁をいっそう強固にする。また、生まれもっての傾向とそれに伴う感情は、失敗に対して罰を与えるという大半の組織の傾向によって、さらには失敗と責任という概念の強い結びつきによって、ネガティブな影響を及ぼされる。

自尊心とポジティブな錯覚

他人から、とりわけマネジャーや職場の同僚から敬意を払われたいというのは、人間の強い基本的な願望だ。[9] 多くの人が、失敗を明るみに出したら今の評価が台無しになってしまうと思い込んでいる。また、失敗から学ぶという考えを理論としては評価するかもしれないし、誰かの失敗が表に出たときには同情するけれども、自分の失敗を明らかにすることに対しては、あるいは公に認めることに対してさえも、当たり前のようにいやだと思ってしまう。人間には、自分の失敗について否定したり、歪曲したり、気づかないふりをしたりする傾向が生まれつきあるのだ。

自尊心を高く持ち続けたいという人間の基本的な願望には、個人としての、またチームとしての重要な成果を自分がそれなりに支配していると思いたいという願望がつきものだ。心理学者によれば、これらの願望が「肯定的幻想」を生じさせるのだという。これは自分を非現実的なほどポジティブに捉える見方であり、それに付随して、自分はほかの人が生き生きと幸せであることに貢献しているという支配の幻想が生まれる。中には、肯定的幻想は心の健康の特質だという意見さえある。[10]

ところが、自尊心や支配の感覚を高めるのと同じ肯定的幻想が、失敗を正直に認めることに対しては、プラスの方向に作用しない。

これは単に感情の問題ではない。人間の認知は、原因帰属の精度を低下させる知覚的バイアスを取り入れているのだ。そのつもりはなくても、私たちの誰もが、すでにある信念を後押ししてくれる証拠を、代わりとなる説明より好む。同様に、根本的な帰属の誤りとして知られる心理的な罠――他人の至らない点について、原因は状況にあるのではなく個人的な性質にあると考える傾向（第2章で述べた）――のせいで、失敗に対する自分の責任にあまり気づかなくなり、自分が目にしている失敗をやたら他人のせいにしたがる。

誰しも、自分が信じているものを後押ししてくれる証拠を重視し、失敗に対する責任を否定し、問題を他人のせいにするほうが気楽なもの。当然ながら、こうした個人レベルの感情的、認知的障壁によって、失敗を効果的に話し合う私たちの能力に重大な影響がもたらされる。

失敗は話題にするのが難しい

失敗が認識されているときでさえ、社会的要因が建設的な話し合いや分析の邪魔をする。ミスや失敗に焦点を当てた話し合いでしばしば現れる強い感情について、多くのマネジャーが対処するスキルを持ち合わせていない。これはつまり、失敗からの潜在的な学びを明らかにしようとする会話は、叱ったり非難したりする機会へと簡単に退化してしまうということだ。また、自分の失敗が分析されると人々はネガティブな感情を経験し、それによって自信が徐々にむしばまれていく。

過去の失敗について、大半の人は理解を深めるために検討するより考えないようにするほうが好きなのだ。さらには、大半のマネジャーが称賛したり期待どおりだと評価したりするのは、効率性や行動についてであって、深い省察や入念な分析ではない。

しかし効果的なチーミングでは、メンバーは、間違っていたり手助けを求めたりミスを認めたりといった心地よくない状況で心地よくあることを要求される。また、失敗を分析して話し合うには率直さと辛抱強さ、さらには不明確さに対する寛容さが欠かせない。こうした姿勢は必ず企業文化に組み込まれる。トヨタ自動車での次の例について考えてみよう。実業家としてすでに成功を収めていたジェームズ・ワイズマンがケンタッキー州ジョージタウンのトヨタに入社したのは、州全体にわたる広報業務プログラムを管理するためだった。当時、ジョージタウンの工場長を務めていたのは、のちに世界に名だたるトヨタの会長となる張富士夫だった。ワイズマンは成功と失敗についての重要な教訓を次のように振り返った。

私は会議に出て、うまくいったことのいくつかを報告するようになった。ある金曜日、私たちが取り組んでいる活動を報告していて……活動について熱く話した。少し得意げにもなっていた。二、三分して私は腰を下ろした。張氏が私を見つめていた。なんだか戸惑っているようだった。それからこう言った。「ジムさん、あなたが優れたマネジャーであることはみんな知っています。そうでなければあなたを雇ってはいません。ただ、私たちがともに取り組めるよう、あなたが抱えている問題について話してください」[11]

ワイズマンはこう述べた。「稲妻が走ったような衝撃だった……全体としてうまくいっているプロジェクトであっても、私たちは絶えずこの問いを投げかけた。『うまくいかなかったところ、そのため改善の余地のあるところはどこだろう』」

ジム・ワイズマンはのちに北米におけるトヨタの製造・エンジニアリング部門の副社長になり、張富士夫はトヨタ自動車の会長になった。彼らの成功の少なくとも一部は、「うまくいかなかったところ、そのため改善の余地のあるところはどこだろう」というきわめて重要な問いを投げかけ、話し合うことができたことが関係していた。彼らは厄介な出来事としてではなく学習する機会としてとらえられるよう、失敗を常にリフレーミングすることができたのだ。さらに当たり前になっていたこととして、失敗に対処するには建設的な方針や規範を生み出す必要があることを理解し、とかく失敗に対して制裁を加えようとする組織の傾向を軽減していた。

組織は失敗に対して罰を与える

ピラミッド型組織のトップ層の人たちは失敗をおおっぴらにできるくらい自信に満ちているだろうとあなたは思うかもしれない。彼らの実績全体を考えれば、たまにミスすることがあっても不思議はないのだし、と。それは違う。マネジャーたちは、失敗から自分を切り離して考えようとする気持ちがいっそう強い。なぜなら大半の組織が、成功に対しては報酬を、失敗には罰を与えるからである。つまり、組織の中で重役やリーダーの地位にあるからといって自分の失敗を認められるわけではない、ということだ。ダートマス大学の経営学教授シドニー・フィンケルシュタインが五〇社の大失敗を徹底的に調査した結果から、その逆こそが事実かもしれないことがわかった。つまりマネジャーというのは、地位が高くなればなるほど、失敗に対する社会的、心理的に受ける罰が大きくなるのだ。[12]研究の中で、フィンケルシュタインは次のように記している。

皮肉なことに、経営階層の上位になればなるほど、完璧主義の上に言い訳という言い訳を重ねるようになる。その最たるはたいていがCEOだ。たとえば、われわれが研究したある組織のCEOは、四五分間のインタビューの間ずっと、組織を襲った苦難の責任をなぜほかの人たちが負うべきかを説明していた。監査機関、顧客、政府、社内のほかの重役――彼ら全員に責任があった。しかし、自分の責任については、何も言わなかった。[13]

失敗を分析したり何かを試したりしようという人々の気持ちは、組織構造や、方針と手順、経営幹部の行動によってそがれてしまう場合がある。[14]失敗に対して制裁を加えると当然ながら、従業員たちは、失敗を認めるのも、結果に曖昧さがある場合なら失敗を分析したり何かを試したりするのも、やめたほうがいいと気づくのだ。寛容な組織でさえ、大半のマネジャーがそうした行動に対して昇給や昇進によって報いることはない。代わりに彼らは、失敗と責任の関係を誤解していることを反映する処罰的な行為を、もっぱら行うのである。

責任のなすり合い

およそどの文化でも、失敗と責任が切り離されることはない。子どももみなある時点で、失敗を認めることは期待はずれに終わったものごとや挫折の責任をとることだと学ぶ。しかし、置かれた状況が複雑になればなるほど、失敗と責任の関係を私たちは理解できなくなるようである。私が話を聞いた、病院から投資銀行までさまざまな組織の幹部たちも、失敗に対してどうすれば建設的に対応できるのか困惑を隠せずにいる。人々が失敗の責任をとらず、並べられる理屈が通るなら、その人たちが最善を尽くしていることをいったい何によって確かめればいいのか、と。この懸念は、誤った二分法に基づいている。実際には、失敗を認める環境は高いパフォーマンス基準と共存できるのである。

誤った二分法がなぜ存在しているのか、そして失敗と責任の関係をリーダーがどのように誤解しているかを理解するために、**図5-1**を考えてみよう。失敗する理由として考えられるものを九つリストアップしたこの表には、組織の失敗を研究する中で見出された原因の範囲と多様性が示されている。

九つの原因のうちどれが非難に値する行動を引き起こすのだろう。多少異論はあるかもしれないが、多くの人は二番目の原因の前後で線を引くのではないだろうか。つまり、意図的な逸脱――ルールや手順を故意に守らないこと――は非難されて当然だと大半の人が考える。しかし、リストの二番目にある不注意は、非難されて然るべきかもしれないしそうではないかもしれない。社員の努力不足によるものなら不注意は咎められて当然かもしれない。勤務時間が長すぎるといった生理学的限界によるものなら、原因は集中力の切れた社員ではなくシフトを組んだマネジャーにあると考えられる。

リストの下にあるものほど、これは非難されるべき行動だと一概には言いにくくなる。実際、意義深い試みの結果としてする失敗は、貴重な情報をもたらす称賛に値する行動だと考えることができる。結果としてリストは、明らかに非難されるものから明らかに称賛されるべきものまで範囲の広いものになっている。

このような原因のスペクトルを考え、それから組織の失敗率を推定してほしいと言うと、返ってくる幹部たちの答えはたいてい二パーセントから五パーセントだ。しかし、まるで咎めるべき出来事によって起きたかのように扱われている失敗がどれ

図5-1　失敗した理由のスペクトル

非難に値する	▶ **逸脱** 人が、所定のプロセスや方法に従わないことを選択する
	▶ **不注意** 人が、決まり事からうっかり逸脱する
	▶ **能力不足** 人に、仕事を遂行するスキルや条件やトレーニングが欠けている
	▶ **プロセスの不備** 有能な人が所定の、しかし欠陥のある、または不完全なプロセスに従う
	▶ **困難な仕事** 人が、あまりに困難で、確実な遂行が毎回はできない仕事に直面する
	▶ **プロセスの複雑さ** 多くの要素から成り立っているプロセスが、相互作用するさらなる要素と出会い、滞る
	▶ **不確実性** 将来どんなことが起きるかはっきりしないために、人々が妥当に見える行動をとり、好ましくない結果が生まれる
	▶ **仮説検証** アイデアや構想の成功を証明するために行う試みが失敗に終わる
称賛に値する	▶ **探査実験** 知識を広げ可能性を調べるために行う試みが、好ましくない結果を招く

くらいあるか尋ねると、沈黙か笑いが起きたのちに、七〇〜九〇パーセントという高い数字が答えとして返ってくることがしばしばだ[15]。

本当に非難に値する失敗と非難に値するもののように扱われているだけの失敗との違いは、理論と実際のずれを明らかにしている。理論としては、組織におけるうまくいかないものごとの多くが、防ぐのは無理だったか、あるいは新しい領域を慎重に試みた結果だったと理解することができる。しかし感情的には、失敗は理由や状況がどうあれ気分のよいものではない。そしてこの気分の悪さのために、失敗が非難に値しないものであるときでさえ責任と失敗の関係が懲罰的になると言える。理論と実際のずれによってもたらされる残念な結果は、多くの失敗が報告されなかったり誤って分析されたりするうえに、教訓が失われてしまうことである。次のセクションでは、こうした失敗の重要性と損失と副次的な影響がプロセス知識スペクトルにおける位置によって実にさまざまであることをお話しする。

失敗はプロセス知識スペクトルの随所で起きる

チーミングや学習する組織の中で失敗が果たす役割には、プロセス知識スペクトルのどこに位置する業務であるかによって重要な違いがある。九〇パーセントの失敗率は生物学研究所では当たり前かもしれないが、タコベル（メキシコ料理のファストフードレストラン）が提供する料理の九〇パーセントについて、注文と違うものが出されたり具材が傷んでいたりしたら、もちろん容認されないだろう。同様に、航空機の七〇パーセントが決して目的地に到着しなかったり新車の五〇パーセントがディーラーの駐車場を出ると同時に故障したりしたら、消費者はきっと激怒する。言うまでもなく、失敗の頻度と意味は、プロセス知識スペクトルにおける位置しだいで変わる。次のセクションでは、ルーチンの業務、複雑な業務、イノベーションの業務それぞれにおいて失敗をどうとらえるべきか、その重要な差異について大まかにお話しする。

ルーチンの業務における失敗

ルーチンの業務でも、小さなミスや失敗は起きる。人間は間違いを犯すものだからである。そうした失敗は、たいていプロセスをちょっと外れたことが原因であり、先述した失敗の原因として考えられるもののリストのうち一番目から三番目まで（逸脱・不注意・能力不足）が理由になっているのがふつうだ。こうしたミスのほとんどはすぐに修正され、作業が続けられていく。しかし、ルーチンのプロセスにおける小さな失敗の中にも、質や効率性を高めるための、改善の機会に関する貴重な情報を含んでいるものがある。組み立て工場やコールセンターやファストフードレストランのようなルーチンの業務で失敗から学ぶカギは、人々がミスに気づき、報告し、修正できるような組織的システムをつくって維持することである。

ルーチンのプロセスの典型は自動車の組み立て工場であり、失敗から学ぶことに関して、トヨタ生産方式（TPS）を超えるルーチンプロセス管理システムはない。TPSでは、ごく小さな失敗から絶えず学ぶこととプロセスからちょっと外れることが、改善への体系的アプローチに組み入れられているのである。トヨタの組み立てラインのチームメンバーは、なんらかの乗り物について、問題点に、あるいは問題になりそうなことに気づいた場合、行灯コードと呼ばれるロープを引くよう指示されている。そしてすぐさま検査および問題解決プロセスが始まる。問題が一分足らずで解決されればそのまま組み立てが続けられる。解決されなければ、収益上かなりの損失があるとしても、問題の原因が突きとめられ、解決されるまで、組み立ては中断される。

複雑な業務における失敗

複雑な業務では、特定の顧客や患者に合わせた仕事が求められたり、相互作用する複数のプロセスによって不確実性が生まれたりするが、成功した場合に得るものが大きい傾向があるためにそうした業務での失敗はとくに難しいものになる。そこでの失敗はたいてい、不完全なプロセスやシステムの故障が原因だ。つまり、大半の失敗はふつう、先述した原因のスペクトルの中ほどにある理由(プロセスの不備、困難な仕事、プロセスの複雑さ)によって起きるのである。当然ながら、何か大変なことが起きたときにはたいてい人間ではなく組織のプロセスに責任があることが、分析によって明らかになっている。

複雑な業務における重大な失敗は、たくさんの小さな失敗が不幸にして絡み合った結果であるのがふつうだ。ヒューマン・エラーの第一人者であるジェームズ・リーズンは、スイスチーズを例えに使って、こうした状況でどのように失敗が起きるかを説明している。それによると、失敗というのは、複数の出来事がスイスチーズの穴のように偶然次々に起きて、一つの予期せぬトンネルをつくり、多くの別個の失敗が修正されることなくそのトンネルを通り抜けるときに生じるのだという。

そのため、複雑なシステムに内在するリスクには特別な警戒が求められる。すると組織は、重大な失敗を回避すべく、避けがたい小さな失敗に気づいて対応できるようになる。

多くの複雑な組織、たとえば原子力発電所や航空交通管制所や航空母艦などでは、抱えているリスクの高さが尋常ではない。そのため、どんどん失敗したほうがいいとかインセンティブを与えるべきだと言うのは間違っているだろう。ただ、前にも話したとおり、失敗は避けることのできないものだ。この基本的な緊張を認識している学者たちの研究テーマは、高いリスクを負う組織がどのように驚くほど一貫して安全に業務を行い、高信頼性組織（ＨＲＯｓ）の称号を得ているのか、ということだ。[16] そうした組織は少々のことではへこたれず、すばやく適応することができ、困難な状況に置かれてもすぐに立ち直る。[17] すべてのミスを防ごうとするのではなく、ＨＲＯｓはミスが起きると同時にそのミスを食いとめて対処する方法を編み出し、大事《おおごと》になる前に影響を最小限にするのである。

ミシガン大学のカール・ウェイク教授によって「用心深い相互関係」と名づけられたそのたぐいまれな慎重さには、実質的な被害が生じる前に小さな失敗に気づいて立ち直る力が含まれている。[18] 小さな失敗が相互作用すると大きな失敗が起きる可能性があることをふまえ、複雑な組織のリーダーは、失敗が避けがたいものであることを認識し、問題を報告して話し合えるよう心理的に安全な環境を整え、日頃から注意力を働かせてすばやくミスに気づき対応できるようにすることによって、回復力を高めなければならないのである。

イノベーションの業務における失敗

知識があまり開発されていない業務では、当然ながら失敗が起きやすい。実際、プロセス知識スペクトル上の位置が右寄りになればなるほど、失敗は予想されるだけでなく、進歩に不可欠なものにもなるのだ。イノベーションのために、人々はどんなことがうまくいくのか前もって知ることなくアイデアを試さなければならない。そのため、イノベーションの業務における失敗の理由はふつう、**図5-1**に示した原因のスペクトルの七番から九番（不確実性、仮説検証、探査実験）になる。

基礎科学の研究者、つまりヒトゲノム配列のような進歩や銀河間ダストについての最新の洞察のような発見をした精力的に研究所で実験を行う人々は、数十年にわたることも多いそうした実験が、失敗率の高いものであると同時に時折目を見はるような成功を収めるものであることを知っている。分野によっては、失敗率が七〇パーセントあるいはそれより高くなる分野もある。また製薬会社はどこも、いやでも失敗から成功を学ぶことになる。驚くべきことに、新しく開発される薬の九〇パーセントが実験段階で失敗し、市場に出ずに終わるのである。

イノベーションの業務での成功のカギは、大きく考え、冒険をし、試みる一方で、イノベーションへの途上では失敗したり行き詰まったりすることが必ずあることを絶えずよく意識していることだ。数々の賞に輝くデザイン・コンサルティング会社IDEO（アイディオ）は次のスローガンを掲げている。「早く成功するために、頻繁に失敗しよう」[19]。このシンプルな標語には、ISDA賞や『ビジネスウィーク』誌共催のIDEA（工業デザイン優秀賞）を受賞する製品を生み出し、『ファストカンパニー』誌が選ぶ世界で最も革新的な企業五〇選に選ばれる姿勢が現れている。IDEOのチームは、一つひとつの失敗がもたらす教訓を学ぶかぎり、どんどん失敗するほうが早く成功を手に入れられると、心から信じているのである。

イノベーションの業務において失敗から学ぶことは、さらに調査や分析をして、失敗した製品やデザインを別の方法で使えないか突きとめることを意味する場合がある。ファイザー社のヒット商品バイアグラはもともとは狭心症（胸に痛みなどを感じる状態）の治療薬として開発されたものだった。イーライリリー社は失敗に終わった避妊薬が骨粗鬆症に効くことを発見し、結果として年に一〇億ドルを売り上げるエビスタを開発した。[20] ストラテラは、抗鬱剤としては失敗だったが、ADHD（注意欠陥過活動性障害）の治療薬として有効であることがわかった。

言うまでもないことだが、あらゆる失敗に使える万能アプローチがあるなどと考えるとすれば、今日の複雑な組織や市場に対してあまりに柔軟性に欠ける。つまり、失敗に対する学習アプローチを開発する重要な側面として、失敗した原因とコンテクストをどうつなぎ合わせればいいかを理解する必要があるのだ。

失敗した原因とコンテクストをつなぎ合わせる

失敗にはコンテクストに応じたアプローチが必要であることを、マネジャーたちの多くが理解も認識もしていない。結果として、あるコンテクスト（たとえば、失敗が阻止されなければならないルーチンの業務）での失敗に対するアプローチを、そのアプローチが合わない別のコンテクスト（たとえば、失敗が新しい情報を得るための貴重な源となるイノベーションの業務）にも使うのが当たり前になっている。統計的工程管理（SPC）——データの統計分析を使って、正当と認められない偏差を評価する——を例にして考えてみよう。SPCはルーチンに分類される業務や目に見えるパターンからのずれを見つけるためにはうまくいく。しかし、お粗末な臨床判断のような目に見えない欠陥を見つけて修正するのに使われると行き詰まってしまう。この例が示す間違いはわかりやすいかもしれないが、同様の間違いを、しょっちゅう組織はしているのである。

ワイス社のある重役は会社のためを思い、研究の生産性を上げたいと考えて、新しい化合物をもっとたくさん製造過程に投じられるようにしてくれる科学者に報奨金を出して報いることにした。はたして、それまでより多くの化合物が投じられるようになった。しかし、誰もががっかりしたことに、それが有望な薬剤候補が増える結果につながることはなかった。彼の戦略には、科学的研究の不確実性に対し、計数的な考え方——ルーチンの業務でのプロセス管理に有効な考え方——という相容れないものが使われてしまっていたのである。もっとよいアプローチをしていれば、試みたり失敗に早く気づいたりすることに報酬を与える文化がつくられただろう。

失敗から学ぶための適切な戦略は、その失敗の原因とコンテクスト——密接に関連していることも多い——に応じて決まる。「失敗」という言葉はとても不明確だ。その不明確さと曖昧さのせいで、多くの失敗が誤って判断されている。組織には失敗する可能性のあることがごまんとあるが、そうした**失敗は次の三つのタイプ**に大別される。

▼**防ぐことのできる失敗**…十分に理解された領域でのプロセスからの逸脱。行動、スキル、あるいは支援の不足が原因で起きるのがふつうである。

▼**複雑な失敗…**プロセスまたはシステムの故障。内在する不確実性によって起きる。そうした故障は、結果として起きる事故を防止できるタイミングで認識されるかもしれないし、認識されないかもしれない。

▼**知的な失敗…**失敗に終わった試み。意義ある実験の一部として起きるものであり、新しい貴重な情報やデータを提供する。

驚くことではないが、失敗のこれら三つのタイプはふつう、プロセス知識スペクトルにおける三つのカテゴリーと一致しており、ルーチンの業務における防ぐことのできる失敗、複雑な業務における複雑な失敗、イノベーションの業務における知的な失敗に分けることができる。

しかしながら、今日の知識ベースの経済において組織はますます複雑になってきているため、必ずしもこの三つに分けられるわけではなくなっている。繰り返すが、プロセスと問題の境界は曖昧になっている。たとえば、製品製造ラインに悪影響をもたらすソフトウェアの欠陥を例にとってみよう。製造プロセスはルーチンの業務かもしれない。しかしソフトウェアの問題はシステムの故障であり、これは複雑な失敗を示すものだ。**表5-1**に要約したが、そこには失敗の三つのタイプそれぞれに独自の原因とコンテクストと解決策があることが現れている。

防ぐことのできる失敗

防げるはずの失敗が引き起こされてしまうのは、予測可能な業務で行動、スキル、あるいは支援が不足した場合だ。このカテゴリーに入る失敗はほとんどが「悪いもの」と考えられる。

仕事量の多いルーチンの業務では、適切な訓練と支援の得られる、何から何まで手順が規定されているプロセスに、一貫して従うべきだ。何か失敗があった場合は、スキルかモチベーションあるいは管理におけるずれが原因だろう。そうした原因はただちに認識され、解決策がもたらされる。このタイプの失敗が起きる場では、リーダーは、予想可能な業務でなぜ問題が起きたのかを突きとめたり、従業員に常にミスなく仕事をしようという意欲を持たせる方法を考えたり、問題のあるプロセスを修正したりする必要がある。

複雑な失敗

組織的な失敗がいよいよ増えていくのは、システムが複雑であることが原因だ。さまざまな

表5-1　組織的な失敗のタイプ

	防ぐことのできる失敗	複雑な失敗	知的な失敗
よくある原因	行動、スキル、注意力の不足	複雑さ、変わりやすさ、新たな人間関係	不確実性、試み、思いきった冒険
原因の具体例	プロセスからの逸脱	システムの不具合	失敗に終わった試み
コンテクストの例	製品ライン、製造。ファストフードレストラン。基本的なユーティリティやサービス	病院での治療。NASAのシャトル計画。新技術の使用。航空母艦。原子力発電所	薬剤開発。新製品のデザイン
カギとなる手段	TQM（総合的品質管理）。ストップオーダー／行灯コード。SPC。根本原因に対する訓練。問題解決	警戒。チーミング・スキル。職能上の枠を超えた分析。難しい会話のための訓練	科学的方法。技術的専門知識。思いきってやってみる意志。失敗を公表する意志

ものごとや行動がそれまでとは違う組み合わせで進められることになる場合、その中には失敗を生じさせるものが必ずあるのだ。

そのような失敗は、いつもどおりの方法で回避できるものではない。実のところ、このタイプの失敗の原因は、複雑なシステムにおける仕事ならではの不確実性なのである。

複雑なシステムでは、必要性と人々と問題とが、過去にない形で組み合わさって生じる可能性がある。具体例としては、地球規模のサプライチェーンを管理することや、戦場で敵の行動に対応することや、急成長する新興企業を経営することなどが挙げられる。

重大な失敗は安全管理やリスク管理の成功例に従うことで避けられるかもしれないが、プロセス上のちょっとした失敗は必ず起きる。そうした避けがたい小さな失敗を「悪いもの」だと考えるのは、複雑なシステムがどういうものかを理解していないだけでなく、建設的でないと言わざるを得ない。すばやく気づけば小さな失敗を修正して大きな失敗を避けられるものを、そのように考えることによって妨げてしまうのである。

知的な失敗

このタイプの失敗は、学習と成功のために試みが不可欠な最先端の業務で起きる。そうした失敗を、「悪いもの」と言うべきではない。それどころか、このタイプの失敗は「良いもの」と呼ぶにふさわしい。貴重なデータをもたらし、組織が競争相手より一歩先へ飛躍できるようにするからだ。知的な失敗は新たな知識の開発になくてはならないものなのである。

イノベーションの業務で試みを戦略として適切に行うと、企業の将来的な成長の役に立つ。また、変化は常に起きており、新奇なものが至る所にあることを前提に行動するマネジャーは、必ず生じる失敗を最大限に活用する可能性が高い。加えて彼らは必要以上の規模で試みを行うという知的でないミスをまずしない。

はっきり言おう。失敗は避けられないがイノベーションが不可欠である場合、失敗からどんどん学ぼうとする環境をつくることは組織の責務である。しかしながら、学ぶ気持ちは真実あっても、そうした学習を現実に行うのはなかなか難しい。

失敗に対する学習アプローチを開発する

心理的要因と組織的要因があると失敗に気づくことも分析することも妨げられてしまうため、失敗からたしかな学びを得るためには根本的な方向転換が必要だ。個人もグループも、失敗によって明らかになる難しい、感情的に受け容れがたいことも少なくない教訓を積極的に学ぼうとしなければならないのである。

そのためには、好奇心や率直さはもちろん、並々ならぬ忍耐力や、曖昧さに対する寛容さが必要だ。そうした特質や行動は、マネジメントに関する論文で「探究志向」と呼ばれるものを特徴として持っている。このタイプの志向は「主張志向」と対照をなすものとして示される。二つの言葉はいずれも、対照的なコミュニケーション行動と、グループの意思決定に対する独自のアプローチについて述べるものである。

主張志向と探究志向

この章で最初にお話ししたとおり、組織の構造やプロセスは、グループが失敗から学ぶのを邪魔することがある。グループが主張志向の性質を持っていれば、トップダウンの経営アプローチや組織の現状に拍車がかかる。そのため、さまざまなメンバーの比類のない知識を組み入れようとするときに、思いがけない結果として対立が生まれたり、傾聴や学習が欠けていたり、挑戦的な権威に対して心理的安全があまり感じられなかったり、ということがしばしば起きる。

第4章の冒頭で紹介したスペースシャトル「コロンビア号」の悲劇を思い出してみよう。思慮深い疑問は、断熱材の衝突という、最終的に七人の宇宙飛行士の命を奪うことになる危険の兆候について、新たな洞察を生み出せたはずだった。ところが、NASAの融通の利かない階層制や、厳格なルールや、定量分析への依存のせいで、過去に例のない、しかし悲劇を防いだかもしれない一連の疑問は口にされることなく終わってしまったのだった。

対照的に、探究志向には、代替案が複数あることや異論がたびたび唱えられる必要があることをメンバーが認識しているという特徴がある。そしてこの認識によって、問題に対する理解が深まり、新たな可能性が生み出され、ほかの人の推論を認識できるようになる。また、この志向は、グループにありがちな緊張を和らげたりプロセスにおける失敗を防止したりすることもできる。不確実性や、成功すれば得るものの大きい判断に直面しているときに他人の見方やアイデアや経験について学ぶことは、適切な選択をしたり初めてぶつかった問題の解決策を見つけたりするのに絶対に欠かせない。

しかしリーダーはどうすれば、探究志向を育てて学習を促進できるようになるのだろう。最近では「探索反応」と「確認反応」という言葉を使って、リーダーが個人やグループを潜在的な失敗に対応させる独特の方法について説明されるようになっている。[21]

確認反応と探索反応

認識された失敗に対するグループの志向を決めるのに、リーダーは重要な役割を果たす。ちょっとしたあるいははっきりしない問題に直面した場合、リーダーは二つの基本的な対応、すなわち確認反応と探索反応のうちどちらかの反応をすることになるのだ。

リーダーが確認反応をすると、多くの人が正しいと考えている仮定がたしかに正しいものだと後押しされ、必然的に主張志向が引き起こされることになる。この方法で情報を求めると、人間の自然な反応として、すでにある信念を確認するデータを探すようになる。確認反応を促したり強めたりするとき、リーダーは、すでに認められている枠組みや信念と調和するように行動している。これは、リーダーが積極的、進歩的ではなく、受け身で保守的であることを意味する場合が多い。

不確かな、あるいはリスクの高い、あるいは過去に経験のない状況では、探索反応のほうが適している。探索反応では、リーダーはすでにある仮定をそのままよしとするのではなく、ものの見方を意図的に変えることになる。すると目の前の状況に対する解釈の仕方や判断の仕方も変わる。そのためには、すでにある仮定を疑って検証し、新たな行動や可能性を試すことが必要になる。探索反応を選んだリーダーは、曖昧さを受け容れ、知識における相違を率直に認めることにもなる。

そして、現在の理解に修正が必要かもしれないことに気づき、代わりの仮定を裏付ける証拠を積極的に探すようになる。すでに信じているものを証明しようとするのではなく、探索的なリーダーは追究すること、試すことを奨励する。そして、計画的なこの反応のおかげで、積極的に情報が集められ、すばやくシンプルに試みが行われるようになり、学習がどんどん進むようになる。

組織を学習する事業体に変えることがリーダー一人の志向やものの見方を改める問題にすぎないなら楽なものだ。しかしもちろん、事はそれほど単純ではない。失敗に対する建設的なアプローチには、リーダーシップが多くの人によって発揮され、判断力を磨くことが必要だ。すると、好奇心と分析を大切にする組織文化が生まれ、育つことができる。それによって人々は何かがうまくいかないときに、「誰のせいか」ではなく、何が起きているのかについて明晰な理解を深められるようになる。これを成功させることはつまり、失敗したら必ず報告することを求め、深い体系的な分析を奨励し、試みる機会を積極的に探すよう促すことである。

失敗から学ぶための戦略

失敗に対して寛容であることは、新たな知識を手に入れたいと願うどのような組織にとっても賢明な戦略だ。なぜなら、組織が複雑な仕事を抱えて、予期せぬ状況に直面するようになるにしたがい、失敗も複雑なタイプのものが増えてきているからであり、また、そうした失敗を予測して、すばやく対応することがきわめて重要だからである。加えて、知的な失敗からは、戦略的優位を得られる可能性がある。

しかしどちらのタイプの失敗も、判断や討論に対する合理的なアプローチがなければ活かすことは不可能だ。失敗が本質的に感情を乱すものであることを考えると、対応するには明確で意図的な戦略が必要になる。気づく、分析する、試みるという三つの行動が、失敗から学ぶことにとって重要なのだ。**表5-2**に示したとおり、これら三つの行動はどのタイプの失敗にも使えるが、実際に行う方法には重要な違いがある。

失敗に気づく——失敗を認識するためのサポートシステム

まずマスターすべき重要な戦略は、失敗を事前対策となるタイミングで認識することである。これは、取るに足りない小さな失敗に見えるがやがて大きな失敗に、しばしば大惨事になるタイプの失敗にとくに当てはまる。重大で、大きな損害となる失敗は、どのような組織でも見つけることができる。気づかれないままになりがちなのは、ちょっとした失敗だ。ただちに、あるいは目に見える害をもたらすものではないと思われる場合、多くの組織で、隠せる失敗は何でも隠される。さらによくあるのは、今まさに起きている失敗に関する悪い知らせについては公表をできるかぎり先延ばしにしようとしがちなことである。

これに気づいたアラン・ムラーリーは、フォード・モーターのCEOに就任してまもなく、失敗を認識するための新たなシステムをつくった。ミスを早い段階で企業の序列の上の人へ報告する難しさを理解していたため、ムラーリーはマネジャーたちに、報告書を色分けするように指示した。よい報告なら緑、注意を促すものには黄色、問題を提起するものなら赤、という具合である。

表5-2　失敗から学ぶための戦略

	(1) 失敗に気づく	(2) 失敗を分析する	(3) 失敗を進展させる
避けることのできる失敗から学ぶための戦略	どうすべきかわからないときに、安心してマネジャーや同僚に相談できるようにする。問題に気づいたらインセンティブを与える。学習と練習という価値を持つ「誤報」（問題が起きた可能性があったが、結果的に異常なしとわかった場合）にインセンティブを与える	プロセス改善のために伝統的な手法を使ったり磨いたりする	ちょっとした試みを促してプロセスの実行可能性を確かめる。技術や顧客の好みが徐々に変わっていく場合はとくに力を入れる
複雑な失敗から学ぶための戦略	ミスや問題を安心して報告できるようにする。脆弱性を発見するシステムにインセンティブを与える。大小にかかわらず失敗を早く報告したらインセンティブを与える	職能上の枠を超えたチームを招集し、何が起きたのかさまざまな観点から確認する	危険を未然に防ぐ仕組みをプロセスに導入するため、本来の仕事を離れて試みを行い、失敗の新たなパターンを認識する
知的な失敗から学ぶための戦略	安心して試みを行えるようにする。成功しない試みに早く気づいたことに対してインセンティブを与える。失敗に終わったプロジェクトを早く報告したことに対してインセンティブを与える	科学的方法を使ってデータを体系的に分析する。傾向やパターンをさっと評価して中身のない意見を述べないようにする。さまざまな見方を取り入れる	さまざまな手法を使って、より頻繁に試みを行う。テスト（試験的な実施）にあたっては、成功の証明としてではなく失敗がどのように生まれるかを認識する試みとして行う

最初の数回の会議では、マネジャーたちが大半の業務について緑に色分けしていたため、ムラーリーは苛立たしい思いをした。そこで、会社が最近どれほどの損失を出しているかを思い出させ、あらゆることが本当にうまくいっているのか厳しく尋ねた。誰かが率直な意見を示すにはこのように促されることが必要だったわけだが、やがて一人がおずおずと初めて黄色の報告書を出した。誰もがあっと息を吞んだが、それもつかの間、ムラーリーが拍手し、緊張はほどけた。その後は、黄色や赤の報告書が頻繁に提出されるようになった[22]。

このような話はフォードに限ったものではない。世界中の企業の幹部たちでさえ大半が、よくない知らせを上司や同僚の耳に入れたがらないのである。問題を報告した人を罰するのは今なお解決されることなく続く悪い現実であり、リーダーとしては、失敗の報告が罰せられることなく上司や同僚に伝わる状況を生み出すことが必須である。そのために、リーダーは三つの基本的な行動をとる必要がある。それは、問題を報告した人を歓迎する、データを集め、意見を求める、失敗だと気づいたらインセンティブを与える、の三つである。

問題を報告した人を歓迎する

経験豊富なマネジャーは、厳しくしすぎることの危険性をよく理解している。社員のミスへの対応として過度に罰を与えると、組織を向上させるのではなく問題に関する情報が出てこないようにしてしまうのである。これは明らかによい結果ではない。マネジャーがすばやく原因を突きとめて問題を解決できるかどうかは、その問題について学べるかどうかにかかっているのだ。失敗やミスについて罰を与えるのが当たり前になっている組織はこのプロセスを阻止してしまう。

つまり、第4章で述べたように、心理的安全が大前提として確保されて初めて、失敗を認識・分析する本当の取り組みが可能になるということである。

データを集め、意見を求める

私の研究によって、失敗から学ぼうとするマネジャーにとって最大の障壁となるのは、失敗についてのデータが手に入らないことだとわかった。これは、避けることのできる失敗と複雑な失敗の場合にとくに言えることだ。そうした失敗が起きると、人々はついこう思ってしまうのだ。許される失敗は一つもなく、そのため自分にできるのはそれを隠すことだけだ、と。隠そうとしてしまうのは、小さなミスは避けがたいものだとなかなか納得できないのが原因だが、それと同じくらい、ミスを認めることに人間らしい抵抗感があることもまた原因である。この障壁を克服するには、組織のリーダーは、事前対策になるようにミスを認識するシステムと、手順と、文化を生み出す必要がある。

データを集め、さまざまなタイプの失敗を浮かび上がらせるのに効果的な方法は、意見を求めることだ。顧客や社員をはじめとする人々の意見を聞いて初めて、コミュニケーションがとれない、目標を達成できない、顧客が満足できていないといった失敗が明らかになるのである。顧客からの意見を事前対策になるように求めると、製造業者やサービス業者にとっては適切なタイミングで問題を認識・解決するのに役に立つ。顧客がある贅沢品について不満を持ったとして、サービスにまずい点があったのちに苦情を言うという選択をするのは、不満を覚える顧客のうち五〜一〇パーセントにすぎないことを覚えておこう。大半の顧客は、苦情を言う代わりに、業者を換えるだけだ[23]。

つまり、失敗から学ばなければ、サービス企業は確実に顧客を失うことになるのである。

失敗だと気づいたらインセンティブを与える

失敗は、効率がよく費用対効果の高い方法で学習できるよう、できるだけ早く表に出されるべきである。そのためには、マネジャー側が事前対策的な取り組みをして、失敗に関する手に入るデータを公表し、学習を促す方法でそのデータを使うことが必要になる。

知的な失敗の場合に難しいのは、実験的な行動プロセスにおける失敗をいつ公表するかを知ることだ。人間は最高の結果を期待しがちで、そのために早い段階で失敗を認めることができず、厳格な組織の序列のせいでいっそう認められなくなってしまうことがしばしばある。結果として、何の成果も上がらない研究プロジェクトが、科学的に合理的な範囲や経済的に賢明な範囲よりもはるかに長い間続けられてしまうことが頻繁に起きている。苦境に妙案を思いつくことを期待しながら、失敗したプロジェクトにさらに金を注ぎ込むのである。

イノベーションの業務でこういうことが起きるのは、大半のマネジャーが思うより頻繁だ。エンジニアや科学者の直観は何週間もの間プロジェクトに致命的な欠陥があることを告げるが、失敗だと彼らが正式に認めるのは何カ月もあとになるかもしれない。そうしたプロジェクトが適切な時点で中止され、人々がイノベーションをもたらす可能性を秘めた次のプロジェクトにさっと取りかかるなら、かなりの資源が節約されるのである。

失敗を分析する——失敗を分析して話し合うためのサポートシステム

問題に気づいたら、規範と優れた分析技術を使って、失敗のわかりやすい表面上の原因よりもっと深いところを探り、その場しのぎで終わるのではなく、適切な教訓を学び、最善の策を講じなければならない。ところが、気づいたのちに失敗を分析することは、今日の組織で最もないがしろにされる行動の一つになってしまっている。失敗について議論することには組織にとって重要なメリットが数多くあるにもかかわらず、である。

失敗について話し合うと、ちょっとしたミスを分析して得られる貴重な学びを見過ごすことがなくなる。また、そのミスに直接は関係ないかもしれないグループメンバーや社員に対してもそこから学ぶ機会を提供することになる。するとそのメンバーや社員から新たな考え方や意見がもたらされ、分析がより深いものになったり、ミスに直接かかわっている人たちの認識を誤らせているかもしれない都合のいい解釈が修正されたりする。アメリカ陸軍が行う「事後検討」では、演習の参加者がさまざまな軍事的構想の成功と失敗両方を分析し、話し合い、学んでいる。[24] 同様に、病院は「死亡症例検討会（M&M）」をひらき、そこで医師たちは歯に衣着せぬ話し合いを持ち、重大なミスや突然死について意見を交わしている。

失敗の分析でいちばん危険なのは、その分析があらゆる因果関係を慎重に検討するよう強く促すものでないかぎり、人々がつい急いで結論に行き着こうとすることだ。例を挙げよう。顧客が減少してきているリテールバンクがその失敗を分析したところ、顧客が他の銀行へ移ろうとしていることがわかったという。データによれば、口座を解約した顧客のほとんどが、銀行を変える理由として「利率」を挙げていた。しかし、同業他社の利率と比較したところ、さほど違いがない。顧客が他行へ移る本当の理由は、口にしている理由とは別にあるということだろうか。

不満を示す顧客に注意深く聞き取りを行ったところ、取引をやめる、表には現れない理由が明らかになった。顧客が苛立っていたのは、銀行提供のクレジットカードをしつこく勧められ、しかしその後発行を断られることだったのである。失敗を深く掘り下げて分析した結果、問題は銀行のマーケティング部にあることが判明した。そのため、銀行提供のクレジットカードを勧める相手をマーケティング部がもっと適切に選出できるようになるよう改革が行われた[25]。

ただ、こういうタイプの綿密な分析には、不愉快な事実を掘り下げることに対する抵抗感を捨てて、個人的責任を負うことが求められる。人々が知っていることについて率直に話し、組織のほかの人たちが耳を傾けるときにしか、分析は効果的なものにならないのだ。失敗を分析することに対する組織的、社会的障壁を克服する環境をつくるために、リーダーは、総合的品質管理システムを実施する（とくにルーチンの業務で）、さまざまな専門分野から人材を集めて弱点となりそうなところを探す（とくに複雑な業務で）、実験とデータ分析について体系的に取り組む（とくにイノベーションの業務で）といった行動をとる必要がある。

総合的品質管理システムを開発して使う

避けうる失敗の分析は、問題の根本原因解決という専門分野を活かせる、総合的品質管理（TQM）のような、プロセス向上のための昔ながらのテクニックを使うと最もうまくいく。マネジメントの大きな課題は、なぜそのミスが起きたのか、どんな潜在的条件のせいで問題が生じたのかについて、最初に気づいたこと（手順が守られなかった、など）でよしとせず、二番目、三番目の気づきへと、人々に意欲的に取り組ませ続けることなのだ。

ＴＱＭのようなプロセス向上のためのテクニックは、ルーチンの業務で最も効果を発揮する。そうした業務では、大量に作業が行われることによって、プロセスやパフォーマンスに関する膨大なデータが統計的手法を使って収集・分析されるからである。そうした分析によって、分析されなければ気づかれないままだったかもしれないプロセスからの逸脱（問題点）が明らかになり、次いで改善のチャンスが示される。ルーチンの業務の特徴である繰り返しのプロセスがない場合は、ＴＱＭや統計的手法は失敗から学ぶうえであまり役に立たない。そのため、代わりとなる体系的な分析テクニックが提示される。

さまざまな専門分野から人材を集める

効果的な学習が確実に生み出されるためには、失敗が示す教訓を話し合い、分析し、活用するための正式なプロセスや討論会が必要だ。複雑な出来事は未然に防ぐにも分析するにも多様なスキルや考え方を必要とするが、そうしたスキルや考え方を持つさまざまな専門分野の人から成るチームの活用が、複雑な失敗から学ぶには不可欠なのだ。

多様な分野の人が集まったグループは、それぞれの専門知識を結びつけて、複雑なシステムの弱点になりそうな部分を見つけ出すことができる。プロセスの進み方をさまざまな観点から話し合い、うまくいかないかもしれない点を見出すこともできる。また、協力し合って、現実に起きている失敗の原因を解明することもできる。

こうしたグループが最も力を発揮するのは、メンバーが、熟練の技術や、データ分析に関する専門知識や、多様な考え方を持っていて、失敗の原因と結果について幅広い解釈を行う場合である。多様な観点を持つことは不可欠だ。失敗というのはたいてい、さまざまな部門に関連する複数の要因を持っているか、あるいは理解するのに多様な分野の専門知識を必要とするからである。

このプロセスにはたいてい意見の衝突が生まれる可能性があるため、対人プロセスとグループプロセスに精通した専門のファシリテーターが加わって、プロセスが最後まで実りあるものになるよう手助けをする。

体系的にデータを分析する

分析の知的な難易度は、避けられる失敗より複雑な失敗のほうが、さらに知的な失敗のほうが高くなる。先に述べたように、統計的データ解析は大量の質的データ（生産工程にあるバッテリーの重さや体積など）を分析して一貫性を評価するための有用なツールである。統計的な分析は正常変動といわれるものを異常変動と間違えるのを防ぐ。シグナルをノイズと区別するのにも役に立つ。一方、複雑な失敗や知的な失敗には、詳しい定性分析を行って、何がなぜ起きたのかを突きとめ、その意味をブレーンストーミングで話し合うことが必要になる。複雑な失敗や知的な失敗は、前例のない特異な出来事であることも少なくない。また、複雑な失敗は、複数の要因がかつてない方法でいっぺんに現れてシステムを故障させたときに起きる。

このように分析には、失敗を引き起こした可能性のあるすべての原因を解明することが求められる。それはクリエイティブな作業であり、意欲あふれるチームがかかわることで大いに効果を上げることができるのだ。

知的な失敗はまた、体系的に分析される必要がある。その失敗から誤った結論が導き出されるのを防ぐためである。たとえば、イーライリリー社で開発された化学療法の新薬が臨床試験で失敗に終わったとき、その試験を行った医師は、単に新薬には効果がないと見なすのではなく、その失敗を体系的に分析し、重要なことを発見した。薬が効かなかった患者は葉酸欠乏症だったのである。言うまでもないが、さらなる研究が行われた。そして新薬と一緒に葉酸を患者に与えることで問題は解決され、会社がまさに廃棄しようとしていた薬は救われたのだった[26]。

失敗が生み出すもの——意図的な試みを行うためのシステムを開発し、支援する

失敗から学ぶ文化をつくるときにリーダーができる三つ目の、重要な、おそらく最も興味をそそられるだろう行動は、学習とイノベーションのためだけに、戦略的に失敗を生み出すことである。科学者や研究者にとって、失敗はしてもしなくてもいいものではない。それは科学的発見の最も重要なものの一部なのである。失敗の一つひとつが貴重な情報を、ライバルに先駆けて手に入れたいと思う情報をもたらすことを、彼らは知っている。そのため、優れた組織は、単に問題に気づいて分析するのではなく、知的な失敗を意図的に生み出すことによってその先へ行く。知的な失敗は知識を増やし、行動の代替案を示してくれるのである。

これはそうした組織のマネジャーが失敗するのを喜んでいるということではない。むろん、喜んでなどいない。ただ、失敗が試みにつきものの副産物であることを認めているのである。そのため、

そうした組織は、うまくいっていることとうまくいっていないことを知るために、試みに対していくらかのエネルギーを注ぐ。意図的な試みを行うことで失敗率が高くなるとしても、効果的に実験を行う組織は、そういう冒険をしない組織より革新的で、多くの利益を生み、成功する可能性が高いのだ[27]。

資源を試みに注ぐといっても、多額の予算を投じる大がかりな試みでなければならないわけではない。ある研究を例に挙げると、病院治療の改善チームは、説得するためのさまざまな技術を使って実験を行い、臨床医の手洗いといったちょっとした行動を改善するための解決策を編み出したという[28]。

もっと大規模な例としては、グーグルは二〇パーセントルールを規定にした。これは、有給従業員は働く時間の一部を独自のプロジェクトに充てる、というものである。プロジェクトは管理者の公式な承認を得なければならないが、社員はほとんどのプロジェクトについてゴーサインを出してもらえると思うようになった。メインの、あるいは緊急の仕事が優先ではあるけれども、社員は週のうち一日をこの予備的なプロジェクトに充てるよう奨励されている。そんな二〇パーセントルールは、Gmailやアドセンスなど実入りのいい画期的なサービスが発明されたことで広く称賛されている。

しかし、あまり言及されることはないが、予備的なプロジェクトのうち失敗に終わっているものがどれほどたくさんあるだろう。グーグルをはじめとする、イノベーションのために知られている会社は、一つの新製品や新サービスがヒットする陰で、積極的に試したものの失敗に終わったアイデアが数え切れないほどあることを、よく知っているのである。

リーダーは意図的な試みを承認したり規定することさえもできる。ただ残念ながらこれは賢く実施するのが技術的にも社会的にもなかなか難しい。意図的に試みを始めて失敗と成功の両方を生み出すのがとくに難しいのは、失敗することが不名誉である場合だ。試みを行うのは、現状に足りないものがあり、変化によって補えるかもしれないと認めることになるのである。

およそどんな試みであれよい点の一つは、シミュレーションや試験的な実施においては失敗が本来の仕事から離れたところで起きることだ。しかし、そうした状況であってなお、恥ずかしいとかプライドが傷つくといった不安のために、人々は思いきってやるのを渋るかもしれない。そのため、諸手を挙げて試みを行ってもらうには、強力なリーダーシップが必要になる。そういうタイプのリーダーシップには、試みとそれに伴う失敗にインセンティブを与えること、言葉の力を理解することと、学習のために知的な失敗をデザインすること、が含まれる。

試みとそれに伴う失敗にインセンティブを与える

組織が成功することを重視し、それに対してしかインセンティブを与えない場合、あれこれ試すことは難しい。社会心理学の研究で明らかになっているとおり、試みを通してイノベーションを増進するという目標を掲げても、失敗すれば罰が与えられる場合には、試みをどんどん行うという目標に対してインセンティブが与えられるときほど効果は上がらないのだ。[29] また、失敗の必然性と価値の両方を理解しているという明確なメッセージを打ち出すと、そういうメッセージがなければ失敗についてまわるだろう、組織の汚点になってしまうという気持ちを緩和することができる。恥だと思うそうした気持ちを和らげ、タイミングを逃さずに失敗を公表するのを後押しするために、イーライリリー社の主任技師は「失敗パーティー」を導入した。知的で質の高い科学的実験でありながら期待される結果を出せなかった実験に栄誉を与えることにしたのである。

貴重な資源、とりわけ科学者の時間の投入を、新しいプロジェクトのもっとあとではなく早い段階へシフトさせることは、数十万ドルの節約になる可能性がある。ところが、多くのマネジャーは、社員が失敗は成功と同じくらいよいものだと考え始めてしまうのではないかと思って、何でも許される気ままな雰囲気がつくられてしまうことを懸念している。しかし現実には、ほとんどの人が成功したいと高い意欲を持つようになる。誰しも成功したい、能力を認められたいという願いをもともと持っているのだ。けれども、この章で述べた理由のために、失敗を明らかにして分析することに対し人々はあまり意欲的ではないため、そうした行動を促すリーダーシップが必要になる。それは正式な評価基準や報奨金の問題ではなく、失敗から学んだ教訓を公式ではない場で認めたり祝ったりするかどうかの問題である。

言葉の力を理解する

失敗を恥ずかしいと思う気持ちを和らげ、積極的に試みが行われるようにする一つの方法は、言葉をもっと正確に使うことである。このシンプルな真実は、トライアル・アンド・エラーの考え方――わかっていることがほとんどないときに何がうまくいくかを突きとめるための戦略――の中に認められる。しかし厳密に言えば、「トライアル・アンド・エラー」という表現は間違っている。むしろ「トライアル・アンド・フェイラー」のほうが適切だ。エラーという言葉には、適切にできたはずのことをしなかった、それがミスだというニュアンスがある。しかしトライアルは、結果を事前に知ることができない場合になされるべきものなのである。

試してみた（トライアル）けれども好ましい結果が出なかった場合、それを失敗（フェイラー）ではなくミス（エラー）だとマネジャーが扱ったら、なぜ問題になるのだろう。ミスは、すでにわかっているプロセスからの回避可能な逸脱である。失敗は、回避できるもの（ミス）も回避できないものも両方を含む。多くの病院がいくつかの有害な医療事象を臨床医のミスではなく「システムの機能停止」と呼ぶようになったのと同じように、リーダーは失敗に終わった試みを「うまくいかなかったトライアル」と呼ぶことができる。認知的にも感情的にも、これらの言葉の間にある違いははっきりと伝わる。そしてそんなふうに言葉を少し変えるだけで、組織文化に大きな影響がもたらされ、失敗から学ぶことに対する堅固な心理的障壁を取り払えるようになるのである。

学習のために知的な失敗をデザインする

失敗から学ぶことが真摯に受けとめられると、現在の知識や能力を伸ばすように、試みやシミュレーションやテスト（試験的な実施）が計画・実施されるようになる。学習のためにそういうタイプの試みを考案すると、限界を試したり、うまくいくことの境界線を押し広げたりすることになる。そのため、多くの場合、試みとして成功と言えるのは、失敗するようにデザインされている試みだということになる。

ところが、あまりに多くの試みが、成功の可能性を裏付けたり確かめたりするためにデザインされてしまっていることが、私の研究から明らかになった。多くの試験的プログラム――ビジネス界における試みの一般的な例――がどのように考案・実施されているか、考えてみよう。

なんとかして成功したいと願って、新製品や新サービスをリードする責任を負うマネジャーはたいてい、その製品やサービスを最初から完璧なものにするためにできることは何でもする。逆説的だが、テストの段階で大成功を収めようとするこの傾向は、やがて本格的な提供が始まったときに成功することのほうが重要であるのにそれを妨げてしまう可能性がある。それよりもテストは、本格的な提供が始まったのちに欠点が判明することのないよう、どうすれば新サービスがうまくいくのかについてできるだけ多くを学ぶためのツールとして使うべきなのだ。ところが、テストが間違いなくうまくいくことに躍起になると、マネジャーは標準的な条件ではなく最適な条件を生み出してしまいがちになる。

次に挙げる**六つの有用な質問**はいずれも、知的な失敗を生み出して貴重な情報を手に入れる可能性を高める、そんなテストをリーダーがデザインする手助けとなるものである。テストを成功させるマネジャーなら、次の問いのすべてに「イエス」と答えられるはずだ。

- ▼試験的プログラムは、最適な条件の下ではなく標準的な条件の下で実施されるか。
- ▼参加する社員、顧客、資源は、会社の実際の企業環境を代表しているか。
- ▼試験的プログラムの目的は、新たなシステムの価値を経営幹部に示すことではなく、できるだけ多くを学ぶことか。
- ▼できるだけ多くを学ぶという目的は、社員やマネジャーを含め、関係者全員によって理解されているか。
- ▼報酬やパフォーマンスの評価が試験的プログラムの成功に基づいていないことが、明確になっているか。

▼試験的プログラムの結果として、明らかな変化があったか。

(出典：Edmondson, A. C. "Strategies for Learning from Failure," Harvard Business Review 89, no. 4 [2011]. Reprinted with permissions from Harvard Business Review.)

これらの問いが示しているとおり、革新的な新製品や新サービスを大成功のうちに提供したいと願っているマネジャーは、最初から成功しようとしてはいけない。それよりも、可能なかぎり最も有益なトライアル・アンド・フェイラーのプロセスに加わろうとしたほうがいい。本当の意味で成功だと言えるテストは、理想的な条件の下ですべてがうまくいくことを証明するのではなく、うまくいかない可能性のあるあらゆることを発見できるようデザインされている。テスト中の失敗から学ぶためのこの戦略に従えば、サービスが本格的に始まったときに成功しやすくなる。結果的として、それは組織が失敗から学ぶ技術をマスターする方法のまさに本質でもある。

リーダーシップのまとめ

チーミングはときに失敗をもたらすことがある。そこで、失敗から学ぶ力を身につけることが組織の責務になる。しかし、深く掘り下げるための高い能力を持ち、失敗がもたらす潜在的な教訓を会得できている組織はほとんどない。研究によって明らかなことに、それができないのは、学習しようという真摯な思いが欠けているからではない。そうではなく、失敗を認識・分析するのに必要なプロセスやインセンティブが、大半の組織で欠けているからなのだ。これに、失敗を認めることから来る不愉快さや自信の喪失を味わいたくないという人間らしい願望が加われば、非難の文化に別れを告げ、失敗から学ぶその見返りが十分理解されている文化へとシフトしている組織がなぜこんなにも少ないのか、理解するのはたやすいだろう。

これはさまざまな意味で残念なことだ。まず、多くの失敗が、質や効率を高めるチャンスについて貴重な情報をもたらしてくれる。さらには、ちょっとした問題に注意を払う組織は大きなあるいは大惨事となる失敗を避けられる可能性が高い。しかし最も重要なのは、失敗を歓迎する組織は競争相手より早く学習し、革新できるようになることだ。失敗を認めて分析するのを後押しする環境があれば、進歩に欠かせない意図的な試みが促される。そういうタイプの試みと、それによって生まれる知的な失敗のために、知識が増え、新製品や新サービスの成功がずっとたしかなものになる。

人々が失敗を明らかにして分析したいと思うような環境をつくることは、首脳部の仕事である。これはつまり、人間というのは最初は能力不足に見えるかもしれないものについてとかく強く非難しがちだが、そうしてはならないと幹部やマネジャーは決意しなければならないということだ。非難するよりむしろ、適切なインセンティブを与え、失敗は恥ずかしいものではないと思える言葉を使うことによって、リーダーは探究、発見、省察、試みをもたらす文化をつくることができる。うまくいかなかったことと、それを将来避ける方法を理解するためには、さまざまなグループや専門分野やときには地域の人たちと協力して失敗から学ぶ必要がある場合が少なくない。次の章では、そうした境界を超えたチーミングと、文化や職業による違いの対処法という独特のチャレンジについてお話ししよう。

Lessons&Actions

□観点もスキルもさまざまである人々を一つにまとめる場合、技術面でのチャレンジと人間関係上のチャレンジのために、失敗は避けられないものになる。

□失敗がもたらす貴重な情報のおかげで、組織はいっそう生産的、革新的になり、成功できるようになる。しかし、失敗に対して心理的、社会的に強く反応してしまうために、ほとんどの人が失敗を許されないものだと考えてしまう。

□人間というのは、頭では組織の中で起きる多くの失敗が避けがたいものだと理解できるが、心では失敗すれば非難を受けるものだとどうしても思ってしまう。これによって処罰に対する反応が起き、多くの失敗が報告されなかったり誤った判断がされたりするようになる。

□失敗の原因はプロセス知識スペクトルのどこに位置するかによって異なる。ルーチンの業務では、失敗はふつうプロセスから少し逸脱することによって起きる。複雑な業務での失敗はたいてい、プロセスに欠陥があるか、システムが機能停止するのが原因だ。イノベーションの業務では、不確実性や試みに原因があることが多い。

□組織の中にはうまくいかないかもしれないことが数え切れないほどあるが、失敗は三つのカテゴリー、すなわち、避けうる失敗、複雑な失敗、知的な失敗に大別できる。

□失敗に対する学習アプローチを開発しようと思うリーダーは、好奇心と、忍耐力と、曖昧さに対する寛容さを反映する探究志向を採り入れる必要がある。すると、失敗について安心して話せる環境ができ、率直さという規範がたしかなものになる。

- □失敗に気づくこと、失敗を分析すること、意図的な試みを行うことは、失敗から学ぶのに不可欠である。
- □失敗に気づくのを促進するためには、リーダーは、問題を報告した人を歓迎すること、データを集め、意見を求めること、失敗に気づいたらインセンティブを与えることが必要である。
- □失敗を分析するのを後押しするためには、リーダーは、さまざまな専門分野から人材を集め、体系的にデータを分析しなければならない。
- □意図的な試みを促進するためには、リーダーは、試みとそれに伴う失敗にインセンティブを与えること、失敗から学ぶことに対する心理的障壁を取り払うような言葉を使うこと、より多くの賢い失敗が生まれる知的な試みをデザインすることが必要である。

第6章 境界を超えたチーミング

二〇一〇年八月五日、五〇万トンを超す岩が突然、崩れ落ち、チリにあるサン・ホセ鉱山への入り口を完全にふさいでしまった。[1] 鉱山での事故は、残念ながらよく起きる。ただこのサン・ホセの事故はいくつかの理由のために、たとえば地表から作業員たちまでの距離、閉じ込められた作業員の多さ、岩盤の堅さといった理由のために、前例のないものだった。三三人の作業員が花崗岩より硬い岩の下、約六〇〇メートルのところに生きたまま閉じ込められてしまったのである。

比較のために例を挙げると、ペンシルヴァニア州のケイクリーク鉱山では、およそ七〇メートルの地下に閉じ込められた九人の作業員が早い段階で救出されたが、それでさえ大手柄だと考えられた。[2] チリの事故では、生存者が一人でも見つかる可能性は当初一〇パーセントと予測されていた。しかし二日後には急激に低くなった。二次的な崩落が起き、救助隊はかろうじて逃れたものの、通気孔から作業員たちを救出するという選択肢が永遠に消えてしまったのだった。[3]

大半の読者がご存じと思うが、三三人は七〇日で全員が救出された。その七〇日間に起きたのは、物理的（厚さ六〇〇メートルの岩盤）、組織的、文化的、地理的、職業的境界を超えた、たぐいまれなチーミングだった。

チーミングは三つの主要な舞台で起きた。一つは、そして考えると最も胸が痛むのは、作業員たちが肉体的にも精神的にも生き延びられるかどうかという危機に直面していたことだった。二つ目の舞台は、技術者と地質学者がさまざまな組織や国から集まって、閉じ込められた作業員たちを見つけ出し、そこへ行き着き、救い出すための技術的な問題に取り組んだことだった。三つ目の舞台をつくっていたのは政治家や経営者たちだった。その舞台では、チリ政府などの最高幹部が、サンホセ鉱山の地下と地上にいる人たちの活動をサポートするために、決定をしたり資源を提供したりした。最初は、三つの舞台で個別にチーミングが行われていた。しかし最後には、それぞれのチーミングの成功によって舞台が一つになり、劇的で、これ以上ないほど感動的な救出が行われたのだった。


地下では、最初こそ大変な混乱状態だったが、動揺と不安のなか、やがてリーダーシップが発揮され、チーミングが行われるようになった。

崩落が起きてすぐに、作業員たちは先を争うように、安全な、鉱山の小さな「避難所」へ向かった[4]。その後ルイス・ウルスアが、現場監督としてグループに対してリーダーシップを発揮し、まず避難所にある蓄えをチェックした。落ち着いて、すばやく、彼は生き延びるのに不可欠なもの、とりわけ手に入る限られた食糧を集中的に調べた（おおよそ作業員二人の二日分くらいの量があった）。

しかし、彼の落ち着いた態度はグループの間に広がらなかった。カリスマ性のある三九歳のマリオ・セプルベダは、鉱山の状態や会社がずっと安全面に注意を払ってこなかったことに不満をぶちまけ、この崩落に対して怒りをあらわにした。そのエネルギーはほかの作業員に広がり、やがてグループ内でもめたり対立したりするようになった。助けが来るのをただ待つのではなく外に出るためになんらかの行動を起こしたいと思う者もいた。ウルスアの指示に従おうとする者もいた。最初の二四時間が過ぎる頃には、みな外部と連絡を取れないことに疲れ果て、自然の光が入らないことに感覚がおかしくなりそうになっていた。衛生面と秩序にかろうじて注意を払い、空腹と疲労に何を言う気力もなくしつつ、彼らはなんとかして眠ろうと努力した。

二日目に、作業員のホセ・エンリケスが、一日のはじめに全員で祈りを捧げようと仲間たちを促した。ほどなくこの日課は心身の支えになり、生き延びるという共通の目標のもとみんなを団結させる役目を果たすようになった。こうした状況で生き延びるための青写真はなく、前へ進む道を見つけるためには会話と試みも不可欠だった。それからの日々は、暗闇と空腹、絶望、汚物、病気に直面しつつ、作業員たちは一致団結して秩序と健康と衛生と健全さを保ち続けた。照明装置を使って、一二時間ずつの見かけの昼と夜もつくった。

セプルベダは、今ではみんなを一つにまとめようと心に決め、スキルや経験や精神的に安定しているかどうかに基づいて一人ひとりに仕事を割り当てた。幻覚を起こしたり、そうでなくても行動に集中できなくなっている作業員には、いっさい仕事を課さなかった。高い温度と湿度のために皮膚にカビが生えたり口内炎を起こしたりする作業員が出てくると、いろいろな病気に詳しい作業員のジョニ・バリオスが医者の役目を買って出た。厳しい、しかし機能的な日課が定着し、おかげで、交互に押し寄せる絶望と希望の波が穏やかになっていた。一七日後、ようやく救助隊が避難所まで穴を貫通させ、作業員たちは新たに食糧と生活必需品、そして特別な電話によるコミュニケーションという命綱を受け取った。

一方、地上では、チリの国境警備隊特殊作戦軍——救助活動を行うエリート警察部隊——が、最初の崩落の数時間後に到着した。救助を試みるも一回目で通気孔が壊れてしまい、それはなんとも気の滅入る、救出作業における最初の失敗になった。鉱山崩落のニュースが広まり、家族をはじめ、救急隊、救助隊、リポーターらが現場に殺到した。その間、チリ鉱山コミュニティの他社の人々は、専門家やボール盤やブルドーザーを急いで送った。コデルコ（サンホセ鉱山を監督する国有会社）は作戦を指揮するようにとアンドレ・ソウガレットを派遣した。鉱山技師として、またマネジャーとして二〇年以上にわたる経験を持ち、冷静沈着で、誰とでも気軽に接することで知られる人だった。

多くのほかの技術的専門家と協力して、ソウガレットは作戦のさまざまな側面を監督するために三つのチームをつくった。一つは作業員たちを探すチームだ。生存を示す音が聞こえないかと、地下深くに穴を掘る。もう一つは、彼らが見つかった場合どうすれば生命を維持できるかという問題に取り組むチーム、三つ目は彼らを避難所から無事に脱出させる問題に取り組むチームである。三つのチームは当初、可能性のある救助作戦を四つ考えた。一つは、通気孔を通して行うものだったが、先述したとおり早々に断念することになった。二つ目は、鉱山の斜面にドリルで穴をあける作戦だったが、岩が不安定であることがわかったためこれも不可能になった。三つ目の、一マイル離れた隣の鉱山からトンネルを掘る作戦は、八カ月かかると思われるため除外された。唯一期待できるのは、さまざまな角度で次々に穴をドリルであけて、作業員たちを見つけ出そうという作戦だった。

しかし、避難所の極端な深さと小ささのせいで、その場所を突きとめるのはきわめて難しくなっていた。ドリルでは穴をそれほど正確に掘れるわけではなく、苦労して掘っても避難所を探し当てられる確率は八〇分の一だったのだ[5]。その数字でさえ甘いものだった。避難所がどこにあるのか正確には知られていなかったからである。手に入る坑道の地図は長年更新されておらず、不正確だった。さらに悪いことに、掘削作業者は最短ルートをとって、鉱山のてっぺんからまっすぐ下へ掘るように装置を据え付けることができなかった。落盤の危険性が増すためである。実際には、側面に設置して斜めに掘らなければならず、正確さの問題がいっそう深刻になってしまった。

成功の見込みを最大にするために、最初チームは別々に作業して、穴を掘るさまざまな戦略を考えた。当初のいくつかの試みは作業員たちの居場所へ至ることはできなかったが、少なくとも鉱山や岩の重要な特徴が明らかになった。残念ながら、その多くはよくない知らせとなった。たとえば、掘削作業者と地質学者は、崩落した岩によって水と堆積岩が閉じ込められ、掘削の正確さがさらに低くなり、間に合うように避難所へ到達できる可能性がいっそう低下することを知った。さらには、斜めに掘ることで掘削機が右に動き、その一方でドリルの重みで直立し、全体として右下方向へ流れてしまうこともわかった。これは、エンジニアがプランに、それも日々急速に、がらりと変わるプランに、急いで組み込まなければならないたぐいの技術的詳細だった。

手順が劇的に変わったのは、行動を短い周期でしょっちゅう評価しなければならないことがわかり、実行されたためだった。通常の掘削作業では、精度は穴が貫通したのちに測られた。ところが今回は、避難所を見つけるために、数時間ごとに測定し、あまりに外れている穴はすぐに掘るのをやめ、新たにまた掘り始めなければならなかった——それはさぞやる気をそがれるものだっただろう。さらには、避難所の場所を突きとめる作業に関してより詳しいことがわかるにつれ、成功する見込みはいっそう低くなり、一パーセント以下だとする掘削作業者もいた。

幸い、さまざまなチームによって見つけ出されたアイデアがみごとに補い合い、解決策として最終的にはうまくいきそうな気配になった。幸運というべき例を挙げよう。チリの地質学者フェリペ・マテウスは、掘削した跡を高い精度で測定する独特の方法を考えた人で、新たな装置を持ってやってきた。すぐに、彼の測定値が現場にいる他のグループの測定値と合わないことが明らかになった。即席で行われた一連のテストの結果、マテウスの装置が最も正確であることがわかり、マテウスは今まさに行われている掘削作業すべての精度の測定を任された。

さまざまなサブグループのリーダーが毎朝三〇分間集まり、また必要に応じて短時間のミーティングがひらかれた。彼らは掘削作業の昼夜のシフトをスムーズに移行させるための、また機械の所定のメンテナンスのためのルールをつくった。「計画実行のためのあらゆる側面を、徹底して構造化しました」[6]。掘削の試みが次も、また次も失敗しつづける中、ソウガレットは家族たちとこまめに連絡をとった。失敗の連続であったにもかかわらず、ソウガレットと新たな仲間たちは最後までやり抜いたのだった。

一方、首都サンティアゴでは、新たに選出されたチリ大統領セバスティアン・ピニェラが、二〇一〇年八月六日の朝に、ラウレンセ・ゴルボルネ鉱業相と会っていた。大統領はゴルボルネを事故現場へ向かわせるにあたり、明確な指示を与えた。作業員たちを生還させること。費用を惜しまないこと。また、この意向は包み隠すことなく公表された。それは過去に政治ではなくビジネス経験を持つ人ならではの、きわめて重大な決定だった。政治的な常識を持つ人なら、およそ実現不可能な約束をして評判を危険にさらすことは避けただろう。

ゴルボルネとピニェラはすぐに、世界各地にいる人々を含む、それぞれの仲間と連絡を取った。大統領曰く、「われわれはいたって謙虚に支援を求めた」[7]。米航空宇宙局（ＮＡＳＡ）の医務副部長マイケル・ダンカンは、政府から連絡を受けて承諾し、チリの当局者たちが基本的に次のように述べていたと語った。「その分野のエキスパートを探し出そう――望みうる最良の情報をくれる相談役にここへ来てもらおう」[8]。たとえばダンカンは、長期にわたる宇宙飛行の経験という情報をもたらし、作業員たちが狭苦しい空間で心身ともに無事に生き延びる問題に影響を与えた。また、ＮＡＳＡのエンジニアたちは脱出カプセルの設計に関してきわめて重要な役割を果たした。実のところ、カプセルの開発という、チーミングによるこの究極の取り組みは、現場から何千マイルも離れた、最先端技術の王国で行われたのだった。

ＮＡＳＡのトップエンジニアであるクリント・クラッグは支援を申し出て、同じくＮＡＳＡの健康管理の専門家数人とともに、八月の終わりにチリへ行った[9]。そして、のちにはチリ海軍のエンジニアとチームを組んで脱出用カプセルを設計するが、まずはアメリカへ戻って二〇人のＮＡＳＡのエンジニアを集めた。

インスピレーションを求めて、ＮＡＳＡのチームは「ダールブッシュ・ボム」と呼ばれる先例に目を向けた。一九五五年、西ドイツのダールブッシュ炭坑に閉じ込められた三人の作業員を救出するためにつくられた、脱出用カプセルである。エンジニアたちは一二ページにわたってリストアップされた必需品を開発し、それを使ってチリの海軍が、フェニックスと名づけられるカプセルを最終的に設計した。

フェニックスの内部は、人間ひとりがかろうじて入れる大きさで、マイクロフォンと酸素、それに岩の壁をスムーズに進めるよう、バネで留められた格納式の車輪が備え付けられていた。エンジニアたちは三機の、理想的というべきカプセルを設計した。一機目はテスト、つまり実験とリハーサルに、二機目は救出作戦に使われた。三機目はおそらく予備だったと思われる。一〇月一三日に、フェニックスは救命活動を開始し、作業員を一人ずつ、一五分かけて地上へと脱出させた。それから二日間にわたって、作業員たちは赤と白と青というチリの国旗の色に塗られた、幅二八インチの脱出カプセルに入って、一人ずつ引き上げられた。そして短時間ながら親類縁者とハグを交わしたのち、医師の診察を受けに向かった。

境界を超えたチーミング

チリでのこの救出劇をじっくり考えてみると、もしトップダウンの指揮統制アプローチがなされていたら、とうてい成功できなかったことは明らかだ。誰も、どの首脳部でさえも、どうすれば問題を解決できるのかと右往左往するだけだっただろう。また、すべての人がしたいと思う行動を何でもするように言われていたら、混乱と悪影響しか生み出さなかったことも明らかだ。家族も、作業員も、ほかの善意の人々も、つるはしを手に岩へ駆け出したい気持ちを、何度となく抑えなければならなかった。

かつてない規模の災害に直面する中で、代わりに求められたのは、協調的なチーミングだった。

すなわち、一時的に結成される複数のグループが、さまざまなタイプの問題に別々に取り組みつつ、必要に応じて、グループ同士が調和して活動することだった。試みが次から次へと求められるものでもあった。このセクションでは、救出作戦を成功へ導いたカギとなる要因と、境界を超えたチーミング全般について彼らの作戦から学べることとを考えていく。

まず挙げるべきは、最高首脳部が、望み薄の結果に関して資源と名声両方のリスクを冒して、作戦の成功を公約したことである。それを決めたときのピニェラ大統領は、およそ実現不可能な困難に直面しながら成功のために全力を尽くすことを早い段階で表明した他のリーダーたちと似ているところがある。

たとえば、月へ向かう「アポロ13号」のミッション中に起きた酸素タンクの爆発を考えてみよう。燃料に限りがあり、どんな選択肢があるのかはっきりせず、失敗する可能性が高かったにもかかわらず、NASAのフライト・ディレクターを務めるジーン・クランツはきっぱり言ったのだ。「失敗という選択肢はない」と。彼は、訓練を積んだ各チームが行う問題解決への取り組みはたしかなものだとし、実際チームは宇宙飛行士が使えるものだけを使った立て直しへのシナリオを粘り強く考えた。[10] そして最終的に、クランツと彼のチームはクルーを無事に地球へ帰還させたのだった。

ピニェラとゴルボルネはまた、協力を求めるにもやぶさかでなかったし、進んで提供しようとしてくれるのであればどんな組織や国からでも積極的に専門知識を得ようとした。

二つ目は、チーミングが速いテンポの学習サイクルを使って行われたことである。技術的専門家は協調して、何度も何度も、適切なものになるまで、選択肢をデザインしては、テストを行い、微調整し、捨てた。すばやく団結し、さまざまな解決策を考え出して試し、失敗したらすぐにそれを認めたのである。周囲からのフィードバックに基づいて方向転換することにも躊躇しなかった——そうしたフィードバックには、目に見えるものも（通気孔の崩壊など）、目に見えないものも（新しい技術を持ってプロセスの途中から加わったエンジニアに、今の測定結果は不正確だと言われる、など）あった。最も重要なのは、何度も失敗を繰り返しているからといって、エンジニアたちがそれを、救助を成功させるのは無理だという証拠にしなかったことかもしれない。同様に、岩に閉じ込められている作業員たちも、確率的には絶望的であるにもかかわらず、うまくチーミングを行って緊急の課題を解決したのだった。

三つ目は、チーミングの構造が考えれば考えるほど面白いものであることだ。個々の舞台——管理面、技術面、生き残れるかどうかという事態——での取り組みが、きわめて集中して行われた。どの舞台においても、問題解決への取り組みは知識を集結させた粘り強いもので、力を合わせたその取り組みは部分の総和より素晴らしいものだった。また、舞台同士が断続的に協調して活動するのも、それぞれの舞台の中で行われる即席での取り組みや学習と同じくらい重要なものだった。

この例からわかるように、境界を超えてうまくチーミングが行われると、畏敬の念を起こさせるほどの結果が生まれる。複雑な救出作戦を実行するのも、スペースシャトルを打ち上げるのも、莫大な予算を投じた映画をつくるのも、大規模な土木建築プロジェクトを実現するのもすべて、やり遂げるのに複数の専門領域や複数の組織さえも必要とする、複雑で先の見えない仕事の例である。

問題は、専門家同士、組織同士の境界でコミュニケーションがうまくいかないために、チーミングがあまりにしょっちゅう妨げられてしまうことだ。コミュニケーションならとっている、いつ終わるともしれない会議にも出ている、熱心に取り組んでもいる、と人々は思うが、結果としてプロジェクトは失敗に終わってしまう。なぜか。まず、困難な目標を達成するために特異な形態をとっているチームに、個人が持つさまざまな専門知識やスキルや考え方や目標を集めるときには、多様なタイプの境界を超えてコミュニケーションを図るという隠れた困難を克服する必要がある。また境界には、六〇〇メートルの岩や、どの国にいるかで時間帯（タイムゾーン）が違うといった、目に見える境界もあれば、目に見えない境界もある。同じ会社の異なる課に勤める二人のエンジニアが、特定の技術的工程を実行する方法についてそれぞれが当たり前だと思っている考えを知らず知らず、協働して行う仕事に持ち込んでしまうといった場合だ。

この章では、チームメンバーが複雑な問題にともに取り組んでいるときにしばしば渡ることになる境界についてお話しする。まず境界が重要である理由を述べ、それから、今日のグローバル組織でのチーミングに突きつけられる境界の三つのタイプについて説明する。その後、境界を超えてうまくチーミングを行い、組織学習の可能性を生み出すためのガイドラインを示す。

目に見える境界と目に見えない境界

境界とは、アイデンティティを同じくするグループ同士の間の区切りのことである。そうしたグループは、ジェンダー、職業、国籍など、人間が属する意味のあるあらゆるカテゴリーに存在する。アイデンティティを同じくするグループやそれに伴う境界の中には、他より目に見えやすいものがある。たとえばジェンダーは目に見える。職業は、制服でそれとわかる場合は別だが、あまり目に見えない。しかし、目に見えない境界の最たるものは、人々がさまざまなグループの中で持つ当たり前になっている思い込みや考え方である。チーミングを成功させるには、マネジャーとチームメンバーは自分たちが多様な見方を持って集まっていることを、しばしば自分の信念や価値観にとって「正しいもの」を当たり前だと思うようになっていることを認識しなければならない。つまり、団結しようと言うだけで万事がうまくいくわけではないということだ。ともに頑張ろうという気持ちがどんなに強くても、境界はしばしば目に見えない、しかし強力な方法で協働を制限するのである。

当たり前になっている思い込み

教育、資格の取得、雇用、社会生活というプロセスが一因となって信念がつくられ、人々は自分の属するグループや場所を特別扱いするようになり、無意識のうちに自分のグループの知識をとくに重要なものとして見るようになる。それはまるで、一枚の壁を境に、エンジニアとマーケティング担当者を、看護師と医者を、北京のデザイナーとボストンのデザイナーを、別々に分けてしまうかのようだ。

多くの人が自分の側にある知識を当たり前のものと思い、境界線の向こうにいる人たちとコミュニケーションを図るのを難しくしてしまっている。メディア理論家のマーシャル・マクルーハンは簡潔にこう述べた。「水を誰が発見したのか私たちは知らないが、魚でなかったことはたしかだ」。つまり、私たちが日々仕事をしている状況は、私たちの目に見えなくなってしまっていることがしばしばあるのだ。おそらく、魚は水についてさほど考えておらず、当たり前のものと思っているだろう。

ラトガース大学のデボラ・ドーアティ教授は複数の部門から成る新製品開発チームに関して研究を行った。その研究により、さまざまな専門領域から集まったチームメンバーはさまざまな「思い込みの世界」から——それぞれの、当たり前になっていて自分が持っていることにさえ気づかなくなっている思い込みから——離れられないことが明らかになった。[11] 同様に、私たちは一人ひとりが、自分の所属するアイデンティティを同じくするグループ（職業、組織、国など）の価値観や規範の多くを当たり前のものだと思っている。

根本的には、チーミングとはこうした境界を超えてつながり合うこと、つまり境界をつなぐことである。そのためにはそれがどういうものであるかをはっきり認識しなければならない。多くの境界は、今こそそれを壊すのに手を貸す役目を果たすべき人々——専門家、部署の長、お偉方——によってつくられ、強固にされたのである。

違いが人口統計学的な点にあるのであれ組織的な点にあるのであれ、異なるグループの人とコミュニケーションを図ることには小さなハードルがつきものだ。組織の中のチームなら、目標やスケジュールや資源を、他のチームや部門や支部との間で調整しなければならない。それには当たり前になっている思い込みを見つけ出し、明らかにして、誤解や勘違いを避ける必要がある。ところがまさにその性質のために、当たり前になっている思い込みは気づくのが難しい。そのためそれが存在することを肝に銘じ、注意を怠らないことが重要だ。

実際にあった例として、新しい航空機を協働してつくった二つの航空関連組織を考えてみよう。最初の企画会議では、野心的な目標と厳しいスケジュールに全員が同意した。ところがなぜか会話が誤解に満ちた意思の疎通の図れないものになっていった。やがて、「機体が運ばれた」というシンプルな表現を使うときに、二つのグループが別々の意味に解釈していることがわかった。一方の組織は、それは機体が物理的にコントロール・ステーションに運ばれたという意味に解釈していた。しかしもう一方の組織は、そのまさに同じフレーズを、機体が検査場に運ばれ、機械類がすべて技術検査に合格したという意味だと理解していたのである。会議室で困惑するのもさることながら、データの集め方や分類の仕方に影響があるため、言葉の意味するところの違いはこのプロジェクトにとって重大であった。二つの航空関連組織の間で言葉の解釈の仕方にこうしたちょっとした違いがあったというのは誤解の一例だが、この手の誤解はチーミングが境界を超えて行われるときには何倍にも増える可能性がある。

このチャレンジに加えて、マイアミ大学のジェラルド・ステイサー教授らが行った研究により、ある一人のチームメンバーが持っている独自の情報は、大半のメンバーが持っている情報とは対照的に、チームの意思決定においてしばしば無視され、チームのパフォーマンスが大変な損害を被る場合があることが明らかになっている。[12] さまざまなグループの人が集まって、すでに全員がよく知っている知識の一部について議論するのはよくあることである。しかし独自の情報は、その情報が意思決定にとって重大であるときでさえ、表面に現れるのはまれである。グループは意図的にそうしているわけではない。実際、グループの人たちは十分な情報を得た上での決断ができるよう自分たちはメンバーの専門知識を活用していると思っていることが多いのだ。

こうした裏付けのある研究結果は、プロセスを導くリーダーシップもツールもなく、放任されているグループの特徴を述べている。幸い、この章でのちに見るとおり、そうしたトラップは避けることが可能である。

専門化とグローバル化

境界を超えたチーミングの必要性が増しているのは、二つの関連する傾向があるためだ。一つは、知識や専門知識がかつてない速さで進歩していることである。およそどの分野においても、新たな知識の進化のスピードのために、人々は相当な時間を費やさなければ自分の専門領域の最新の情報に精通できなくなっている。とくに技術分野では、新たな知識の急増により、否応なしにいっそうの専門化が起きている。分野が新たな下位分野を生み、新たな下位分野がさらに専門化した下位分野を生んでいるのだ。

たとえば、かつて物理学の下位分野だった電子工学は、一九〇〇年には独立した一分野になり、今日では電力系統、信号処理、コンピュータ・アーキテクチャといったいくつかの明確な下位分野に分かれている。もっと一般的には、技術的知識や専門用語が急増し、他の分野に何か問い合わせをした場合、それが密接に関連した分野であっても、遅れずについていくのが難しくなっている。そのため、高度に専門化した分野の専門家は知らず知らずのうちに、新しい携帯電話の開発であれがん患者の治療であれ、組織の重要な仕事を行うのに協働しなければならなくなっている。

もう一つの傾向は、国際競争のせいで、タイムフレームがかつてないほど圧縮されていることだ。新製品を市場に出すまでのリードタイムも短くなっている。科学研究者も自分の研究に関して地球の裏側にある研究所に先を越される脅威にいっそうさらされるようになっている。また、マネジャーは大きな開発プロジェクトの各側面を計画して、入念に分けられた段階ごとに専門的な作業を完成させようとするが、時間的な制約のためにそうした体系的なアプローチが非現実的なものになってしまっている。さらには、完成した仕事が他の職務や分野という「壁の向こうに投げられる」と、そうしたアプローチはいよいよ非現実的になる。そのようになるのではなく、まず分野間の壁を取り払うこと。それから、プロジェクト関連の同時進行で行われる作業を、チーミングというダイナミックな旅の中で調整し、やり遂げることが必要だ。

個人も部門も孤立した状態では有意義な結果を生むことはできない。別個に開発された個々の構成要素が、一つにまとまって、意味のある、機能的な全体——新製品、長編映画、救出作戦など——になる可能性は、境界を超えた熱心なコミュニケーションがなければ、著しく低くなってしまう。これら二つの要因、すなわち専門化と国際競争が進んでいることを考えれば、人々や部門や専門家の間にある境界をどうすれば超えられるのか、それを学ぶことには数々のメリットがある。そうした壁を壊す方法を理解することは同時に、多様な相違や、それらが作業グループの中にもグループ間にも存在する境界とどのように関連しているのかについていっそう理解を深めることでもある。

境界の三つのタイプ

相違は、チームやチーミングに関する研究の重要なテーマだが、ただ一つの明確な定義となると研究者の間でまだ合意には至っていない。ウォートン・スクールのキャサリン・クライン教授とペンシルベニア州立大学のデイブ・ハリソン教授はそれぞれに、相違を「一般的な属性Xに関して、統一体のメンバー間にある違いの分布」と定義した[13]。一般的な属性には、ジェンダーや民族性、専門的地位、学歴などが含まれる。メンバーが少なくとも一つの属性について異なっている場合チームには相違がある、と考えられるのだ。概念的に、クラインとハリソンは相違を「分離・格差・多様性」という三つの基本グループに分類しており、有用な出発点になっている。これらの基本グループをもとに、**複雑な組織でのチーミングに突きつけられる、よくある三つの境界**を次に示す。

▼**物理的な距離…分離による相違**には、異なるタイムゾーンや通りを少し先へ行ったところにある建物など、場所に関する違いが含まれる。

▼**地位…格差による相違**は、特定の属性が持つ社会的価値に従って、人々を順位付けする。人々は仕事をやり遂げるために集まる必要があるわけだが、チーミングの際には間にある地位の違いにしばしば直面する。

▼**知識…多様性による相違**は、経験や知識、専門知識、教育の違いを述べている。チーミングを行うときにこのカテゴリーで直面する主な境界は、組織の一員であることや専門技術に基づく知識の違いである。

このあとのセクションでは、三つの境界それぞれの例を考察し、それが協働に及ぼす影響を考えていく。いうまでもないが、二つのチームのメンバーが国籍をはじめ、職業、ジェンダー、タイムゾーンについても違いがあるときなど、一度に複数の境界を超えなければならない場合もある。幸い、プロセスの秩序やよいコミュニケーションを確立するのに役立つリーダーシップは、このセクションで述べるチャレンジの克服にも使うことができる。

物理的な距離

地理的な距離を埋める必要性によって、チーミングに関するあるチャレンジが最近増えてきている。多くのグローバル企業において、世界各地に散らばる作業チーム、いわゆる「仮想チーム」が、専門知識を統合することを任されるようになっているのだ。仮想チームとは、テクノロジーを活用することによって、物理的、組織的な境界を超えて仕事をする個人の集まりのことである（グローバル企業のそうしたプロジェクトを一つ、この章で後述する）。

組織における地理的領域は、同じ国の中であってさえ、およそ行き来の不可能な境界を表す場合がある。たとえば内国歳入庁（ＩＲＳ）では、ビル・クリントン大統領のもと、チャールズ・ロソッティ長官が五年の在任期間中にこの機関を率いて大がかりな組織改革を行う以前は、各地方組織は数十年にわたって封土のように振る舞っていた。そして、情報と資源の両方を共有する必要があるにもかかわらず、どちらも共有することがなかった。また、顧客サービス担当者は、地方組織に寄せられる税についての大量で多様な複雑な質問に答えることができなかった。結果として、お粗末なサービスと、不満だらけの顧客が生まれることになった。

ロソッティは、すべての顧客サービス担当者を中央集権的ないわば全米コールセンターに統合することによって、地域と地域を隔てる障壁を取り壊した。担当者たちが物理的に移動することはなかった。地理上はそれまでと同じ場所で暮らし、仕事をしたが、作業負荷を賢明で公平な方法で広げることのできる巨大な仮想サービスチームの一員になったのである。[14] この組織改革によって、納税者からの専門的な質問は、税法のある特定の側面について専門知識を持つ人のところへ、その人のいる場所がどこであれ、送られるようになった。

地位の境界

格差による相違は、チーミングするときに超えるべき境界の中でいちばん困難なものかもしれない。トップにいる人が最も力を持ち、底辺にいる人が最も力を持たない場合、力を持たない人はふつう、はっきり意見を言う気になれなくなってしまう。おそらく、作業チームの中で力の違いとして最もよく見られるのは、職業上の地位と民族性に関するものである。

職業上の地位は、対人リスクを冒すことや率直に話すことについての信念に著しい影響を及ぼす可能性がある。たとえば医療では、医師は看護師より地位や力があり、看護師は技術者より地位が上になる。しかしこうした異なる職業のメンバーが患者の治療のためにチームを組まなければならないことは少なくない。地位による違いは、職業が同じであっても生まれる場合がある。患者の治療のために協力する研修医と上級医師（「指導医」）を考えてみよう。対人リスクを冒すことについて不安に思うと、率直な意見交換ができなかったり協働が妨げられたりするのだ。

エール大学のイングリッド・ネンバート教授と私は集中治療室（ＩＣＵ）の研究を行い、医師と看護師と呼吸療法士の間にある地位の差によってＩＣＵの中の心理的安全に重大な違いが生まれ、率直に話したり質問したり改善努力に参加したりする意欲に影響がもたらされることを見出した。[15]データをさらに詳しく検討すると、いくつかの特別なＩＣＵでは心理的安全に関して地位に基づく差が見られないことがわかった。それどころか、そうしたＩＣＵでは役割に関係なく誰もが、平等にかかわり、患者を治療するという協働作業に参加していると感じていたのだ。また、二年にわたる研究で、臨床転帰の改善がずば抜けていることもわかった。[16]

コーネル大学のジム・デタート教授とともに行った最近の研究では（第2章で述べた）、ピラミッド型組織において率直に話すことについての当たり前になっている考えが、さまざまな地位の人がかかわるチーミングにとって本当のチャレンジをもたらすことが明らかになった。私たちは一人ひとりがそれと気づくことなく、組織階層において自分より上位の人に、アイデアや懸念や疑問をいつ率直に話すべきかについての、染みついて当たり前になっているルールを持っているのだ。たとえば、何かを変えることについてのアイデアはシニアマネジャーには批判として（本当にそうかどうかは別として）受け取られるだろうと、多くの人がなんとなく思い込んでいる。また大半の人は地位のある人を批判したがらない。[17]

ここで留意すべきは、人口統計的な違い（ジェンダーや人種、宗教など社会的カテゴリーに基づく違い）は多様性による相違として見られがちだが、実はそれが、文化や国によっては社会的権力を持っているためにときに権力の序列も強化するという点である。たとえば、組織における権力と地位による差異はジェンダーと人種の差異にそのまま当てはまることが確認されている。[18]さらに、文化的アイデンティティに付随するネガティブな固定概念に気づいている人は、自己成就予言によって、あるいはネガティブな固定観念を克服しなければと認識することによって悩むことになるかもしれない。[19]同様に、無意識に持つネガティブな固定観念は、グループのパフォーマンスをひどく妨げてしまう。人々が問題を避けようとして、ネガティブな固定観念を別のもっとわかりにくい方法で生じさせてしまうためである。[20]

知識の境界

作業チームはしばしば、専門知識における違いに直面する。たとえば、製品やプロセスの改善を担うチームなら、期間限定の集中的なチーミングのために、当たり前のように組織のさまざまな職務の人が集められるようになっているのだ。

チーミングが真価を発揮するのは、さまざまな専門家がさまざまな知識やスキルを協調的な仕事にもたらすときである。製品開発では、技術部がデザインやテクノロジーに関する洞察を、製造部が実現可能な製造プロセスや、正確なコスト見積もりや、試験的および本格的生産に関する洞察を、そしてマーケティング部は顧客受容性や、顧客層、製品の位置づけ、製品計画に関する洞察を提供する。チーミングはこうしたさまざまなスキルや見方を統合するプロセスであり、スケジュールを調整し、適切なときにグループの至る所で資源を行き来させるプロセスでもある。

ところが、さまざまなグループが二つの理由のために、異なる知識を活用したり管理したりするのに苦労している。分野によって意味が違うものになって定着しているために誤解が生じ、グループの間に不信感が生まれてしまうのである。

よくある境界を超えたチーミング

境界を超えて知識を共有することは大きな組織ではあまりないかもしれないが、やってみる価値が大いにある。境界を超えてチーミングの障害を克服すると、個人には貴重な学びが、組織には重要な競争優位がもたらされるのである。前述した三つのタイプの境界を超えて仕事をするには、独特のチャレンジに対する、そしてそれらを克服するテクニックに対する注意が必要だ。**表6-1**に、そうしたよくある境界とそれに対する作戦をまとめているので、参照してほしい。

その表に示したとおり、物理的な相違は距離に、地位の相違はピラミッド型組織に起因する。一方、知識の相違は二つのはっきりとした原因、すなわち、さまざまな組織のメンバーであることとさまざまな職業のメンバーであることから生じている。次のセクションでは、それぞれの境界を超えたチーミングが生み出すものを探り、多様なグループの中でチーミングと学習を成功させる戦略をお話しする。

距離という境界を超えたチーミング

「共有することが、わが社では当たり前のことになっていません」。多国籍の食品会社ダノンの組織開発部長、ベネディクト・ベネナーティはそう言った[21]。一二〇カ国に子会社を持つ多国籍企業ダノンは、多くの部門の地理的な境界を超えて、チーミングを促進しようとしていた。適切なときに適切な量のダノンの商品を小売業者に仕入れさせるといったよくある問題を話し合うのもさることながら、さまざまな国のマネジャーたちは、担当地域に意識を集中していて、他の地域のマネジャーからアイデアを求める機会についてほとんど考えたことがなかったのだ。

ベネナーティが指摘したとおり、問題の一部はこの会社のシニア・マネジャーたち自身かもしれない。「マネジャーたちはチームに仲間内で話し合ってもらいたくないと思っています。もしメンバーが解決策を見つけたら、マネジャーはそれ以上そこにいる意味がなくなってしまうかもしれません[22]」。そうした反応や不安がとても人間らしいのはたしかだが、同時にそれは世界中にあるちょっとしたプロセス改善のチャンスが活かされないのを放っておくことにもなる。

　ベネナーティは知識を共有する必要性を、具体的で実際的な言葉を使って次のように述べた。「社員九万人の企業では、あるチームが抱える問題に対する解決策はほかのどこかのチームがきっと持っています[23]」

　仕事をする場所こそ違うが同様の責任を負っている人々の間で知識の共有と即座の協働を促すために、ベネナーティとその同僚で人事部長のフランク・ムージンは、ナレッジ・マーケッ

表6-1　チーミングと組織学習を妨げる、よくある境界

境界のタイプ	物理的な距離	地位	知識に基づくもの	
原因	地理的に分散されている	ピラミッド型組織	多様な組織による協働	さまざまな専門家による協働
チームの構成	地理的に分散されたチームメンバー	さまざまな権力や地位の人々	異なる企業の人々あるいは同じ企業の異なる部署の人々	教育上あるいは職務上の多様なスキルと専門知識を持つ人々
チームにとってのチャレンジ	誤解。意思の疎通が図れない。協調できない	権力に対する服従という社会規範	組織の目標や価値観から生じた当たり前になっている思い込みによる対立。動機の対立	専門知識をもとにしたサブグループに対するチームメンバーの忠実さ
協働を可能にするもの	他のメンバーの職場を定期的に訪れる。共通の目標に集中する。知識を保存・交換する	リーダーシップによって一体感を生み出し、経験される地位による相違を最小限にする	一人ひとりの考え方を明確に共有する。組織それぞれが持つ価値を重視する。共通の目標に集中する	専門技術に基づく知識を事前対策的に共有する。図面、モデル、試作品などバウンダリー・オブジェクトを使う

トプレイスと呼ぶものをつくった。これは日常業務を中断して行うちょっとした即興劇のようなものである。会社の定例会議の中に組み込まれたナレッジ・マーケットプレイスは、世界各地のマネジャーが一カ所に集まったときに行われた。参加者は衣装をまとって地位がわからないようにし、仕事や作業についてアイデアをどんどん共有した。ヨーダの仮面をつけた部長に提案するのは、その同じ部長がネクタイにスーツ姿でいるときに比べあまり威圧感がなかった。同様に、ダースベイダーのコスチュームを身につけた新しい仲間は、ビジネススーツを着ているときとは違い、率直に話す力がみなぎるのを感じたのかもしれない。マーケットプレイスの雰囲気は底抜けに楽しいもので、多くの人がコスチュームのおかげでアイデアや経験を交換しやすくなっていると話していた。

ダノン・ナレッジ・マーケットプレイスではアイデアや有用な提案がどんどんやりとりされていたが、知識のやりとりの中には事前に練られたものがあった。それらのやりとりを行うために、選ばれたマネジャーたちは成功事例を載せた冊子を用意して知識の共有をスムーズに進ませるよう指示されていたのである。

そうした冊子の中に、ダノン・フランスが新たに無脂肪のデザートを発売するのをダノン・ブラジルのマーケティング・チームが手助けした話を載せているものがあった。ブラジルの既存の製品を採用することによって、ダノン・フランスは三カ月足らずで新商品をフランスの市場に出すことができた。いや、時間を短縮できただけでなく、二〇〇〇万ドル規模の事業を生み出し、売り上げにおいて最大のライバル会社より優位に立ったのである。しかしながらこの結果は、ダノンの首脳部が一種のソーシャル・エンジニアリングを計画し、実用的な知識は地理的な境界を超えては流れないという自然の傾向を克服したたまものだった。チームやグループがじかに会ってアイデアをやりとりできない場合、距離を埋めるためにテクノロジーを頼ることになる。ただ、情報技術を使ったコミュニケーションは独自の問題を引き起こす。

たしかに情報技術のおかげで私たちは、サイバースペースを瞬時に流れる電子メールを送ることによって世界規模の距離を小さくしたり、大陸を超えて文書をファックスで送信したりできるようになっている。しかし、この情報技術は安心感について誤った感覚を与え、地理的に分散されている社員が共同作業《チームワーク》をするのに高速の回線によるインターネットへの接続かテレビ会議設備以上のものは何も要らないと私たちに思い込ませてしまっている。だが実のところ、知識を共有したり統合したりするには、仮想チームが乗り越えるべき障壁が相当あるのだ。

もっとも、一部の組織では、さまざまな考え方同士の間に現実にある物理的距離よりむしろ地理的に離れた領域に散らばるさまざまな考え方そのものこそが、およそ行き来の不可能な境界になっている。また、言葉やタイムゾーンの違いによって引き起こされる明らかなチャレンジに加え、知識のタイプによってはうまく伝わらない場合がある。これは、信頼できる、しばしばきわめて貴重な情報が、その最も近くにいる人たちにとっては当たり前になっているために起きる。そういう暗黙の知識は、遠く離れているチームメンバーの目に見えない状態になっている可能性がある。

距離的な境界を超えた協働の可能性を飛躍的に高めるには、めったに行われないが貴重な、じかに顔を合わせるミーティングのために、物理的に一カ所に集まることだ。これは信頼を築き、協働中に考慮する必要があるかもしれない差異を認識するのに役に立つ。ダノンのナレッジ・マーケットプレイスもまさにそういうやり方で行われていた。これはまた、共通の目標を際立たせ、距離を超えたコミュニケーションを図ろうとする意欲を高めるのにも有用だ。共通の目標は、たとえばチリの救出活動においても、距離的な境界を超えたチーミングの促進に大いに役立った。

また、ITシステムを効率的に使うにはさまざまな課題があるにもかかわらず、大組織におけるコンピュータベースのナレッジマネジメント（KM）・システムは今なお、人々が距離的な境界を超えて一つにまとまるのを手伝う不可欠なツールになっている。最近の研究では、世界中に分散するソフトウェア・プロジェクトチームの中でも他のチームより頻繁に知識リポジトリを使ったチームは、質においても効率性においてもパフォーマンスが上であったことが明らかになっている。[24] 世界中のエンジニアによって開発され、蓄えられている知識を使うことによって、そうした複雑で一時的なチームは貴重な情報と技術を得て、協働的な作業のスピードと質を向上させた。

地位という境界を超えたチーミング

ほとんどの組織に、序列による境界の痕跡がある。また、過去には権力の指揮統制モデルが有効だったかもしれないが、現在、知識経済がますます求めるようになっているのは双方向のコミュニケーションと協働である。

ピラミッド型組織が協働にもたらす多くの問題については、これまでの章でお話しした。序列が及ぼすじわじわと浸透する息の詰まるような影響に対する実際的な解決策も提供してきた（とくに第4章「心理的に安全な場をつくる」を参照してほしい）。しかしながら、必要とされるレベルでの協働を進めるうえで中心となる戦略は、リーダーシップによって一体感をもたらすことであり、そこではグループ内の地位の高い人たちがほかの人たちから積極的に意見を求め、感謝を示すことになる。[25]

シンシナティこども病院新生児集中治療センターの臨床部長、パティー・ボンデュラントのケースを考えてみよう。ボンデュラントは、ユニットのリーダーでもある医師よりむしろ呼吸療法士たちに改善計画プロジェクトをリードさせたほうが、改善が大きく推進されると考えた。そしてこの新しい人間関係について次のように述べた。

転機となったのは、三つのユニットすべての呼吸療法外来主任たちがこう言ったときでした。「失礼ながら、ドクター、これはわれわれの専門です。われわれの仕事はわれわれに任せていただきたい」。それはチームのその後を決定づける瞬間でした。医師はじっと座ったまま言いました。「きみたちの言うとおりだ。意欲的に仕事をしようという人たちがいるのに、私がこまごまと管理をする必要はない」。……ほかの医師たちも率直に言いました。「そうだ、きみたちはその道のプロだ。きみたちの仕事はきみたちに任せよう」。原動力がテーブルの上座にいる一人の医師からチームの全員へと変わり、誰もが等しくチームの一員になったのです。[26]

これは、序列という境界を超えたチーミングの「模範的な瞬間」だ。序列のいちばん下に位置する呼吸療法外来主任たちは、自分たちの価値を実感し、専門知識と考え方の両方について上司にあたる人たちに直接はっきりと意見を述べた。そして序列のいちばん上に位置する医師たちは、じっと耳を傾け、賛同し、学び、それによってプロジェクトのあらゆる面に対するコントロールを放棄した。最も重要なのは、このように境界を取り払った結果として責任について再度話し合うことになり、それによって新生児の患者に対する治療を向上できたことであった。

知識という境界を超えたチーミング

組織と職業が、知識という境界の重要な二つの原因だ。前者が原因となる境界は異なる企業――あるいはＩＲＳの例のように、同じ組織内の異なる部門――で働く人がともに仕事をする場合に必ず存在する。後者が原因となる境界は、組織内および組織間の、専門分野における違いによって生み出される。

組織に起因する知識の境界

組織に所属していると、同じ組織の他のメンバーによって共有される、当たり前になっている知識、つまり「暗黙」知を持つことになる。ともに働く人たちは共通の経験や習慣を持っており、それが仕事をするための間違いなく適切な方法であるように（彼らには）見えるようになっているのである。

この暗黙知は、特定のサプライヤーの信頼性や、特定の道具の性能や、果ては所定の設備の詳細を誰が知っているかという認識についての期待からできている可能性がある。その組織にいるだけで、ある程度のことがわかるようになっているのだ。そういう種類の知識は当たり前のものとされているため、人々は自分の知っていることが共有すべき重要なものだと気づかないことがしばしばある。また、知識に起因するこうした境界が距離に起因する境界とともに存在し、コミュニケーションを図るのをいっそう難しくしていることも事実である。

高度に専門的な大企業の、新製品開発チームの例を考えてみよう。戦略的市場部門の新たな顧客のために、ポリマー開発プロジェクトを担っているチームである。メンバー七人は三つの大陸の五つの地域で仕事をしており、電話会議のおかげで広範なブレーンストーミングや話し合いをすることができたが、新しいポリマーの成分の一つが思いのほか手に入れにくいことがわかった。

そこでチームメンバーの一人が――イギリスのエンジニアで、名前はデビッド・トンプソンだとしよう――本来の仕事での同僚に手助けを頼んだ。もっとも、彼の言葉どおりに言うならこういうことである。「休憩室でおしゃべりしていた」とき、その場にいた同僚がその手に入りにくい成分をつくっているところだという話を偶然始め、トンプソンのチームのために一バレル用意してくれることになった、と。よく知られているこの休憩室での「おしゃべり」は、ふとした拍子に始まる、しばしば重大な、そして遠く離れたところにいる同僚には真価を認めてもらいにくいものである。[27]

技術が飛躍的に進歩しているにもかかわらず、暗黙知が二一世紀においてなお重要な役割を演じているのは当然なのかもしれない。チーミングがぶつかる最大のチャレンジの一つは、他の場所で使うべき暗黙知を積極的に探し出すことによって、最先端技術を介した協働を拡大する方法を見つけることである。これを達成する秘訣は、チームメンバー一人ひとりが所属する組織の同僚にプロジェクトの最低限の最新情報を与え続けることによって、その同僚を仲間にしておくことだ。すると、適切な知識を、専門上のものも組織上のものも、必要なときに提供してもらえるようになる。

このスカウト活動では、適切な知識や専門知識を持っている人を突きとめるために、組織中を横にも下にも探し求めることになる場合がしばしばある。[28] 定期的に訪ねるのも、暗黙知を見つける素晴らしい方法だ。仮想チームに関する研究によって明らかになっているとおり、互いの勤め先を訪ねることは、信頼や理解や協働をたしかなものにするための強力な方法なのだ。[29]その仕事に特有の暗黙知を見つけてよりよいものにできれば、チームは多様な知識をもっと活用できるようになる。そのためには、各組織が持つ価値を重視することが有効である。

職業に起因する知識の境界

どんな職業でもトレーニングというのは、大量の専門知識と用語、そして何より考え方や知る方法をマスターする、長期にわたるプロセスである。経営学専攻の学生は、マーケティング、マネジメント、それに企業の問題を解釈する方法を学習する。医学生は、靱帯、血管、さらには病気の見分け方を学習する。作家なら、言葉の使い方を学習する。

それぞれの職業は、特定の推測や認識論的主張をするようトレーニングされ、それらが当たり前のものになっていくことも珍しくない。また、特殊化した教育や経験の中で獲得される専門用語は、しばしば職業ごとに独自の言葉があることを意味する。これにより、それぞれの職業的コミュニティの「思い込みの世界」を越えてともに使おうとしても、とんでもない誤解を生みやすくなる。多くの場合、意味が失われ、間違いが生じ、相乗効果が現れなくなる。

専門の多様性はイノベーションの重要な源である。さまざまなグループの人々が自分のアイデアや知識を、新たに生まれる統合されたものの中に組み入れていくのだ。このタイプの統合は成熟産業においてでさえなかなか難しいが、オートデスクの建設プロジェクトで起きたような（後述）、新しいあるいは全く初めての問題に直面しているときにはとくに困難である。多くのコミュニケーションを伴うコロケーションと、つくろうとしている革新的な建物についてのわくわくする気持ちがあったからこそ、チームは、その業界で長らく敵対していたさまざまな職業的な境界を超えて信頼を築くことができた。職業的な境界を超えて仕事をすることは、技術的にも人間関係の上でもチャレンジに満ちている。また、クロスファンクショナル（部署の垣根を超えた）・チームの領域を伴ってもいる。

職業的、専門的な違いを持ちつつ組織の部署や機能と同調しているチームは、「クロスファンクショナル・チーム」と呼ばれる。そうしたチームが組織の中で、とりわけ革新プロジェクトを行う場合に増えてきている。クロスファンクショナル・チームを組む目的は、さまざまな分野の専門家を一つにまとめること。彼らはそれぞれ独自のトレーニングによって得た知識を結びつけ、一つの分野だけでは達成できない結果を生み出すことができるのだ。クロスファンクショナル・チームが組織で役立つのは、専門性の高い多様なスキルを組み合わせて団結力の強いグループへとまとめるための仕組みとして機能するからである。こういう形のコラボレーションから得られる明らかな利点は、限定されたレベルの高い情報が、チームメンバーそれぞれから提供されることだ。

たとえば、クロスファンクショナル・チームが組まれたおかげで、シンシナティこども病院および医療センターの移植医フレッド・リックマン博士は、とうてい克服できそうになかった、手術室のキャパシティを超えたスケジューリングを乗り越えることができた。

その病院は、少なくともあと一つ手術室がなければ、増える一方の手術に対応できない状態だった。この限界のために、患者はより長く待つことになり、外科医は問題がないと思われるよりも長時間仕事をしなければならなかった。しかし新たに手術室を設けるには二五〇万ドル以上かかる。それは工面するのが難しく、多大な時間をかけなければ用意できない金額だ。リックマンはほかの外科医とともにキャパの問題に取り組んだが、残念ながら、実行可能な解決策を見つけることはできなかった。使える資源を分かち合う必要性はみな理解していたが、高まる需要を満たすために一日の時間を延ばす方法など誰にも見つけることはできなかった。

やむなく、リックマンはコンピュータ科学者と統計学者とチームを組んだが、それによって別の、革新的な可能性を探ることができた。統計学者は問題を要約し、それを到着時刻、手術時間、日付といった数字の一つに変えた。コンピュータ科学者はデータをまとめ直して複雑な分析を行った。ほんのわずかな時間で、異なる背景を持つ専門家チームは力を合わせ、手術室の割り当てに関する既存のシステムを設計し直す方法を見つけたのだった。

リックマンがクロスファンクショナル・チームを組むことによって初めて、解決策が見つかる可能性が生まれた。手術室の外にいる専門家たちは、リックマンがそれまで考えたこともなかった質問をした。結果として生まれた変化によって、手術室のキャパとスケジュールについて以前は当たり前の前提として考えられていたことに、新しい方向性も与えられた。リックマンとチームは力を合わせて、手術室の使い方を劇的に変えて向上させるモデルを生み出したのである。患者が病院のシステムをどのように通っていくかによって手術室がどれくらいうまく使われるかに大きな違いが生まれることを、彼らは見出した。リックマン自身が語った言葉を読むと、どういうことか詳しくわかるだろう。

手術室の流れをスムーズにし、予定されている手術用と予定外の緊急手術用に手術室を振り分けることによって、仕事量を五パーセント高めることができました。大した数字に見えないかもしれませんが、手術室は二〇あるので、五パーセント高めたというのは使える手術室が一つ増えたのと同じです。一般的な手術を行う標準的な手術室をつくるには二五〇万から三〇〇万ドルかかります。MR装置をそろえた神経外科用なら、一〇〇〇万ドル近くになります。うまくやりくりできさえすれば、新たな手術室をつくる必要なんてないんです。[30]

研究によって明らかになっているように、職業的な境界をなくすというチャレンジは、さまざまなグループの融合が起きる「バウンダリー・オブジェクト」と呼ばれるものを使うことによってハードルが下がる。図面や試作品や部品のようなバウンダリー・オブジェクトは知識がはっきりした形をとって現れたものである。

ボストン大学のポール・カーライル教授は、自動車産業の新製品開発チームの中にある知識の障壁を研究した。そして、バウンダリー・オブジェクトによって、職業や専門知識による境界が取り払われやすくなることを見出した。模型や図の要素を示したり話し合ったりすると、専門用語のわかりにくさが解消されるのである。[31] 同様に、カリフォルニア大学デービス校のベス・ベッキー教授は、生産施設で直接会って仕事をしている間にエンジニアと専門家と組立工が意味を具体的にし、やがて境界を超えて通じ合えるようになることを見出した。[32] このプロセスによって彼らは目の前にある製品や問題に対する理解を深めていくのだが、それは単に話し合うだけでなく共通の行動を含むプロセスであり、たとえば共通の機械を囲んで会合したり、さまざまな見方を統合して共通の理解を深めたりといったことも行われる。また、専門技術に基づく知識の共有を促進することも可能になる。

職業と組織の組み合わせに起因する知識の境界

専門知識や職業に起因する知識の境界が、企業間にある知識の境界と混同されると、チャレンジはいっそう厳しいものになる。たとえば複雑な建設プロジェクトでは、複数の企業はもちろん複数の専門分野が一つになって、独特の制約や目標のある、特別注文に応じた建築物をつくることになる。このプロセスの参加者——オーナー、建築士、技師、建設業者——は伝統的に、目の前にあるさまざまなリスクに対してチーミングではなく法的な契約によって対応し、職業間において深い不信の念を抱き続けるという歴史を業界に残してきた[33]。次のセクションでは、こうした組織的な境界が生み出した不信と誤解を払拭する戦略についてもお話しする。

最近の革新的な建築プロジェクトの中には、プロジェクトの最初から最後まで境界を超えたチーミングを行うことによって、建設業界の非生産的なダイナミクスを変えようとしてきたものがある。その目標は、複雑で独特なプロジェクトにつきものと言ってもいい小さな失敗を避けること、そしてもちろん大きな失敗も回避することである。私は同僚のファーイザ・ラシッドとともに、そうしたアプローチを行う「統合されたプロジェクトの実行（IPD）」というプロジェクトを研究した。

勤め先も職業もさまざまな人たちが、この一大建設プロジェクトに参加し、プロジェクトの始めから終わりまで緊密に連携して作業することに同意した。建設現場近くの一つの作業場でともに寝起きし、全員が一通の法的な契約書にサインした。予算、期限、美しさ、環境維持のいずれにおいても高い目標を掲げたためにプロジェクトが特別に困難なものになったにもかかわらず、チーミングはうまくいき、信頼感が高まった。結果として、受賞に輝くビルが、ソフトウェア会社オートデスクのボストンエリア本部のために完成したのだった。[34]

あらゆる種類の境界を超えてチーミングを行うと、参加者は他分野の知識を増やせるかもしれない。多様なチームの中で仕事をすると、参加者は他の地域の組織にいる仲間との間にネットワークを広げ、境界をつなぐスキルを高められるかもしれない。この最後のポイントはとくに重要だ。今日の複雑きわまりない問題を解決するためには、およそどのチームも、複数のタイプの組織的な境界をまたいで仕事をしなければならないからである。次のセクションでは、リーダーが境界を超えたコミュニケーションを促進するのに役立つ方法をお話ししよう。

境界を超えたコミュニケーションをリードする

境界を超えたコミュニケーションを促進するためにリーダーにできる行動は三つある。一つは、共通の目標をフレーミングして、人々を一つにまとめ、コミュニケーションの障壁を乗り越えようとする意欲を高めること。次は、関心を示し、情報を共有したり質問をしたりするのを適切な行動だと認めること。最後は、プロセスの指針を示して、コラボレーションの構築を後押しすることである。これから、三つの行動を一つひとつ詳しく検討していこう。そして、これまでお話ししてきたような障壁があるにもかかわらず、そうした行動によって、境界を超えたチーミングをどのようにスムーズに行えるようになるのかを見ていこう。

上位の共通目標を設定する

チーミングという複雑な取り組みにおいて、個人やサブグループは途中たくさんの小さな達成すべき目標（それ以上岩を崩落させることなくドリルで穴を掘る、見た目に美しいビルを設計する）を持つことになるが、何より重要な、つまり「上位の」目標（鉱山作業員を救出する、野心的な建設プロジェクトをスケジュールと予算を守って遂行する）を共有すると、注意深くとことんコミュニケーションを図ろうという人々の意欲を高めるのに役に立つ。（第4章でお話ししたとおり）共通の目標を重視することは、フレーミングするというリーダーのきわめて重要な仕事の一つとして考えるべきである。目標は、重要で気持ちが奮い立つものとして（患者の快復が早くなるようにする）、あるいは単にもう一つの仕事として（新しい技術を導入する）フレーミングすることができる。また、目標達成へ向けて進むべき道がはっきりしない場合は、学習する機会として上位の目標をフレーミングするといい。

学習の機会として共通の目標をフレーミングすると、立場を対等にするのに役立ち、意見を率直に言いやすくなる。また、心理的に安全な環境をつくるのにも有用だ。チームメンバーは、互いの「思い込みの世界」に対する理解を深める取り組みにおいて、「くだらない」と思われるかもしれないことを、不安なく質問できなければならない。メンバーは自分たちの考え方を、気後れせずに共有できる必要があるのだ。

境界を超えたチーミングによる、目を見はるような成功を収めたプロジェクトといえば、北京オリンピックのためにつくられた水泳施設、ウォーターキューブの設計と建設がある。目標は明確でわくわくするものだった。競泳と飛び込みのための、記憶に残る象徴的な施設で、中国文化を反映していること。他の施設と一体感があること。エネルギー消費を最小限に抑えること。デザインは国際コンペで競うので、斬新でユニークで心の躍るようなデザインであることを誰もが望んでいた。そしてもちろん、オリンピックが始まるまでに完成される必要があった。

構想から完成まで記録的なスピードで作業が進められたウォーターキューブは、分野を、大陸を、組織を超えたチーミングを活用していた。オーストラリアのシドニーにあるアラップで上級主席建築技師を務めるトリストラム・カーフレイに率いられ、四つの組織（アラップ、PTWアーキテクツ、中国建築工程総公司〔CSCEC〕、中建国際設計顧問有限公司〔CCDI〕）から集まった八〇人を超える人々によるチーミングが、四つの国の二〇の分野やオフィスを超えて広がったのだった。

関心を持つ

人々が境界を超えるのを手助けするために、リーダーはほかの人が考えていることや、心配に思っていること、ぜひとも達成したいと思っていることについて、偽りのない関心をみずから示し、同様の関心を持つことをメンバーにも促さなければならない。ほかの人たちの心を動かすものについて私たち自身の興味を深めていくことで、他人の考えや感情に対する関心を安心して表現できる環境をつくれることに一人ひとりが貢献できるようになるのだ。

MITの教授で、組織文化の傑出した研究者であるエドガー・シャインは、「一時的な文化の島」という言葉を使って、多文化の作業グループの中で重要な職業的、個人的情報を共有するプロセスを説明している。そのプロセスには、具体的な経験や感情について話すことが含まれ、ファシリテーターとして振る舞うリーダーの思慮深い質問によって活気が増す。シャインの説明によると、文化の違いが原因で生じる権威や親密さに関する思い込みは文化的に多様なチームでは重大な問題だという。ある文化では当たり前だとされる権威のルールを誰かが破ると（地位の高い人になれなれしい態度で話す、など）、別の文化の人はそれを不快なものとして経験するかもしれない。話をして、そうした問題点が明らかにされることにより、境界が消えていく。[35]「文化」という言葉が、国や企業、職業、その他アイデンティティを同じくするさまざまなグループに使えることに留意しよう。

同様に、ウォータキューブのチームは、何度かメンバーを呼び集めて、設計のアイデアを話したり、可能性をブレーンストーミングで話し合ったり、設計要素の文化的意味の国による違いを掘り下げたりすることによって、関心を深めた。さまざまな文化を超えて話をすることは、このチームにとって重要なチャレンジだった。素晴らしい結果を生んだ一つの秘訣は、どちらの文化にも精通している専門家同士を交換して、もう一方の会社の中に入ってしばらく仕事をしてもらったことだった。この文字どおり境界に橋を架けた人たちのおかげで、プロジェクトの他のメンバーは互いの言語や規範、習慣、期待に関心を払うようになったのだった。

プロセスの指針を示す

どのような複雑なチーミングにおいても、全員が従おうと思うプロセスの指針を確立することが重要である。境界を管理するための戦略も不可欠だ。資源や決定事項を調整するために個々のチーミング活動をいつ一つにまとめるか、タイミングを明らかにするための指針も必要になる。

そのためカーフレイとチームは「インターフェース管理」のための戦略を採用し、プロジェクトを物理的、一時的な境界に基づく「ボリューム」に分けた。各ボリュームは下位チームが所有した。どんなものであれ境界に触れたり超えたりするときにはインターフェースが存在した。通常のインターフェース調整会議は物理的、機能的、契約上、作戦上の境界を管理するために行われた。徹底したドキュメンテーションによって、チームはほかの方法ならそうした境界で起きたかもしれない誤りを排除し、材料や資金を節減し、頭痛の種を取り除いたのだった。[36]

リーダーシップのまとめ

学習とイノベーションという複雑で相互に依存する仕事は、一人きりでも、決められた順に（人任せのシナリオで）作業をこなすだけのグループでさえも、成し遂げることはできない。新製品の開発であれ、医療の提供であれ、国税の徴収・処理であれ、多数の分野や地域が、しっかり仕事をするのに力を合わせることをますます必要とするようになっているのだ。

今日の成功しているチームは共有の会議テーブルを囲んで仕事をするのではなく、いくつもの境界を超えて協働している。しかし、境界を超えたチーミングにとっての障壁が軽視されている場合は少なくない。職場によっては、毎日顔を合わせるために、互いに話をしてアイデアを共有することが難なくできているところもある。あるいは、責任を共有する人同士が何千マイルも離れていて、コミュニケーションを図るのが難しくなっている職場もある。また、チーミングを行うときに超えるべき境界は、国境だけではない。職業的、階層的、文化的な領域にも存在しているのである。そのため、効果的なチーミングの第一歩は境界に気づいて受け容れることから始まる。

多様性は、知的、機能的、その他の境界を超えた知識を結びつけて新たな可能性を生み出す。研究から明らかなとおり、グループも個人も分野間の、そして地域間の境界をつないだときのほうが多くを学ぶこともできる。しかしこれを実践するのは容易ではない。組織の中の境界も組織間の境界も、情報の流れを妨げ、協働の邪魔をするのだ。

そんな境界をどうすればつなぐことができるのかを、チームリーダーとチームメンバーは学ばなければならない。幸い、支援を求める、手助けを申し出る、関心を示す、解釈を言葉にして述べるといったごくふつうの行動が、協働を邪魔するものの力を弱めるにあたり、目を見はるほどの効果を発揮する。

リーダーは、知識の共有や協働を邪魔する境界を壊すうえで重要な役割を果たす。リーダーシップによる一体感、知識交換の創造、バウンダリー・オブジェクトを活用して、リーダーは共有とイノベーションのベストプラクティスを増やすことができるのだ。

忘れてはならないのは、地位による差異が目立つチームに渦巻く不安がコミュニケーションや共有を妨げるかもしれないことである。心理的安全があれば、境界を超えてコミュニケーションを図ったり試みを行ったりするのが容易になることは、研究によっても明らかだ。[37]

組織が包括的な環境を生み出し、組織的境界を超えて知識を交換したり活用したりできるようになると、人々は「学習しながら実行する」という新たな活動の仕方を実践し始める。次の第3部で深く掘り下げるこの「学習しながら実行する」とは、たゆまぬ学習と向上を生産性と結びつける反復プロセスである。

Lessons&Actions

□今日の職場でチームを組む人々が、同じ信念や考え方や意見を持っていることはまずない。そうした差異は、意識して注意深く管理されなければ、協働の邪魔をするかもしれない。

□「境界」という言葉は、ジェンダーや職業や国籍を含め、人々の間にある目に見える領域と目に見えない領域の両方にあてはまる。また、境界は、人々がさまざまなグループの中で持つ当たり前になっている思い込みや多様な考え方がもとになって存在する。

□境界をつなぐには、あらゆる種類のグループ内やグループ間に存在する障壁を超えて通じ合おうとする意図的な試みが必要になる。技術の急速な発展やグローバル化の重視により、今日の職場環境においては境界をつなぐ重要性が非常に高まってきている。

□チーミングを行うときに最も多くぶつかる境界は三つある。物理的な距離（場所に関する相違）、知識に基づくもの（組織や専門知識に関する相違）、地位（序列や職業的な地位に関する相違）の三つである。

□上位の目標を設定し、関心を深め、プロセスの指針を示すのは、境界を超えたよいコミュニケーションを促進するための重要なリーダーシップ行動である。

□地理的な境界を克服するために、グループメンバーは定期的に他のメンバーの職場を訪れ、その職場特有の知識にしっかりと注意を払い、知識の保存と交換に貢献すべきである。

□組織の多様性によって生まれた知識の境界を克服するために、グループメンバーは一人ひとりの観点を共有し、各組織がもたらす価値を重視し、集団的アイデンティティを確立すべきである。
□組織の多様性によって生まれた知識の境界を克服するために、グループは専門技術に基づく知識を共有し、集団的アイデンティティを確立し、図面、モデル、試作品のようなバウンダリー・オブジェクトを活用すべきである。
□ピラミッド型組織の境界を克服し、経験される地位による相違を最小限にするために、リーダーはどんなものでも受け容れる姿勢を持ち、事前対策的にグループメンバーと会話をすべきである。

第3部
学習しながら実行する

第7章 チーミングと学習を仕事に活かす

この章では、学習しながら実行することを探っていく。これは、学習と実行を区別する昔ながらの管理方法とは対照的な活動の仕方である。実践している組織はまだ稀だが、学習しながら実行すると、どんな組織レベルにおいても、すなわち製品開発チームでも、病院の緊急救命室でも、自動車の組み立て工場でも、優位に戦うことができる。ひとことで言えば、学習しながら実行するというのは、学習する組織の活動の仕方だ。実行のあらゆる側面が、学習する姿勢を持ち、学習行動を存分に活用して、行われるのである。

学習は、どんな組織にとっても、長く競争力を持ち続けるのに不可欠だ。第6章で見たとおり、そうした学習は、分野や国籍や大陸さえも超えて仕事をする人々の間で行われる場合がある。組織で活動するための新たなよりよい方法も、現在のプロセスを改善する方法でさえもが、個人が単独で仕事をしているときより、チームベースで柔軟に取り組んでいるときのほうが、頻繁に見つけ出されているのだ。私の研究を含め、過去二〇年ほどにわたって行われた研究によって、学習と組織の有効性の基本的な源がチームであることがわかっている[1]。そのため、二一世紀の職場がチームべースの学習を重視しているのは、少しも不思議ではない。

この章では、学習しながら実行することについて、詳しく探っていく。どのように行えばいいのか、どのように始めればいいのか、プロセス知識スペクトル上にある組織においてどのようなものに見えるのか。また、所属する組織のプロセス知識スペクトル上の位置に応じて、どのように調整すればいいか、判断のための枠組みも提供する。詳細なケーススタディでは、調整しないとどうなるかを紹介する。

それでは、学習しながら実行することの要素を述べ、効率を追求しながら実行する場合とどう違うのかを説明し、実践するための四つの不可欠な手順をお話ししよう。

学習しながら実行する

学習しながら実行するとは、組織が学ぶと同時に前進できるようなやり方で活動することだ。つまり、作業グループや部門や会社全体が、調整したり即座に行動したり革新したりするのと平行して、製品やサービスをしっかり顧客に提供するということである。それは慎重に、かつ意図的に繰り返される活動の仕方であり、そこでは行動と省察を切り離して考えることはできない。また、**図7-1**にあるとおり、四つのステップ——診断する、デザインする、行動する、省察する——から成り、チーミングと学習するための組織づくりという土台に支えられている。

学習しながら実行することは、小さなグループやチームで行われる。グループには、工場の製造ラインのような、変化の少ないものもある。病院で患者を治療する、あるいは複数の部門から成るチームで新商品をデザインするといった、一時的なグループもある。しかし、どちらのグループであっても、学習しながら実行することは協働して行うものになる。行動に対する可能性を示唆し、結果を理解するには、多様なスキルと視点が必要だからである。協働するというのは、つねに、意見や感想をくれる人がいて、新しいアイデアを試せるということなのである。

チームベースの、仕事に的を絞った学習

学習しながら実行するという活動の仕方にとって、チームを使うことは重要だ。率直な話し合いをするチーミングなど、この仕事には必要ないと思われる場合でも、である。

たとえば、トヨタの生産工場の組み立てラインはそれぞれがチームとして機能して

図7-1　学習しながら実行することの土台

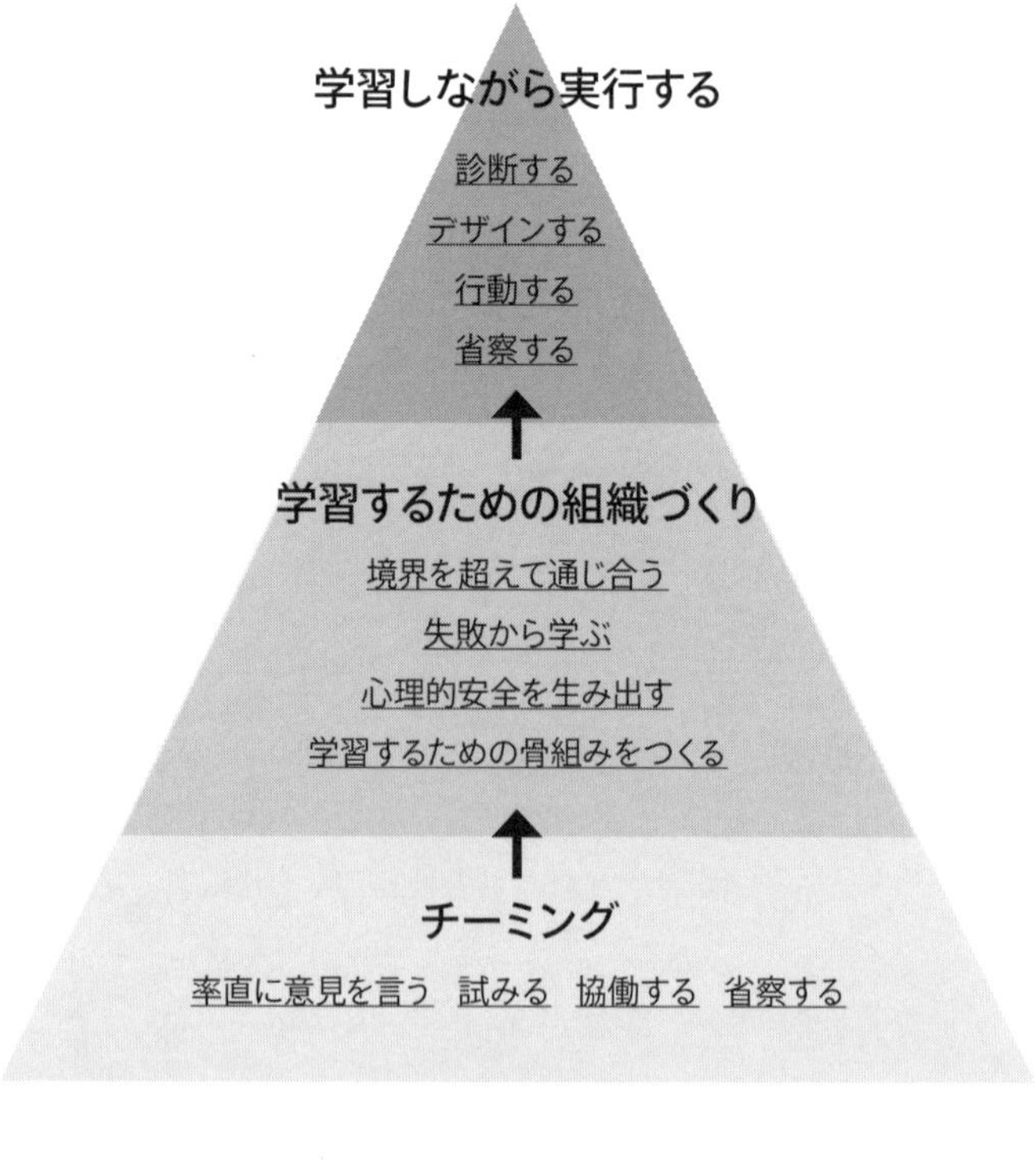

いる。自動車の組み立て作業の性質がチーミングを必要としているからではなく、絶えず向上していく活動がそれを必要としているためである。トヨタの組み立て工場で絶えず改善を図るとき、人々は協力し合って、問題を診断して突きとめ、ブレーンストーミングで修正の可能性を探り、解決策を試している。そうした環境では、問題解決のサイクルはきわめて速い。この章で後述するが、問題を突きとめてから解決するまで一分とかからないこともしょっちゅうなのだ。トヨタは何十年もの間、学習を実行に組み入れることに取り組み、確実に経済的価値を積み上げ、質の高さで数々の賞に輝いてきた。この章では、近年に至って学習しながら実行することが滞ったときトヨタでどんなことが起きたかもお話しする。

　学習しながら実行することは熟成され、トヨタとは全く異なる環境で行われる日々の仕事にも組み込まれている。ユタ州とアイダホ州に本拠を置き、世界で最も優れた医療提供システムの一つだと広く認められているインターマウンテン・ヘルスケアである。詳細はこのセクションの後半でお話しするが、相互に結びついた一連のチームが医療文献の中からベストプラクティスを見出し、必要に応じて修正を加え、コンピュータ支援のプロトコルに組み込み、さらによいものにしていくため定期的に意見を伝えるよう患者のケアをする人すべてに対して要請しているのだ。

　サウスウェスト航空もチームベースの学習を行う組織の好例である。社員は空港でのターンアラウンドを目を見はるような速さで行っている。あらゆる種類の業務評価において、顧客の満足度を犠牲にすることなく、つねにライバルを凌いでいるのである。[2]

あえて困難な道を選ぶ

うれしいことに、学習しながら実行することは、およそどんな状況でも必勝法になる。トヨタも、インターマウンテン・ヘルスケアも、サウスウェスト航空も、それぞれの業界でトップの業績を上げているのだ。ただ残念ながら、それはめったにあることではない。自動的に実践されるものではないからである。

学習しながら実行するという姿勢で仕事をするには、プロセスの各ステップを明確にしてほしい、結果を保証してくれる指示が欲しいと思う気持ちと戦わなければならない。必要なのは、あえて困難な道を選ぶこと。学習しながら実行することを仕事の仕方として受け容れるというのは、どんなプロセスも必然的に不十分であり、わずかだとしても改善できる可能性がつねにあると受け容れることなのである。

学習しながら実行するためには厳しい規範を求められる。人々はつねに、今ある答えが不完全であることを意識し、仕事をするための新しいよりよい方法をみんなと協力してぜひ見つけたいと思うことを求められるのだ。それは、学習するという目標が今ある業績基準の目標より優先されるということではなく、学習が行動によって生まれた貴重な副産物となるような方法で仕事をすることが大切だということだ。

学習しながら実行することは困難を伴うものだが、それは大半の人が、うまくいくプロセスがあって、それに従っているかぎり非難されないことがわかっているという間違いのない方法をよしとしているからである。ほとんどの人は、直面している問題に対して当てになる解決策がないと困ると思っているし、また、そつなく仕事ができていることを実感したいとも思っている。ところが、学習しながら実行すると、個人としても集団としても自分が必ず過ちを犯すものであることを受け容れざるを得なくなる。さらには、「成功は失敗のもと」だと肝に銘じることになる。成功が続くとつい自己満足したり傲慢になったりしてしまい、そうなれば、昨日までは成功の必勝法だったものがゆっくりと、しかし確実に力を失っていくそのサインに、なかなか気づけなくなってしまうのである。

学習しながら実行することVS効率を追求しながら実行すること

学習しながら実行することは、効率を追求しながら実行すること――組織の古典的な管理方法を表す決まった表現だ――と比較するといちばんわかりやすいだろう。

効率を追求しながら実行する場合、リーダーは答えを与える。トップに立つ人間は製造や顧客サービスの最前線に立って仕事をする人たちより結果を手に入れる方法を詳しく知っていると考えられているのだ。トップの人々は、自分たちが雇った頭がよく専門技術を持つ人たちとともに、かなりの労力を注ぎ込んで最適な作業プロセスを見つけようとする。そういう労力を費やすせいで、変化が魅力のないものに（そしてめったに起きないものに）なってしまう。何かを変えるのはとんでもない大仕事だとみな知っているからである。

また、フィードバックはたいてい一方通行であり、する義務のあることをすべきかどうかを上司が部下に伝えるだけで、部下が解決策や判断を提供するよう期待されることはない。

結果として、効率を追求しながら実行する場合には、人々を画一的にするためのツールとして、得てして不安が使われることになる。実際、作業に判断や創意工夫がほとんど要らず、そうした作業が一人で行われ、一定の品質をたやすく維持できる場合、それとわかるほど悪い結果を出さないようにしなければという気持ちに、不安によってし向けられてしまうのだ。不安は、職場環境を不快なものにするかもしれないが、製品の質や個人のルーチンワークに対する効率性を下げることはあまりない。対照的に、チーミングと学習が仕事の一部になっている場合、不安は深刻な影響を及ぼす。

学習しながら実行する場合、リーダーは答えを与えるのではなく、方向性を定める。方向性を定めるとは、その組織にとって最も重要な優先事項を述べることである。それが顧客サービスを改革することなのか、製品の質を改善することなのか、あるいは病気の治療法を見つけることなのかは、環境によって変わる。実現する方法については、リーダーははっきり言わないし、言うこともできない。そのため「答え」は示された方向へ向かいながらみんなで協力して見つける、あるいは改善することになる。

「てきぱき仕事をやり遂げよう」とするマネジャーにとって、このプロセスははじめは骨の折れる、なかなか進まないものに見えるかもしれない。しかし人々を引き込み、積極的に考え、学習してもらう取り組みが勢いに乗ると、人々は最前線で一人でイニシアチブをとることへ注意と関心を向けるようになる。そうなるためには、これまでにお話ししたとおり、不安を軽くすることが欠かせない。**表7-1**には、学習しながら実行する場合と効率を追求しながら実行する場合の差異を要約してある。

ベストプラクティスは動く標的である

学習しながら実行する場合、出発点として仮の作業プロセスが設けられる。これによって改善が促され、同時に、うまくいっていることといっていないことについてさらに多くが学ばれることになる。このアプローチを採り入れている組織の一つが、医療の質とプロセスの効率性を高く評価され続けている病院と診療所の総合ネットワーク、インターマウンテン・ヘルスケア（ＩＨＣ）である。

ＩＨＣでは、さまざまな医療分野の専門家である上級臨床医のチームが、自分たちの専門知識と医学研究を活かしてプロトコルを開発した。これは基本的には、病院の臨床医療のスタッフが特定の病気を持つ患者を治療するときに従うべき手順のリストである。プロトコルはその後、病院のコンピュータ支援システムに組み込まれ、

表7-1　学習しながら実行することと効率を追求しながら実行することの違い

効率を追求しながら実行する	学習しながら実行する
リーダーは答えを持っている	リーダーは方向性を定める
決まった作業プロセスが導入される	出発点として意図的に仮の作業プロセスが設けられる
変わることは大変な労力を伴う仕事だと考えられる	絶えず少しずつ変わることが日常的になる
一方通行のフィードバックがなされる	双方向のフィードバックがなされる
社員の判断は阻止される	社員の判断は不可欠である
上司を恐れるのはふつうのことである	不安があると試みや分析や問題解決が妨げられる
目標：今日にも利益を勝ち取ること	目標：長期的な価値を生み出すこと

病院での患者治療を決める臨床判断に役立てられている。この学習システムを考えたのは、医師で統計学者でもあるＩＨＣの最高品質責任者、ブレント・ジェームズ博士だ。もしあなたが今、医者たちは何をすべきかコンピュータに指図されたくないのでは、と思っているなら、いかに困難なチャレンジだったか想像がつくだろう。いったい、ジェームズ博士はどのようにしてうまくやり遂げたのだろう。

　プロトコルの使用を促すコツは、すべての臨床医に対し、行動基準としてではなく出発点としてプロトコルを使うよう求めることである。プロトコルにあるものとは違う臨床判断を医師がしたときにはいつでも、医者はプロトコルではなく自分の判断を信頼すべきだというのである。ただ一つだけ条件があった。医師は、患者に対して実際にしたことを記録し、その情報を臨床支援情報技術（ＩＴ）システムを通してＩＨＣへフィードバックするよう求められたのである。このフィードバックによって、各専門家チームは医師の職務中の経験から学習できるようになる。チームは定期的にプロセスデータを研究し、どんな変化が必要かを見つけ出すのだ。学習しながら実行するこのシステムのおかげで、患者は最新の医療文献という知識に即した治療を受けることができ、同時にシステムは、**図7-2**に示したように、休むことなく続けられる学習の繰り返し《ループ》によって最新の状態を絶えず更新できるようになる。

　専門家チームのもとにフィードバックがどんどん蓄積されると、二つのタイプの改善が可能になる。一つは、業務を行っている医師がプロトコルの誤りや弱点を発見し、それらが修正版プロトコルにおいて改められること。もう一つは、プロトコルがいっそうきめ細かいものになる、つまり、多様なサブグループの患者一人ひとりにもっと適合させられるようになることだ。たとえば、

図7-2　インターマウンテン・ヘルスケアにおける、チームベースの学習システム

プロトコルのオーバーライドと臨床研究が、
専門家チームの絶えず続く仕事の特徴になっている

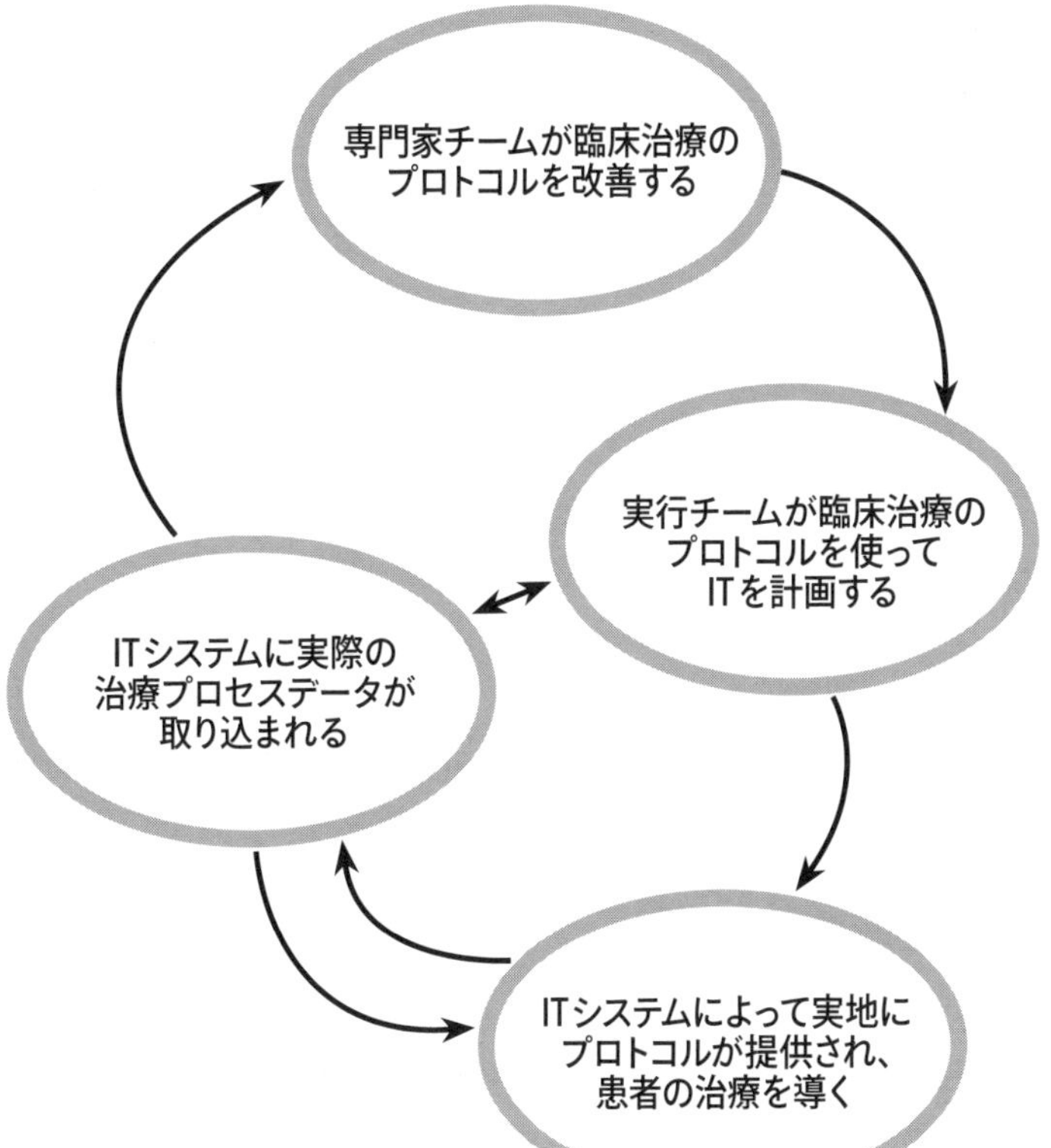

専門家チームが臨床治療のプロトコルを改善する
実行チームが臨床治療のプロトコルを使ってITを計画する
ITシステムによって実地にプロトコルが提供され、患者の治療を導く
ITシステムに実際の治療プロセスデータが取り込まれる

糖尿病の患者全般に使えるプロトコルを提供するのではなく、患者のグループは年齢、性別、体重などに基づいていくつかに分けられ、グループそれぞれの状況に合うよう精度を増したプロトコルを提供されるようになるのである。

仕事をするための、いつも決まって使える最良の方法が一つあると思わず、さまざまな業界の多くのマネジャーが、「ベストプラクティス」とは動く標的であることを認識している。そのため、人々のやる気を高めて現在のやり方をよりよいものにしつづけるのを手伝ってもらえるよう努力をしている。また、学習しながら実行するシステムで仕事をしている人たちは、ちょっとした試みをしたり改善点を提案したりすることによって、システムが進化するその後押しをしている。明らかに、社員の判断が不可欠なものになっており、フィードバックがマネジャーから部下へも、部下からマネジャーへも流れているのである。

プロセス知識スペクトルを使う

学習しながら実行する体制づくりは、仕事をしている環境の重要な特徴を理解することから始まる。とくに重要なのは、期待される結果を出すために現在使える知識がどの程度あるかを、つまり、仕事がプロセス知識スペクトルのどこに位置しているかを評価することだ。仕事のこのスペクトル上における位置がわかると、学習というチャレンジを、進歩、問題解決、リスク軽減、あるいはイノベーションの一つとしてフレーミングしやすくなるのである。

自分の仕事がプロセス知識スペクトルのどこに位置しているかを知る

たいていの組織において業務には複数の作業状況――ルーチンの業務、複雑な業務、イノベーションの業務――があるが、組織文化と経営アプローチに影響をもたらしているのはふつう一つだけだ。そのため、仕事に対してまずすべき意義深い診断が、なかなかなされない。最初の一歩として行うべきだと思われるのに、である。ほとんどのマネジャーが、支配的な環境を当たり前のものだと思っているのである。たとえば、自動車産業の核心は大量生産である、大学病院の存在意義はカスタマイズされた複雑な治療を特異な患者に提供することにある、基礎科学は発見がすべてである、といった具合だ。

自分の仕事は言うまでもなくルーチンだ、ニーズに合わせて変更される仕事だ、創造的な仕事だ、などと考えるのは簡単なので、思慮深く判断するためには立ち止まってよく考えることが重要である。たとえば、マネジャーはこんなふうに自問するといいかもしれない。たしかに自分は創業一〇〇年の自動車会社で仕事をしている。しかし今管理しているこの状況に求められるのは十分に理解されたプロセスだろうか、それともわれわれがしようとしているのは複雑なこと、あるいは革新的なことだろうか。研究所のマネジャーなら立ち止まってこう考えるといいかもしれない。ここはたしかに科学研究所だ。しかし特定の業務環境、たとえば給与支払い管理や供給管理といった部署ではもっと効率的な手順を求めているかもしれない。大半のマネジャーは、自分の仕事がプロセス知識スペクトルのどこに主として位置しているか、意識的には考えない。そのため、環境が変化して異なるアプローチが求められていることにしばしば気づくことができずにいる。

仕事の中には、きちんと規定されたプロセスがあり、所定のグループや部門で決まった作業を繰り返すという形をとるものもある（組み立てライン、コールセンターなど）。一方で、なじみのない状況が現れ、グループの枠を超えて即座に行動したりすばやく調整したりすることを求められる仕事もある（複数の病気にかかっている患者に対する診療など）。あるいはまた、目標達成の方法がまだよくわかっていない場合もある（糖尿病の治療、経済的に実行可能な再生可能エネルギーなど）。そうした目標は発見とイノベーションによってのみ達成されるだろう。いうまでもなく、学習というチャレンジは状況によって変わってくる。**表7-2**に示したとおり、管理の焦点、不確実性のレベル、相互依存のレベル、失敗の役割、成功の性質は、プロセス知識スペクトルにおける三つの業務のタイプによって異なるのである。

不確実性と相互依存を診断する

手に入る知識の程度と質によって、マネジャーは、先がほぼ見通せるものから全く見えないものまで、あらゆる種類の不確実性にぶつかることになる。高い不確実性が意味するのは、期待される結果を手に入れる最良の方法を見つけるためには試行と失敗が必要になるということである。対照的に、不確実性が低ければ、期待される結果を達成するのにあれこれ試してみる必要はなく、むしろ既存のプロセスを効率化したりスピードアップしたりするために少し改善を加える機会だということになる。

優秀な科学者はデザイン・コンサルティング会社ＩＤＥＯのスローガン「早く成功するために、

表7-2　業務の状況はプロセス知識スペクトルの位置によってどのように異なるか

	ルーチンの業務	複雑な業務	イノベーションの業務
仕事のタイプ	確立されたプロセス	確立されたプロセス、一時的なプロセス、新たなプロセスの混合	一貫したプロセスの指針、独特のプロセスの詳細
不確実性	低い：結果が予測できる	中程度：もたらされるものも結果も予測がつきにくい	高い：結果が予測できない
管理の焦点	管理と評価	率直さと警戒の文化をつくる	集中的な探査を促し、支援する
相互依存のレベル	相互依存があらかじめ管理される	多くの相互依存が活発なコミュニケーションを通してリアルタイムで管理される必要がある	相互依存に対する理解は仕事をしながら深められることになる
失敗の頻度（主なタイプ）	回避できる。まためったに起こらない（プロセスの逸脱）	起こりうる――警戒が不可欠である（システムの故障）	頻繁に起きる。また望ましくさえある（成功しなかった試み）
組織学習の目標	絶え間ない改善	問題解決	イノベーション
学習のための重要なツール	総合的品質管理（TQM）、統計的工程管理（SPC）、行灯コード	心理的に安全な環境、個人間の用心深いコミュニケーション	構造化されたイノベーション・プロセス、多分野の人々から成るチーム
成功の尺度	効率性／信頼性	安全性／品質	イノベーション／発見
例	自動車の組み立て工場	三次医療病院	製品デザインのコンサルティング会社

「頻繁に失敗しよう」を忠実に守って実践しているが、製造工場で確実に成功するにはその方法では不十分だ。そうした工場の特徴として、学習は着実なしかし小さな向上を意味するからである。

たとえば数年前にハーバード・ビジネススクールのMBAホルダーが話していたところによると、トヨタにエンジニアとして採用されたばかりの彼にこんな指示が出されたという。小さな正方形（組み立て工場の床に線を引いて描いてある）の上に立ち、周囲をよく見て、改善できるところを見つけるように、と。その工場は世界でも有数の素晴らしい工場として知られていたが、リーダーは、初めてシステムに接する若い優秀な社員こそシステムを改善する力を持っている、と心から信じていたのである。さらにはその経験によって、会社が学習に真剣に取り組んでいることを、その新入社員は知ったのだった。

もう一つの診断すべき重要な側面は、仕事に必要な相互依存のレベルである。作業によっては、一人きりでできるものもある。多様なスキルを持つチームを必要とする作業もあれば、さまざまな情報を使って協力したり協働的な問題解決を図ったりする必要のある作業もある。相互依存も不確実性もどちらもが高い場合、はじめから正しく理解するのは不可能であり、プロジェクトの参加者は行動計画に積極的にかかわる必要がある。詳しい例としては、第8章で紹介する、新しいタイプのコンサルティングサービスを始めるＩＤＥＯの話がある。仕事の進め方について知識がないことに気づいたＩＤＥＯは、早く学習しようとして小規模な試みを行ったのだ。たゆまぬ学習を不可欠なものにする計画は、特定の状況の予測可能性と複雑さの程度によって変わる。

一致させる

管理方法と仕事環境を一致させることは、自動的には起こらない。まず、習慣の力は強大だ。誰もがつい、金槌を振り上げ、何でもかんでも釘として扱ってしまうのである。多くのマネジャーが特徴的なスタイルやアプローチを持ち、それをあらゆる状況で使おうとする。そのうえ、技術的な変化や市場の変化が重要な点で大変革をもたらしていることに気づかないことがよくある。彼らは、過去にとてもうまくいった対応とは違う対応を今の状況が求めているかもしれないことに、なかなか気づかないのである。

最も古い大規模な産業の一つから、次の例を考えてみよう。電話が発明されてまもなく生まれた電気通信産業は、人口が増え、経済が発展するのに合わせて、一世紀以上もの間、着実な成長を遂げてきた。いうまでもないが、電気通信は近年、過去の規制された国営独占企業から、現在の活動的で競争の激しいハイテク情報ビジネスへと大きく変貌を遂げた。その変化のさなかにあって、私が研究した大手電気通信会社は、仮にテルコと呼ぶことにするが、過去のルーチンの仕事と未来の革新的で不確かな仕事との間で不安げに足踏みをしていた。これからお話しするとおり、ルーチンの業務で成功を収めてきた企業において、不確実性は必ずしもはっきりわかる形で現れるわけではない。

テルコで変化の激しい状況に直面する

テルコの事業開発部門の上級副社長、ブルース・マディソンは、カーペットを敷いたオフィスを行ったり来たりしながら、意思決定について考えをめぐらせていた。[3] テルコでの長い、満足のいくキャリアにおいて、彼は何度となく難しい決断をし、この電話会社を業界で安定した最も成功している企業の一つにするのに一役買ってきた。しかし今、新たなテクノロジーが既知か未知かを問わず変化をもたらし、テルコの将来に影響を及ぼそうとしていたのである。

二〇世紀も残すところあと二カ月、どのように変わるのか未だよくわからなかった。マディソンが直面している問題は、高速インターネットアクセス用回線を顧客に提供する方法として、どのように、そしてどれくらい迅速に、デジタル加入者回線（DSL）を利用すべきか、ということだった。マディソンは会社を新たなテクノロジーの最先端に立たせたかった。競争の激しい市場において先発優位も獲得したかった。しかし時期尚早なことや複雑すぎることはしたくなかった。それによって顧客を失望させたりテルコの高い評判を傷つけたりする結果を招くかもしれないなら、なおさらだった。

ひとことで言えば、マディソンは失敗したくなかった。

新たなテクノロジーを導入するには、テルコと顧客の接点において新たなステップが必要になるだろう。たとえば、技術者は顧客の家へ行って音声とデータが分かれるようにしなければならないし、モデムを取り付けて顧客がそれぞれ所有するコンピュータをインターネットにつなぐ必要も出てくる。古い配線を交換する必要もある。何千ものアクセス回線をチェックして、ＤＳＬに適応するようにもしなければならない。これらの大小さまざまな作業はいずれも、とりわけ初めて行われる場合、間違ったり失敗したりしやすいものだった。また、顧客が失望すれば、会社が懸命につくりあげてきたブランドに傷がつくことにもなる。テルコの評判は、数え切れないほど処理を繰り返しても毎回きちんと機能する、そうした電話サービスを提供するという信頼性の上に成り立っていたのである。

ずっとうまくいっていた実行

マディソンは、テルコのサービス提供を拡大したいと思う一方で、ずっと実行がうまくいったために続いてきた成功の記録を途絶えさせたくなかった。アクセスに問題が起きれば顧客から不満の電話がきっと来る。だが、そうならないようにしなければならなかった。

テルコの高品質な顧客サービスは昔から、会社の成功の柱になっていた。強力な文化、細部への申し分のない配慮、広範な訓練（顧客サービス担当者は入社すると三カ月間の訓練を受けた）、徹底した比較検討、それらが合わさって会社は高い評判を得ていたのである。成功を、マネジャーたちは当たり前とは思っていなかった。新人の顧客サービス担当者はマニュアルを渡されるが、そこには顧客からの苦情の電話や、請求に関する問い合わせや、新規加入の要望に、どのように答えるべきかこまごまと記されていた。仕事中、担当者は日常的に監視され、顧客満足度指数（ＣＳＩ）によって顧客の感想が追跡された。経営目標は注意深く設定され、それに照らして業績が評価された。

顧客アンケートが実施され、問題の解決や注文などを含めサービスのあらゆる面について顧客の満足度が確かめられた。テルコの規範はまさに目を見はるものだった。

テルコのアプローチが「実行するための組織づくり」であったことは一目瞭然だろう。その十分に開発されたシステムと評価によって、テルコはサービスに対する需要の程度や満足度を、きわめて正確に予測することができた。修理依頼の通話時間でさえも、予測が可能だった。マネジャーたちが確実に関心を持ち、基準を守るよう、テルコは彼らのボーナスをCSIの結果で増減させた。そしてシステムはうまくいったのだ――それも長年にわたって。

ところが、テルコの顧客サービスを成功させていたまさにその方法が、DSLの導入にあたってテルコが失敗する原因になったのである。

失敗に驚く

リスクがあったにもかかわらず、マディソンとそのチームはDSLを本格的に発表して、フルスピードで進み始めた。戦略的チャンスは圧倒的だった。そしてテルコは大量の業務をこなすのに長けていた。ところが結果は、残念ながら惨敗だった。許容範囲を超えて長くあとも引いた。

ふだんは八〇点代後半だったCSIがDSL業務のために一気に一〇点台にまで下がり、さらに契約の七五パーセントを失い、遅れている工事は一万二〇〇〇件にふくれあがった。日に五〇〇人もの顧客がサービスのなんらかの点について返答を待っていた。苦情の二〇パーセントは解決までに三〇日以上必要だった。DSLの担当グループだけでなく社内全体の意欲がダメージを受け、マディソンは社員が疲れ果ててしまうのではないかと懸念した。マディソンが思い返して述べたように、ひとことで言えばこういうことだった。「われわれは、予想をはるかに上回る問題を抱え、そして一瞬ですべてを解決する手段はなかったのです」

ブルース・マディソンは、会社や社員や顧客のためを思って仕事をする、聡明で有能な幹部だった。テルコが迂闊にもしてしまった大失敗は、マディソンと同僚たちがいかに多くのことをルーチンの業務用の指針に従って管理していたか、という点に関係がある。

問題は、今にして思えばすぐに当たり前のものになったDSLが、当時は新しいものだったということだ。そのためDSLを扱う仕事は、ルーチンという、正確な測定や限定的な目標の助けとなる十分に理解されたプロセスではなかった。また、高速インターネットサービスを顧客が求めていることを幹部たちはほぼ確信していたにもかかわらず、そのサービスを顧客の多様な状況に確実に応じられるように提供するにはどうすればいいか、その方法についてのプロセス知識は完成にはまだ程遠かった。このズレを意識して考えることなく、テルコは、複雑な新しい業務として考えるべき新規の取り組みをルーチンの業務と考えて扱ってしまったのだった。

変わりやすさが検討され、多くの新たなプロセスが開発・体系化されて広大で不確かな領域を扱えるようになるまでは、どんな基準も、精確さも、保証された結果も存在するはずがなかった。何千マイルにも及ぶ顧客のアクセス回線を修理するのにいったいどれくらいの時間がかかるのか正確なところは誰にもわからなかったし、実際にDSLサービスを提供できる見込みとなればなおのことわからなかった。テルコとしては、部門や会社の境界を超えて仕事をし、複数のベンダーのシステムを統合すべきだった。前へ進みながら学び、チームとして学ぶべきでもあった。これはつまり、顧客サービス担当者は、広範なデータベースをもとに注意深く編集されたマニュアルであっても、それにただ従っていることなど、間違ってもできないということだ。手順について徹底した訓練を受けることもむろんできない。マニュアルをつくっておけるのは、どういうことが起きなければ仕事をやり遂げられないかすでにわかっているとき――そしてプロセスをしばらくは変える必要がないと思われるときだけなのだ。

学習するための組織づくり

実のところ、新たな答えをいっぺんに見つけて使うためには、仕事をしながら学習することが必要だった。マニュアルなどあてにせず、サービス担当者は即興で行動すべきだった。当然、彼らはミスをする。マネジャーとしては、素晴らしいパフォーマンスとはミスをしないことではないと思っていることをはっきり示して行動しなければならないだろう。いや実際、素晴らしいパフォーマンスとはミスからすばやく学ぶこと、その学びを広く共有することだった――それこそ学習するための組織づくりの本質なのだ。**表7-3**には、テルコの新たなサービスを始めるという状況での、実行するための組織づくりと学習するための組織づくりとの違いをまとめてある。

多くの技術系企業が、サービスをまず新し物好きに提供する。こういう人たちは先駆者であり、テクノロジーの最先端を行きたくてたまらず、技術的な知識が豊富で、新製品やサービスの初期ならではのちょっとした問題に寛容だ。一方、もっと行き届いた配慮を必要とする人たちは、そうした問題が解決されるのを待つことができる。テルコでは、売り込みの巧言によって（それは実行するための組織づくりの姿勢の表れだ）高速インターネット回線の素晴らしさを大げさに約束してしまった。顧客はテルコの言葉を信じ、新たなサービスが、ちょうど固定電話が受話器を取るたび流れるようにその役割を果たすのと同様、何の煩わしさもなくスムーズに機能するものだと期待した。この期待は、テルコ自身が選んだ新サービスの提供の仕方によっていよいよ高められていたが、その期待があまりに頻繁に、深刻なレベルで裏切られてしまったのだった。

新サービス提供にあたって誰ひとりしなかった重要な問いは、「学習するためにわれわれはどのように組織をつくるべきか」だった。実行するための組織づくりという会社の姿勢のせいで、マネジャーたちは、とりわけ危機のさなかにあるときに、考え方を変えることがなかなかできなかった。新サービスをきちんと――予定どおりに、予算内で――提供する責務を認識しながら、テルコのマネジャーたちはそれまでずっと、社員に答えを与え、それを実行するための訓練を受けさせ、従わなければどういう結果になるかを理解させることに意識を向け続けていたのだ。第1章で述べたとおり、そういう考え方は、仕事が十分に理解されているときにはうまくいく。

表7-3　ルーチンの業務、複雑な業務に対する対照的なアプローチ

ルーチンの業務である電話サービス	全く新しいDSLサービス
マニュアルに従う	即興で行動する
学んでから仕事をする	仕事をしながら学ぶ
手順を守る	意図的な試み
ミスはめったにしない	しょっちゅうミスをして、そこから学び、共有する
実行するための組織づくり	**学習するための組織づくり**

しかしこれ以上ないほどきめ細かく計画され、しっかり訓練して実行されたとしても、仕事の仕方についての知識が定まらない場合、成功が保証されることはない。

現実には、信頼性（毎回、問題なく機能する、という類の信頼性）が回復されるのはまだ数カ月、いや一年以上だったかもしれないが、先のことだった。むろん、無理な話ではなかった。学習するための組織づくりを行えば、信頼できる日常業務を将来的に生み出すのに必要なシステムがほどなく見出されるだろう。テルコはトップダウンの、機械のような実行の仕方ではなく、新しいアプローチを使って、組織の小さな部署に新たな領域への道をつくらせることになったのである。新規事業へ向けて学習するための組織づくりに取り組むのは、一時的な状態である場合が少なくない。しばらくして、成果が出れば、新たなシステムが開発され、標準化され、大量の仕事を効率的に実施する準備が整うことになる。

一般に、新奇なものや不確実性に直面したら、マネジャーは集団的な学習プロセスを促進したり導いたりしなければならない。このプロセスに従うと、手順を守らせるために人々を監視したり評価したり報酬を与えたりする従来の役割を手放すことになる。そして新たな役割――「主任研究員」「実験責任者」と呼ぶのが適切かもしれない――を引き受けると、ちょっとした試みによって、新しい手順をみんなで発見することを、計画したり促したりすることになる。

ロールアウトせず、サイクルアウトさせるべし！

新たなサービスを大々的に宣伝して本格的に「発表」するのではなく、テルコは先駆的な顧客数人に加わってもらうとよかったかもしれない。彼らは大小さまざまな失敗に寛容で、成功までの道に喜んで付き合ってくれただろう。調査員補佐としての役割に意欲をかき立てられ、大小の失敗を楽しみにさえ思ってくれたかもしれないのだ。

ウェブサイトに進んで本のレビューを書いたり意見を投稿したりするアマゾン・コムの顧客と同じように、テルコの顧客である調査員補佐たちは、見つけた問題だけでなく、考えられる解決策についても、喜んで報告してくれただろう。そして会社と顧客はともに、前進しながら学ぶことになったはずだ。大衆市場を突き進むのを避けて、テルコは新し物好きの顧客――コンピュータの専門家や、時間をもてあましている単なる物好き――を、試して失敗することを一緒にやろうと思ってくれる顧客を、注意深く探すことになる。そして今日の顧客が当たり前に思っている確実で使いやすいＤＳＬサービスへ向かって当然のように動いていく中で、ほどなく問題はすべて解決され、欠陥も発見・修正されただろう。新製品や新サービスの発表《ロールアウト》は、巻いてあるカーペットを広げる《ロールアウト》ときと同じように、準備が万端整っていて、あと一押しで前進させられる状態であることを示唆している。一方、巡らせる《サイクルアウト》には反復と学習が必要になる。

したがって、先の見えない新しい仕事に取り組もうとするテルコをはじめすべての企業にとって、成功する秘訣は、のちに高品質な製品やサービスを大衆市場に出せるよう、早い段階での経験（小規模なものが望ましい）から学ぶことである。そういう考え方を持っていると、顧客との出会いの一回一回が、単なるサービスの取引としてではなく、いつの間にか経験として概念化される。これが、ロールアウトに代わる「サイクルアウト」である。そして、どのステップも、どの試みも、以前とは違うものになる。

また、その進展の具合には前のサイクルで得られた知識が活かされる。むろん、プロセスは転《ロール》がるように外部へ向かって進んでいくが、その道は決してなだらかではない。たとえば、ネットフリックスは、ウォッチ・インスタントリーを一度に二五万人という大変な数の顧客に紹介し、六カ月かけて、一瞬で行われるそのダウンロード技術をサイクルアウトした。この期間に同社は、電子メールによる追跡調査を行って視聴された特定の映画の質を尋ね、それによって顧客とともに絶えずチェックをした。また、ネットフリックス・ブログを開設して積極的にモニタリングし、サービスの運用について段階的に説明したり、顧客から頻繁になされる問題点や要望や提案に関する投稿に回答したりした。これこそ、学習するための組織づくりを行っているときに企業が行う活動である。

新規の、あるいは複雑なサービス提供に関する最大の目標は何と言っても、社員の能力や経験を十分に活用して、会社が学習できるようにすることだ。そういうアプローチは誰の目にもはっきりわかるが、同時に、常識やこれまでの経験に反するものである。すべての問題が解決されているわけではないときに試したり学んだりしながら前進するのは理にかなっているにもかかわらず、効率性重視の――よい数字を出すための――管理が習慣になっているマネジャーはあまりにたびたび、それまでのアプローチを変えるチャンスを逃してしまっているかもしれない。

テルコの事例は、管理方法（実行するための組織づくり）と状況（複雑な新規サービスを売り出すこと）の間にズレがあるとどんなことが起きるかを示している。最終的には、ＤＳＬの問題点はすべて解決され、そのサービスは当たり前のものになった。幸い、効率的な実行もふたたびいつものことになった。しかし、学習しながら実行していれば、この移行にかかるコストを大幅に削減できたはずだ。次のセクションでは、学習しながら実行する四つのステップについてお話ししよう。

終わることのない学習

学習しながら実行することは、個人の学習の古典的モデルを基礎にしている。つまり、概念的知識と実用的知識が行動と省察のサイクルの反復を通して増えていくのである。[4]

学習しながら実行する場合、人々は互いにコミュニケーションを図らなければならない。そしてそれしか、学習が集団的な性質を持つようになる方法はない。[5] 個人なら一人で考え、決定し、行動し、省察しても学べるが、集団的学習には話したり書いたりして会話することが絶対に欠かせないのだ。また、最近増えてきているチーム学習に関する文献では、チームが新たな作業をどのように学ぶかについても、チームが改善や問題解決やイノベーションにどのように取り組むかについても研究されている。[6] 全体としては、学習はサイクルを繰り返して進められる。チームでの学習サイクルが数カ月かかるか数分ですむかは、その仕事の性質による。

図7-3にあるとおり、学習しながら実行することは**四つの基本的なステップ**から成っている。

- **診断**…組織に迫っている状況やチャレンジや問題を診断する。そうした状況で実行する方法について現在どれくらいのことがわかっているかも診断する。
- **デザイン**…学習しながら実行するための適切な行動計画をデザインする。
- **アクション**…新たなデザインに基づいて行動し、その行動を、学習するための試みとして考える。

▼**省察**…次のサイクルを始めるために、プロセスと結果について省察する。

これから、それぞれのステップを見ていこう。必要に応じて、実例と、実践に向けた具体案も示していく。しかしながら、読むときに忘れずにいてほしいのは、どのステップも、ここで示すほど別個のものであるわけでも順を追って起きるわけでもないということだ。たとえば、診断のステップは行動の一つの形である。そして最良の行動は診断の一つの形だ。また、マネジャーがしてしまう最大の過ちの一つは、まだ行動のステップではないように見えるときに、診断のステップを大がかりに行い、そのために重要な学びがさまざまな試みから生まれるのを遅らせ、さらには診断それ自体が介入であるという事実を隠してしまうことである。

診断

学習しながら実行するときにまず行う活動は、診断で

図7-3　学習しながら実行するサイクル

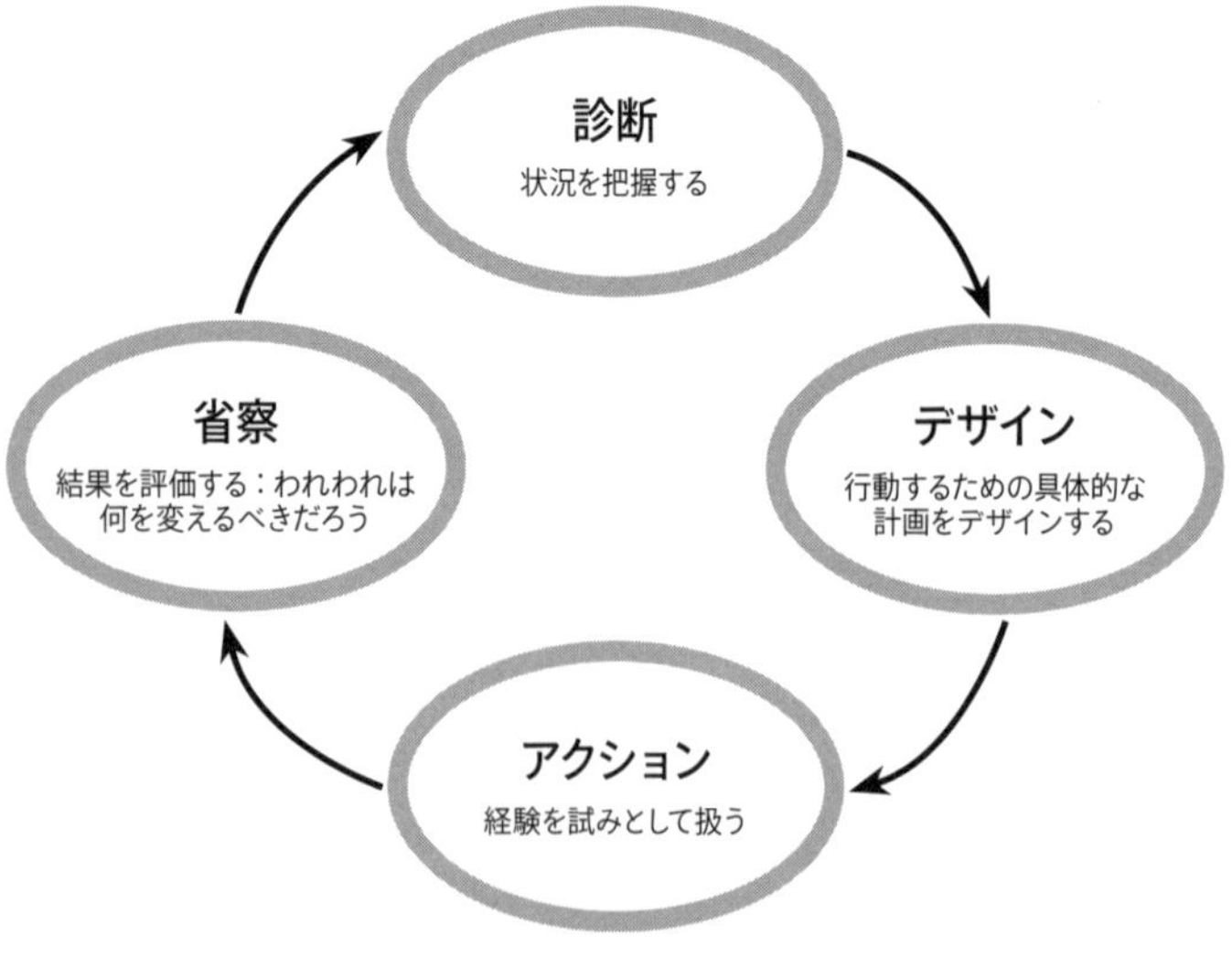
診断
状況を把握する
デザイン
行動するための具体的な
計画をデザインする
アクション
経験を試みとして扱う
省察
結果を評価する：われわれは
何を変えるべきだろう

ある。ひとことで言えば、診断とは状況と今後待ち受けているかもしれないチャレンジを見定めることだ。つまり、パフォーマンスの欠点やプロセスの問題点や、あるいはイノベーションの機会を突きとめるのである。診断は、分析の延長という形で行われることもあれば、アイデアを一つか二つさっと出し合ってよく考えるという場合もある。また、最初の試みあるいは介入となって、システムの反応を確認する場合もある。

小さなグループのリーダーも大企業のリーダーも、診断する習慣を身につけなければならない。そのためには、最もしたくない問いに対する答えをこそ、積極的に、かつ絶えず探す必要がある。アメリカのある大手製薬会社のCEOは、それこそが成功の主要な要素だと先日話していた。画期的な新薬として期待されている開発中の薬について、完成が遅れるかもしれないとか、悪くすると効果がないかもしれないと事前に知るのは、もっとあとになって、投資家や顧客や取締役会の吟味が最高に厳しくなるときにわかるよりいい。悪いニュースが早々にわかったほうが、新たなアプローチを開発する時間を多く持てるのだ。でなければ結果は散々になる。たとえば、第4章で取り上げた二〇〇三年の「コロンビア号」のミッションを思い出してみよう。ミッション・マネジャーのリンダ・ハムは、ロドニー・ローシャのようなNASAのエンジニアの意見を活用しなかった。そしてあとになって、彼の専門知識が、打ち上げのときにシャトルにぶつかった断熱材による危機を診断するのにきわめて重要だったとわかったのだった。

表7-4に示したとおり、診断にはプロセス知識スペクトル上の位置によって少しずつ違いがある。

ルーチンの業務

ルーチンの業務での診断とはふつう、知っている分野のパフォーマンスを、知っている方法を使って評価することだ。たとえば、コールセンターのマネジャーなら、顧客サービスに対する評価や通話時間をチェックして、センターのパフォーマンスが目標と比べてどうかを判断するだろう。あるいは、ファストフード・レストランなら、顧客満足度の点数や、単に店内の清潔さを見て評価するかもしれない。デビッド・ノバクはヤム・ブランズ（タコベル、ピザハット、ケンタッキーフライドチキンなどのファストフード・レストラン・チェーンを運営する会社）のCEOに就任したとき、会社のパフォーマンスを判断する重要な評価基準として顧客満足度を調べ、改善の余地を見つけた。後述するが、診断後はすぐに改善努力がなされた。

ルーチンの業務では、診断にしばしばベンチマークを使う。効率性を高めたいと思っている公益水道事業会社なら、まず、高い業績を上げている水道会社を訪れる。すると、要求水準と採り入れることの可能なプロセス解決策の両方を知ることができる。

複雑な業務

複雑な業務では、診断はたいてい、その仕事が直面するリスク評価に関連したものになる（リスクには、明らかなものもあれば、まだ隠れているものもある）。学習しながら実行する姿勢を持つ病院の臨床領域なら、どんなリスクを見落としたか、あるいはあらかじめ考慮しなかったかが、頻繁に熟考される。医療提供におけるリスクには、患者にあからさまな害を及ぼす危険性や、プロセスを効率的にしたり患者の気分を楽にしたりする手立てを講じることができないおそれなどがある。同様に、地球規模のサプライチェーンのマネジャーなら、迫り来るハリケーンやサプライヤーの問題についての情報を求めてニュースを詳しく調べるかもしれない。

複雑な業務での診断ではとくに、次のように問うのが有効だ。この状況についてわれわれが知っていることは何か。知らないこと（知りたいこと）は何か。この状況に関する見方において完全に見落としているかもしれないことは何か。そうした状況で診断するときには、心理的安全が不可欠だ。それがなければ、人々は気づいている問題やミスについて率直に言わなくなるかもしれない。

ルーチンの業務の場合と同様、複雑な業務においても、診断はパフォーマンスを評価することとイコールだが、多くの場合、効率より安全や品質に関するパフォーマンスのほうが重要だ。最も重要な診断の作業は、システムの個々の要素のパフォーマンスを評価することより、要素間でのコミュニケーションを考えることと関連している。そのため、第2章で見たように、ＣＴスキャンの一連の作業にかかわる人たちの個々のパフォーマンスは申し分なくても、作業間の相互作用しだいで、全体の作業がまるでうまくいかなくなる可能性がある。

イノベーションの業務

最後に、イノベーションをめざす環境での診断は、チャンスを秘めた分野を突きとめることである。これは一つには市場分析や技術的分析をすることであり、ビジョンを持つことでもある。この状況においては、満たされていない顧客ニーズについてよく考えることと、検討する価値のある新たな領域について想像力を働かせることの両方が重要になる。

たとえば、会計ソフトウェアを販売するインテュイット社では、エンジニアはときおり、顧客が同社のソフトウェアを使ってやりとりするのを直接見て、ソフトウェアに組み込まれているさまざまな機能を使うのが顧客にとってどれくらい易しいかあるいは難しいかを診断している。この診断のステップのおかげで、ユーザーの満たされていないニーズを、経験か語彙かのどちらかが顧客自身に不足しているために生まれるニーズを、エンジニアは自分の目で確認できるようになる。

イノベーションにおける診断の役割は、テクノロジーの現状や諸経費を考えて、実行可能なものを判断することだ。チャンスは、至る所にある。しかし無限ではないのだ。

デザイン

次のステップであるデザインは、状況を判断することから行動の可能性を考えて選択することまでさまざまである。ブレーンストーミングをして、行動の可能性についての選択肢を一つに絞ることも多い。こうして、デザインのステップは行動する仮の約束をして終わることになる。形としては、正式に決定したり計画したりする場合もあれば、次に試してみることについて徐々に意見が一致していく場合もある。デザインとは単に、目標達成のためにチームがしようと思うこと――正確には、試してみようと思うこと――の表明なのである。

一般に、デザインの目的は行動を導くことである。簡単そうに思えるが、デザインとは行動をいっそう意図的かつ意識的なものにすることによって学習を促進するものだ。また、目標達成の方法を見つけるためにまず、専門家や出版物、あるいは競争相手からさえも、既存のベストプラクティスを探し出すことがしばしば行われる。それによって、ひらめいたり、倣うべきモデルが得られたりするかもしれないのだ。

しかし、学習しながら実行する場合のデザインにとって重要なのは、最初のデザインは最もよさそうな案であり、スタート地点にすぎないと認識することである。それは豊富な経験に基づいた案かもしれないし（プロセス知識が十分に開発されている場合）、闇の中での挑戦――期待される結果が出る見込みはないが、貴重な情報を得られると思われる試み――かもしれない。言うまでもないが、どういうものになるかは、**表7-4**に示したとおり、コンテクストによって変わる。

ルーチンの業務

決まった作業を行う状況でのデザインは、向上させるべき面に的を絞ることであり、これには改善のための構造化されたアプローチを参考にするといい。ルーチンの業務が行われる状況ではプロセス知識が十二分に高められているため、行動へ向けたデザインは範囲が限定されている。経営目標はたいてい、今の仕事を続けること。ただし、もっとよい状態で、場合によってははるかによい状態で続けることである。

ルーチンの業務で素晴らしい結果を生む基本原則は、絶えず向上することに、日本語でいう「改善」を続けることに、全力で取り組むことだ。行動へ向けたデザインでは一般に、ＴＱＭ（総合的品質管理）の分野にあるような、向上のための構築されたツールやテクニックを使う。ヤム・ブランズで清潔さを目標にしようと決めたとき、ノバクはレストランの駐車場のゴミも減らすようにと指示をした。その後は、目標をどのように実現するかも、進捗状況をどのように追跡するかも、各レストランのマネジャーと従業員に委ねられた。[7] するとたとえば、ごみ箱を目につきやすいものにしてみる、食材を入れる梱包材の量を考えてゴミの根本原因を減らす、といったことが行われるようになった。

複雑な業務

　複雑な業務でのデザインが最もうまくいくのは、さまざまなグループの意見を活かしてできるだけ多くの選択肢を持つ場合である。この多様性という重要な要素があればこそ、第6章で話したように、チリでの炭坑作業者の救出は成功することができた。また、第8章で紹介するとおり、病院は日常的にチーム力を発揮して、治療のプロセスを改善したり、ミスをなくしたり、患者に指示どおりに服薬してもらったりするための戦略を策定している。そうしたチームが考えるデザインはどうしても不完全だが、それらはスタート地点で

表7-4　3つの状況における、学習しながら実行すること

	ルーチンの業務	複雑な業務	イノベーションの業務
診断	目標の評価基準に照らしてどのように行動するのか	直面するリスクはどのようなものか	どんなチャンスを探究するといいか
デザイン	仕事のある一面と、それを改善するためのアプローチを選ぶ	解決すべき問題を特定し、選択肢をブレーンストーミングで話し合う	可能性を一つ選んで試みを行い、最初のステップをデザインする
アクション	構造化された、あるいは既存のアプローチに従って改善を行う	選択肢を試す。リスクが高い業務の場合は本来の仕事を離れたところで行う	試作品を使って試してみる
省察	対象の仕事は改善されたか	その選択肢がうまく機能して、問題解決やリスク軽減ができたか	生じる失敗から、われわれは何を学ぶことができるか

あり、直面しているチャレンジについていっそう多くが学ばれると、それにしたがって変更が加えられていく。

イノベーションの業務

イノベーションの業務では、次に行う試みを思慮深くデザインすると、のちのちの時間や費用を節約できる。第2章で取り上げた、RAZRを開発したチームの話を思い出してほしい。彼らは、その電話機の形や特徴をブレーンストーミングで話し合い、それから実物大模型を何度も試作し、実際の材料を使った段階からは大成功を収めた。留意すべきは、プロセス知識スペクトルの右のほうに位置すればするほどどんなデザインであれ結果として何が起きるか予測するのが難しくなることだ。そのためデザイン、すなわちアクションへ向けた計画は多くの場合スタート地点にすぎない。単に一歩前進し、よりたくさんのことを学ぶと同時に修正することになる場合もある。そのため、イノベーションの業務の場合は、実験的な新しいサービスや製品に対応するためにフォーカス・グループを使って、実際にそれらを提供する場合の詳細を事前に把握することもある。

アクション

話し合いから行動へ、考えることから試すことへ変わることも、チームの中で起きる。学習しながら実行する場合、効果的なアクションのカギになるのは、実際に起きていることと、一連のアクションから生まれた結果の両方を確実に追跡することだ。昔ながらの経営管理では、結果に関するデータに焦点が当てられ、それによって成果が判断される。一方、学習しながら実行する場合は、仕事がどのように進んでいるかを示すプロセスに関するデータに多くの注意が払われる。

ルーチンの業務

ルーチンの業務が行われる環境では、たとえばヤム・ブランズのレストランの場合、マネジャーと従業員が協力してゴミを減らす方法を見つけ出し、アクションは、リサイクルできるゴミ用かできないゴミ用かがはっきりわかる穴の空いたゴミ箱を、目につきやすい場所に置くという形になって現れた。みずから参加したことによって、従業員はゴミを減らすという目標が自分たちの目標であるという意識を持ち、また目標が目で見てわかるものであったため簡単にプロセスを確かめることができた。

業務上のプロセスを向上させるアクションは、チームで行われると最も効果が高い。ルーチンの業務を行う環境でまだチームがつくられていない場合は、アクションとなる重要なステップによってチームがつくられ、訓練されることになる。たとえば、メリーランド州の水道事業体であるワシントン郊外衛生委員会（ＷＳＳＣ）でゼネラルマネジャーを務めるジョン・グリフィスは、組織全体にわたって自己管理チームをつくった。新たにチームを設けたことは、アクションの重要なステップとなり、それから数年で経営効率が三〇パーセント向上したのだった。[8]

複雑な業務

複雑な業務でアクションが起きると、新しい（あるいは既存の）デザインを意識的に使って、そのデザインの効果はもちろん、ちょっとした変化を伴う試みも両方を評価して、デザインによってもたらされる影響を判断することになる。インターマウンテン・ヘルスケアでは、専門家チームがデザインしたプロトコルを臨床医が使い始めるときにアクションが起きる。この章ですでに述べたように、プロセスに関するデータは日常的に集められており、おかげでインターマウンテンはプロトコルが使われたかどうかも、患者にとって最良の成果がもたらされたかどうかも判断することができる。

うまくいった場合のメリットがあまりに大きく、試みのリスクがあまりに高い環境では、新たなアクションを評価する選択肢としてシミュレーションが役に立つ。シミュレーションは、実際の状況を模したリアリティのある場であり、仮想の（つまりコンピュータ上で）シナリオを考えるか、あるいは本来の仕事を離れた練習として行われるが、どちらにしても現実的に害を及ぼすリスクなしに新しいアクションを練習することが可能になる。

ロットマン経営大学院の、医学も学んだマーリス・クリスチャンソン教授が行った最近の研究によると、医学事象に関するシナリオをシミュレーションすると、仕事に戻って実際の患者に接する際に臨床医たちのチームとしての結束やパフォーマンスが向上するのだという[9]。

また、第6章で紹介したウォーターキューブには、想像を絶する複雑な形と大きさを持つ象徴的な石けんの泡のデザインを形づくるのに、二万二〇〇〇もの鉄骨が使われていた。トリストラム・カーフレイが説明したように、「一つの要素の大きさを変えると、他の二万一九九九の要素の大きさも変わってしまいます[10]」。明らかに、現実に試みを行って鉄骨の長さを変えるのは、危険でもありコストもかかる。しかし、その試みはコンピュータ上のシミュレーションとして行うことができた。

そのため、ウォーターキューブはまずコンピュータ上でのモデリングという仮想世界で設計され、試され、最適化された。ちなみに、これを行うための計算には、そのちょうど一年前ならプロジェクトが求めるコストとスピードでは利用の難しかったコンピュータの力が必要だった。

イノベーションの業務

イノベーションの核心にあるのは、スピード感のある、何の制約も受けないアクションだ。それは試みと呼ばれる。科学者がプロセスにおいて新しい重要なことを自分がいちばんに発見することを願いながら日常的に実験を行っていることは、言うまでもないだろう。実験には、結果が事前にはほとんどわからないものから有力な仮説が試されるものまでさまざまなものがある。

基礎研究では、行った実験が七〇パーセント失敗する科学者がノーベル賞を受賞するかもしれない。ＲＡＺＲの開発チームはいくつかの形状を試したのちに厚みを減らすために電池を回路基板の隣に置く（従来の電話機では積み重ねていた）というアイデアを思いついた。またＩＤＥＯのチームは日常的にさっと試作品をつくって新製品のアイデアが三次元でどのように見えるかを確認している。

大切なのは、とにかく試してどんなことが起きるか確かめてみることだ。概念の飛行機に乗りつづけるのは、つまりアイデアや可能性をいつまでも話し合うのは簡単だ。しかしイノベーションを成功させるカギはちょっとしたアクションをたびたび起こすことなのである。

省察

プロセスに関してデータを集めるのはアクションの一部であり、その目的は、うまくいっていることといっていないことを見きわめること、そして認識されたどんな失敗も繰り返されないようにすることである。頻繁に評価することが、学習しながら実行する際には不可欠なのだ。省察は分析的な作業である。事後検討や綿密な研究など正式で徹底した省察もあるが、形式ばらず、すばやく行われる評価もある。定期的に省察を行ううちに、学習しながら実行する活動によって、現在のやり方は大小さまざまに改善され、やがてそれらのやり方は次のサイクルの診断とデザインへと組み込まれていく。

たとえば、クリーブランド・クリニックでは、医者のチームがプロセスに関するデータを研究し、クリニック中の多くの現場で改善の余地のある領域を見出している。二〇〇六年に私が研究したとき、クリニックにはそうしたチームが心不全、脳卒中、糖尿病、整形外科など七つあった。どのチームにも、システム全体のさまざまな病院の医師が加わっていた。

プロセス知識スペクトルの右のほうに位置するにしたがって、評価は大量の体系的なデータに頼ることが少なくなり、本質においてより質的になっていく。

ルーチンの業務

ルーチンの業務の場合、アクションの影響を評価するために量的なデータの統計的分析がしばしば必要になる。データ分析の手法を詳しく紹介するのは本書では割愛するが、その本質的特徴はデータを整然と体系立てて使い、プロセスの失敗を見つけて次に行うアクションの影響を評価することである。

トヨタでは、容赦なく行われる省察、日本語で「反省」ともいうが、それが絶え間なく続く改善の必須要素になっている。[11]「反省」とは文字どおりにはミスを認識し、改善を約束するという意味だが、それによって省察の概念に、改善に対する個人的責任を引き受けるという考えが加わることになる。トヨタで省察が行われるのは、組み立て作業が進んでいくのとまさに同時に、プロセスのちょっとした問題が発見され、取り組まれ、解決される瞬間だ。[12]

省察は、業務や顧客などからの累積データの分析を通して、定期的に、本来の業務から離れたところで行われる場合もある。

複雑な業務

複雑な業務にかかわるチームは、シミュレーション上の、あるいは現実の変化について深く考え、その変化がリスクと質にもたらす影響を評価する。ときには独特の出来事、たとえば医療ミスの特定の事象について省察し、何が起きたかを理解する場合もある。

第3章で取り上げた一六の心臓手術チームに関する私の研究では、最も早く学習する外科チームの省察は、患者転帰についてときおり詳細に検討するという形ではなく、絶えずアクションしつつ省察するという形をとっていた。また、新しい手順を最も確実に学習したチームは、今取り組んでいることや、起きていることや、それがプロセスの改善の仕方について何を教えてくれているかについて、絶えずざっくばらんに話していた。

状況によっては、有意義な省察のためにより多くのデータが必要な場合もある。

第5章で言及したように、カイザー・パーマネンテは、放射線科医たちの読影の実態を把握して重要なパターンを見つけられるだけのデータを手に入れるために、膨大な量のマンモグラム（乳房X線写真）の読影資料を集める必要があった。同様に、インターマウンテン・ヘルスケアの専門家チームも、臨床治療プロトコルを改良する方法を見つけるのに、きわめて多くの患者データを必要としている。

イノベーションの業務

イノベーションの業務にかかわるチームは、新たな試みを行うために、独自の試みやそれによってたびたび起きる失敗からの学びについて深く考える。失敗について省察するのが楽しいなどまずあり得ないが、失敗の本当の原因を突きとめるのは、次の試みを決めるのに欠かせない。大切なのは、早く次の試みを始めたいと思って省察を軽んじないことだ。質の高い省察をすると、予測できる失敗を次のアクションで避けやすくなるからである。

ピクサー・アニメーション・スタジオの創立者、エド・キャットムルは、ピクサーの従業員が、プロジェクト終了後にみんなで省察することを渋り、もっとうまくできたかもしれないことをじっくり考えて確認するより、映画の成功を楽しみたがると言って嘆いていた。省察という重要なステップからより多くを得るために、彼は次のことを始めた。プロジェクトのメンバーに、またやりたいと思うことを五つリストアップしてもらう。次に、もうやりたくないと思う五つのことについて話し合ってもらう。キャットムルによると、ポジティブなこととネガティブなことのバランスによって、安全な環境が生み出され、ひいてはプロジェクトのあらゆる面について深く話し合えるようになるという。[13]

どのコンテクストであれ、データ分析に加えて省察を行うと、公式あるいは非公式な意見をチームメンバーは伝え合えるようになるだろう。仕事そのものからも、顧客から折に触れて寄せられる声とともに、多くの考えがもたらされるかもしれない。チームは、取り組んでいる仕事や手に入れつつある結果からの学びを、時間をとって、定期的に、注意深く検討すべきである。

病院をはじめ、費用の制約条件に直面している組織にとっては、簡単なことではない。整然と評価を行うには本来の仕事を離れたところで生産資源が必要になるし、昔ながらの経営の英知からすれば生産性の損失だと判断されてしまうだろう。にもかかわらず、成功を収め、それを維持するためには、組織が余分な時間と資源に投資をして、学習しながら実行するのに不可欠なプロセス・データの評価を行うべきであることを、リーダーが声を大にして言うよりほかに道はない。また、次のセクションで述べるとおり、この学びのサイクルに終わりはない。

学びつづける

優れた企業や組織は、「すべてやりきった。これ以上することはない」とは決して言わない。しっかりと学習しながら実行するというのは、ひたすらイノベーションを続けながら未来へ突き進むことなのだ。ＩＤＥＯやインターマウンテン・ヘルスケア、マイクロソフト、アップルのような会社を見ればわかるとおり、今は素晴らしいとされているものが来年にはまあまあのレベルになってしまっているかもしれない。そのため、成功している組織は新しいアイデアやさまざまなアプローチを絶えず探しつづけているのである。

「壊れていないものを修理するな」ということわざが言わんとする意味はみな知っている。しかし、近年の歴史が何かを教えようとしてくれているのだとしたら、それは、今あるよい環境はそれで十分というわけでは決してないし、速さも新しさもまた同様であるということだ。学習は、一回限りの出来事でも、たまの贅沢でもない。優れた組織の有能なリーダーなら、絶えず学び、革新を図り、向上していけることが成功に不可欠であることを認識している。マイクロソフトやアップル、サウスウェスト航空やインターマウンテン・ヘルスケア、トヨタやヤム・ブランズのような成功している会社は、プロセスや製品をよりよいものにしようと常に努力している。成功の結果をのんびり眺めてなどいない。そのため、週に一日、あるいは月に一日たりとも例外をつくらず、このように問う。「われわれは何を学ぶことができるか。もっとうまくできることは何か」。これを、毎日みずからに問いかけるのである。

トヨタで近ごろ起きていることは、学習しながら実行する活動が滞るとどうなるか、その例を示している。数年前に起きたトヨタのフロアマットと急加速の問題は、やがて連邦政府による広範な調査を受けることになった。二〇一一年五月に発表された報告によれば、予想されていたとおり、電気的な問題があった証拠はなかったという。では原因は何か。それは傲りだった。

『ニューヨーク・タイムズ』紙のニック・バンクリーは次のように書いていた。「トヨタはアクセルペダルとフロアマットの問題になかなか気づけなかった。なぜなら、同社あるいは連邦政府の監督機関に寄せられた苦情を、懐疑的かつ言い訳がましい姿勢で見ていたからである」。報告書では次のように結論されていた。「トヨタはその製造プロセスの原理を、すなわち『トヨタウェイ』として知られる、問題にすばやく気づいて対応するという考え方を軸にした原理を使って、外部からの批判を判断することができなかった」[14]

意見が情熱をもって受け容れられることはもはやなかった。省察は跡形もなくなくなるのを待つばかりだった。「反省」や「改善」という形で表されていた謙虚さも消え失せてしまっていた（長く消えたままにならないことを願おう）。

学習しながら実行する姿勢を育てるカギは、循環する業務プロセスをつくることである。究極の目標は、乱戦模様の市場で競争するために、絶えず学び、向上し、他に抜きん出た学習する組織をつくることだ。また、すでに紹介した学習しながら実行するための四つのステップは組み合わさって、学習、向上、イノベーションという途切れることのない再生サイクルを生み出していく。

学習しながら実行する姿勢を採り入れるためにはリーダーシップが必要だ。学習とパフォーマンスの関係は複雑だからである。まず第一に、学習にかかる費用は多くの場合、学習によって得られる利益より見えやすい。例を挙げて説明すると、リーダーシップ・スキルを伸ばすプログラムに組織が資金を投じた場合、その費用は測ることができるし直接的だ。一方、得られる利益は量で示すのが難しい。それは時間をかけて、また二次、三次効果を通じて現れる。リーダーはメンバーのアクションに影響をもたらし、学習に投資したそもその位置から少し離れたところで結果を生み出すのである。

学習から遅れて結果が出ることで、ピーター・センゲが「悪くなる前によくなる」と呼ぶものも起きる。[15]これが起きるのは複雑な組織が学習の旅を始めるときであり、問題やミスなど失敗についての「悪い知らせ」がまず表面に現れてくる。たとえば病院では、患者の安全性を向上させるために学習に取り組みはじめると、安全性に関する報告される問題の数が短期的に増えるかもしれない。あるいは、地域社会の警察が徹底して犯罪を減らそうと取り組みはじめたところ、短期的には逆に増えたように見えるかもしれない。現実には、悪い知らせがそのように急増するのは「よい知らせ」である（と同時に、「よい知らせ」として扱われるべきである）。組織とそのリーダーたちがひと息つけるようになるのは、今起きていることについてもっと実際的な評価を得られるようになったときなのだ。

学習しながら実行する姿勢を採り入れようとしているときには、費用や不確実性や学習の遅れを受け容れる必要がある。リーダーは待ち受ける困難を予想して説明しなければならない。すると人々は事がスムーズに進まないときがあっても驚いたり落胆したりしなくなる。リーダーは即座に行動する意欲を起こさせなければならないが、一方で結果について忍耐強さを示す必要もある。そのための基本的なリーダーシップ・ツールは、第3章で説明したフレーミングだ。フレーミングは学習するための組織づくりの考え方を伴っており、これによって、心理的安全の必要性が認識されるようになり（第4章）、過程においては失敗があることが予測され（第5章）、人々は組織的境界をつなぎやすくなる（第6章）。適切にフレーミングすると、文化が心理的に安全な環境へ変わりやすくなり、学習しながら実行することがさかんに行われるようになるのである。

リーダーシップのまとめ

学習するための組織づくりと実行するための組織づくりは、全く異なる経営上の考え方を示しており、目標もアクションも結果も違っている。

テルコの例で示したように、実行するための組織づくりの最も基本的な信条——管理を徹底し、意見の相違を排除し、順応にインセンティブを与えること——は、新たな領域でのすばやい組織学習を妨げる。結果は、すでに見たとおり、うまく実行していた人たちでさえ複雑なあるいは変化の激しい新たな状況に直面すると失敗してしまうことがある。

一方、学習するための組織づくりの考え方を採り入れて実践するのは、そうした予測可能な失敗を避けるための戦略である。組織の中には、実行するための組織づくりの考え方が習慣として染みついていて、簡単には姿勢を変えられないところもある。しかし、本書の第2部で述べたリーダーシップの四つのベストプラクティスを試すことにより、リーダーは成功する仕事の仕組みに学習を組み込めるようになる。

効率を追求しながら実行するのを完全にやめるべきだというわけではない。競争相手より速く効率的に仕事をするのが重要な職場（空港のゲート、組み立て工場など）もむろんあるだろう。ただ、そうした組織でさえ、より長期にわたって成功するためには学習する必要がある。

不安が渦巻く職場環境では、先に述べた四つのステップを実践するのは、不可能ではないとしても難しくなる。信頼と尊敬の気持ちにあふれ、柔軟さと革新に満ちた雰囲気を育ててこそ、大半の状況で、たとえ厳しい納期に追われているときであっても、素晴らしい効果がもたらされるのだ。

健全なチーミングが行われている環境では、マネジャーは支配するのではなく自信を持たせ、正しい答えを与えるのではなく適切な質問をし、忠実さを要求するのではなく柔軟さに意識を向けており、組織は高いレベルで実行ができるようになる。そして人々は、自分たちの考えが歓迎されていることがわかると、コストを下げたり質を高めたりするための革新的な方法を提供するようになり、それが組織の成功にとっていっそう強固な土台になる。

学習しながら実行する環境が生まれにくい間は、私たちの最も基本的な行動のいくつかを消し去るステップに従うと、そうした環境を生み出せるようになる。チーミングは、パズルの重要な一つのピースになりうるし、実際そうであることが多い。第8章では、ルーチンの業務、複雑な業務、イノベーションの業務を行う職場それぞれにおいて、マネジャーたちがどのようにしてコンテクストを正しく見きわめ、それぞれの場において学習しながら実行する環境を生み出し、支援したのかをお話しする。

Lessons&Actions

- □学習しながら実行するというのは、今行っている仕事に学習を組み込んだ活動の仕方である。
- □学習しながら実行する活動の仕方と対照をなすのが、効率を追求しながら実行する活動の仕方である。これは柔軟性よりも支配を、試すことより忠実さを重視し、不安によって支配と順応を促進することがしばしばある。
- □学習しながら実行することは、状況を診断して、その状況がプロセス知識スペクトルのどこに位置しているかを考えることから始まる。
- □人はつい、自分の仕事はルーチンだ、ニーズに応じて変更される、あるいは創造的だと当たり前のように思ってしまう。そのため、少し時間をとってじっくり診断することが重要である。
- □過去に例のない状況が誤って診断された場合、効率を追求しながら学習する活動の仕方が当たり前のように使われていると、サービスに著しい不具合が生じる可能性がある。

□ 学習しながら実行することは四つのきわめて重要なステップ――診断、デザイン、アクション、省察――から成っており、プロセス知識スペクトルのどこに位置する仕事かによって違いがある。

□ 学習しながら実行しつづけるには、リーダーシップが不可欠である。

第8章 成功をもたらすリーダーシップ

この章では、三つのケーススタディを示して、リーダーシップとチーミングと学習しながら実行することがコンテクストによってどのように異なるかをお話しする。第1章で概略を述べたプロセス知識スペクトル上のどこに位置するかで、ルーチンの業務、複雑な業務、イノベーションの業務の各コンテクストにおける違いが生まれるのである（図1-2と、第7章の表7-2を参照）。この章では、実際のケースを見て、三つのコンテクストそれぞれにおいてリーダーたちがどのように不確実性を評価し、人々を動かし、目標を達成しているのかを確認する。成果を上げるためには、手に入るプロセス知識のレベルを考慮して、学習とチーミングを状況に合ったものにする必要があるのだ。

最初のケースでは、まぎれもないルーチンの業務を行う環境にある会社を見ていく。アメリカ中の小売業者へ向けて、マットレスを製造、販売、流通を行っている会社である。不運にも長年、業績が下降の一途をたどっていた会社は、新しいCEOを迎えて、流れを逆転させた。

二つ目のケースは、複雑な業務の場合であり、中西部にあるこども病院の最高執行責任者（COO）が、患者の安全性を劇的に向上させようとした話である。COOは、組織学習の旅に人々を引き込み、それによってより安全で素晴らしい仕事の仕方を発見し、同時に導入するというチャレンジを成し遂げた。

三つ目のケースは、イノベーションの業務の典型というべき、有名なデザイン・コンサルティング会社ＩＤＥＯでの出来事だ。この会社のリーダーとプロジェクト・チームのメンバーは日常的に大小の変化を試している。失敗を恐れず、実際に失敗しているのである！　ただし、すばやく学習してふたたび試し、最終的には業務のいろいろな部分を改革して、新たな事業を生み出している。と同時に、革新的な製品デザインをあらゆる種類の法人の顧客に提供している。

これらの状況を一つひとつ見ていく中で、自問してみよう。状況はどのようなものか。目標は何か。チーミングはどのように使われているか。人々が安心してチーミングを行えるようにしているものは何か。この環境において、学習しながら実行することはどのようなものか。そしてもう一つ、それぞれのケースの最初と最後にこう問いかけよう。リーダーシップのスタイルはこの状況に合うものであるか、と。

ルーチンの業務でチーミングをリードする――シモンズの場合

ルーチンの業務でリーダーシップがとくに重要な意味を持つのは、会社が道に迷った場合だ。よくあるのは、長く成功してきた組織が、新しいテクノロジーや、顧客の好みの変化や、競争の激化についていけず、業績が悪化するというものである。そういう状況では、組織の業績を好転させる戦略として、チーミングが有効だ。そして、前進可能な道を見つけるうえでも社内中のチームのやる気を引き出すうえでもリーダーが重要な役割を果たして、顧客にサービスを提供する基本的な方法を実践し、向上させていく。

これまでの章では、ヤム・ブランズを導いて飛躍的な成長と業績向上の一時代を築いたＣＥＯのデビッド・ノバクや、内国歳入庁（ＩＲＳ）の大改革をリードしてその効率性と顧客サービスを改善したチャールズ・ロソッティ長官の話を取り上げた。このセクションでは、マットレス業界における立て直しの話を深く掘り下げ、ルーチンの業務でチーミングを導くことがどのように機能するかをお話しする。

コンテクスト

チャーリー・アイテルがシモンズ・ベッディング社にやってきたとき、かつてはエレノア・ルーズベルトのラジオ番組のスポンサーだったこともある、創業一三〇年の由緒あるこのマットレス製造会社は苦しみもがいていた。財務実績はふるわず、人々のやる気は萎え、製品やサービスの質も魅力的なものから程遠かった。

アイテルはあたたかくおおらかな人柄で、中堅の製造会社を何社も立て直した実績を持っていた。そしてシモンズの未公開株の新たな所有者から、ＣＥＯになってほしいと声をかけられたのだった。アイテルはシモンズの社員たちにシンプルなビジョンをもたらした。「朝起きて、さあ仕事に行こう！と誰もが思うような、そんな会社をみんなでつくりたい」[1]。さらにこうも言った。「他社の人たちに、一緒に仕事がしたいと思ってもらえる、そんな会社にもしたい」

アイテルがシモンズに来たとき、朝起きて、さあ仕事に行こう！と思う社員がほとんどいなかったのは間違いないだろう。工場や部門の士気は下がりきっている。しっかり仕事をするのは上司が見ているときだけ。チーミングは実質的に存在しなかった。一八ある製造工場では、その内部の人間関係もぎすぎすしていたが、工場同士となるとさらに険悪だった。工場で働く人たちは協働する相手ではなく競争相手として互いのことを見ており、ベストプラクティスを共有するなどおよそ論外だった。二〇〇一年九月一一日のテロ攻撃の副次的な影響にはアメリカの他業界と同様に苦しめられたが、三カ月後、シモンズはさらに、最大の得意先のうち三社を倒産のために失った。なお悪いことに、サプライヤーの一社から船で送られるベッドのクッション用の発泡剤がひどい臭いを放つようになっていた。

アイテルはそうした状況を見て、統制のとれた実行ができていないことに気がついた。ほんの少し努力するだけで変えられることが至る所にあったのだ。プロセスは間違いなくもっと効率的なものに変えられる。職場のやる気の問題はいくらでも改善の余地があった。成功できるかどうかは、人々の注目を集めるような、できれば人々が自分たちのことも会社のことも信じられるような、説得力ある方向性をはっきり打ち出せるかどうかにかかっているとアイテルは思った。効果的かつ効率的に仕事をするのに必要なものを社員が持っていると確信していたし、そのための支援をそれまで受けてこなかったことを察してもいた。成功するにはソフトスキルを使ったアプローチの力が必要なのも間違いない。アイテルは、社内の各部門で第一線に立つ社員たちに対し、チーミングのスキルを伸ばすための、そして社員のエンパワーメントという文化を確立するためのプログラムに参加してもらうことにした。

目標

言うまでもないが、チームをつくることも、素晴らしく進歩した文化も、それだけで業績を改善させることはない。社員の新たな熱意とチーミング行動をパフォーマンス実績へ向けるためには、アイテルが注目している個人の成長と文化の変化を、明確に定められた目標やスキルと組み合わせる必要があるのだ。なんらかの転換を図るときには必ず多くの問題と向上のチャンスがあるが、適度に明確な目標領域を一つに絞り、かかわっている人たちのモチベーションを何か測れるものへ向けるのがカギである。マットレスの製造のようなルーチンの業務では（初期のＤＳＬの場合とは違って）、そういう類の明確さを持たせるのが実際的なのだ。

アイテルは、チーミングのエネルギーを集中的に向けるべき目標として「無駄ゼロ」を選んだ。焦点とするのにこれが適切な要素である理由は二つある。まず、無駄というのは全員にとって関係がある。仕事が何であれ、無駄を減らすチャンスはものや時間や手順、あるいはエネルギーの中に見つけることができ、そのため作業チームは無駄を減らす方法をブレーンストーミングで話し合いやすくなる。理由の二つ目は、無駄には比較的、数値化しやすい側面がたくさんあることだ。うまくいけば、ささやかな成功と着実な歩みをはっきり示せるのである。「無駄ゼロ」に的を絞ったシモンズの取り組みは、チームづくりのプログラムによって生まれる熱意を数値化できるものへ向けることを目的としていたのだった。

プログラムにアイテルが自信を持っていたのは、一八ある製造工場の一つで行ったテストがうまくいったことが主な根拠になっていた。ノースカロライナ州シャーロットにある工場は、業績が最も低い二つの工場のうちの一つだった。縫製、パネルや縁の修理、フラットパネルのカッティング、新しい縫い方の考案、機械のメンテナンスと修理などが行われるが、作業者たちの話す言語が一一にのぼるという状況では、その業績は仕方がないのかもしれなかった。また、工場のマネジャーは絶対的な権限を持って事細かにいちいち指示をする管理スタイルをとっていた。さらにはグループ同士の、たとえばパネルを切る人と縫う人との連携にも問題があった。作業が正確さに欠け、難詰《なんきつ》し合うこともしばしばだったのである。プログラムが会社のパフォーマンス向上に役立つという前提を検証《テスト》するために、アイテルはシャーロットから始めることを提案した。よいテストというのは容赦ないテストなのだ。

今にして思えば、プログラムがどのようにしてシャーロットの職場のおよそすべての人に大きな影響をもたらしたのか、想像に難くない。しかしアイテルがプログラムを試してみようと思った当時、その決心は自身のチームの、そして会社のオーナーたちの抵抗に見舞われた。一つには、金銭的に余裕がない中でトレーニングにかなりの金額を注ぎ込むことが、一部の幹部には賢明な行動に思えなかったのが理由である。もう一つは、大半の工場に広がる指揮統制の文化はあまりにしっかり染みついていて変えるのは無理だと思う人たちがいたことだった。

しかし、アイテルの直観——彼自身が述べたように、そのプログラムをシャーロットの工場で行うのが「正しい行動」であるという直観——は本当に正しかったことが、のちに明らかになった。もしかしたら誰より変わったのはシャーロットの工場長かもしれない。専制君主のようなアプローチから、魅力的でどんな人でも受け容れるやり方へ、変化したのである。工場長みずからの言葉を借りれば、「そういう〔専制君主のような〕やり方で行動しなければならないと思っていたんです。

それがずっと目にしてきた〔工場管理の〕やり方でしたから。でも好きではありませんでした」

　この工場長の下で働いていた社員二人は、シモンズを辞めようと考えていたが、工場長が態度を変えた結果、とどまることにした。工場の業績はみるみる好転した。そして明くる年のうちに「プラント・オブ・ザ・イヤー」を受賞し、その後も改善は続いて、ＯＳＨＡ（労働安全衛生局）安全賞を受賞した。シャーロットの成功に勇気を得たアイテルのチームはプログラムを会社のほかの工場にもどんどん広げていった。この事例では、ロールアウトの考え方が適切だった。そして、数値化した目標を段階的に達成しつつ、その考え方が実践されたのである。

チーミングの基盤を築く

　このような、方向性を一八〇度変える状況に直面した場合、多くの新任ＣＥＯなら、再編成を行うか、人員やコストを削減するか、あるいは工場を閉鎖したかもしれない。これに対しアイテルは、チーム育成プログラム――戸外でのアクティビティ「ロープス・コース」と、引き続いて屋内で学習を行うプログラム――に多額の資金を投じて、人々が個人としての成長と共同作業《チームワーク》ができるようにし、会社の目標に意識を向けさせたのだった。[2]

　これはその場しのぎの解決策にはとうてい見えなかった。三年という月日と七〇〇万ドルをかけて、工場のマネジャーと社員を、本来の業務から離れた一回あたり二日または三日間行われるチーム育成プログラムに参加させたのである。しかしアイテルは、業績を回復させられるかどうかはシモンズの文化を変えられるかどうかにかかっていると考えていた。そのため、取り組みがいのある、体を使ったチーミング・アクティビティに参加して、同僚を頼ることや同僚に支援してもらうことがどういうことなのかをじかに経験してもらい、それによって、職場での希薄な人間関係をリフレーミングし、一新させて、低迷している会社の業績を上向けたいと思ったのだった。そして、みんなの意識が変わったのちは、人々が自分も協働する学習志向の文化の一部になれると考え、素晴らしい仕事をしてシモンズの利益を取り戻そうとやる気を出してくれることを、アイテルは願った。

中には、このプランに反対し、会社を辞めることによって参加を拒否したマネジャーもいたが、参考までに言えばそれによって最終的な収益になんら悪影響が出ることはなかった。

ともあれ、大半の人はプランに賛同し、プログラムがきわめて有意義な経験になることを知った。状況をリフレーミングしやすくなり、それまでとは全然違った視点に立ってシモンズを見たりその一員として仕事をしたりできるようになったのである。工場のある従業員は、これは人生の五大イベントの一つであり、「結婚や子どもの誕生と肩を並べている」と話していた。多くのマネジャーも、ロープス・コースという身体的なチャレンジをしながら同僚と過ごす時間によって、互いの支援を信じ、新たな強みを活用し、共通の目標へ向かって協働することがどういうことかわかるようになると、しだいに熱心に取り組むようになっていった。

チーム育成プログラムは心理学的な根本原則を基礎にしており、信頼と協力を必要とするチーミング体験を提供して、協働する人々に新しい仕事の仕方という経験をもたらす。こうして、高いところが苦手なのに電柱に上らなければならない人は、グループから支援を得られるために、勇気を出してその仕事ができるようになるのである。

学習しながら実行する

製造業であれファストフード・レストランであれ、改善を焦点にしたチーミングの第一歩は、顧客の求める製品やサービスを生み出すための基本的なプロセス知識が十分深められているのを確認することである。それは体系立てられている。つまり、アクションへの実証されうる（たいてい実証されている）道筋があるのだ。

そうした状況での集団的学習ではふつう改善に、すなわち既存のプロセスをもっとよいもの、効率的なもの、費用のかからないもの、難しくないもの、あるいは時間のかからないものにすることに焦点が当てられる。そこで、学習しながら実行することは、効率性や信頼性を絶えず高められるかどうかがカギになる。こうした基本的性質を持つ道を、シモンズは歩もうとしていたのだった。

アイテルとそのチームは、チーミング・プログラムがもたらす心理的影響が社員の日々の仕事に確実に活かされるよう全力を傾けた。「無駄ゼロ」は、社員のエネルギーを特定の業務目標へ向けるのにもってこいのスローガンになった。ルーチンの業務環境にふさわしく、「無駄ゼロ」の戦略はリーン生産方式の原理から生まれたものだ。リーン生産方式とは、徹底的に無駄を省くことを中核原理とするトヨタ生産システムから発想を得たものである。製造現場におけるチーミングの目標は、絶えず修正し、磨きをかけ、失敗し、学習しながら目標へ向かっていくことなのである。

それはもしかしたらテイラーの時間動作研究——作業を最も効率のよい、すなわち最も無駄の少ないステップへ分割することを目的とする——ときわめてよく似ているかもしれない。また、効率性を損なうものについて取り憑かれたようになっていたヘンリー・フォードも、農業経営における無駄を批判してこう述べた。

「平均的な農業経営者の場合、本当に役立つ目的に注ぐのは、使う全エネルギーの五パーセントほどでしかない……日々の決まりきった仕事をし、ぐらつく梯子を日に何度も登ったり降りたり。パイプを何本か設置することなく、これからも自分で水を運ぶんだろう。ほかにするべき仕事があるときには、余計に人を雇うことしか頭にない。改善に資金を投入することを出費だと考えているんだ……農場価格を高くして利益を下げるなんて、無益な行動だ――無駄な骨折りだ」[3]

しかし大きな違いが一つある。「無駄ゼロ」では、仕事をしているまさに本人たちに、効率を上げる方法を考えるよう促していたのである。フォードとテイラーにとっては、それはマネジャーや技師がする仕事だった。

シモンズでの「無駄ゼロ」への動きは、チーム育成プログラムによって支えられ、最初の一年だけで二一〇〇万ドルものコスト削減を実現すると同時に、売り上げと利益が増加するという結果を導いた。チーミングと問題解決スキルについてはさらなる訓練が追加され、人々は会社の新たな「学習」の文化を受け容れて、シモンズの社員の運命はつながり合っているという考えを重視するようになった。[4]また、新たなインセンティブ・プログラムによって、週給の二五パーセントが工場の全体的な品質と生産性に左右されることになり、みなで協力することが促された。最終製品の品質、出荷予定の製品のうち実際に出荷されたものの割合、それに生産性が、毎日追跡された。もしかしたら、互いの運命がつながり合っているために、シモンズの社員は仕事でたびたび助け合ったのかもしれない。

チーミング・スキルが向上すると、次は数カ月にわたってチームづくりの練習が、体系立った評価のもとで行われた。これは社員が技術的スキルや対人スキルを協力し合って伸ばすのに役立った。共同作業《チームワーク》には五つのレベルが設けられ、チーミングの目的に応じて要点が示された。たとえば、「生産のためのチーミング」の五つのレベルは次のようなものである。

- **レベル1**…社員は、生産目標と生産領域を理解し、製造コンセプトを学習することができた。
- **レベル2**…チームは、仕事の進捗状況をチェックし、既存の目標を達成し、領域を明確にし、リーン生産方式を理解することができた。
- **レベル3**…チームは、チームの生産目標を設定・評価・掲示・報告することができた。
- **レベル4**…チームは、絶えず目標を達成し、生産を向上させることができた。
- **レベル5**…チームは、目標を再評価し、絶えず向上するとともに、チーム間でもシフト間でも生産を調整することができた。

同様に、「安全性」「質」「サービス」「コスト」「クロス・トレーニング」「目視による管理」についても、五段階でどのようにレベルアップしていくか要点が示された。チームメンバーは自分はもう次のレベルに進めると思えたら、工場の首脳部に正式なプレゼンテーションを行った。この体系的なアプローチによって、仕事をしながらのスキル習得と、個人的成長、奨励金、それに成果が、意欲を高めるわかりやすい方法で一つにまとめ合わされたのだった。

最新情報

シモンズは、意識を高め、スキルを伸ばし、学習とチーミングの程度に応じて報酬を与えるカリキュラムを実践した。従業員は認識の階段を上っていけるようになり、たとえば、以前はあらかじめ設定された生産目標を達成するだけだったのが、自主的に、実行可能な生産目標を設定したり時間や材料や労力を見積もったりできるようになった。これは、ルーチンの業務でよくある大転換であり、たゆまぬ改善のためにチーミングを促し支援することによって達成された。シモンズの業績はそれから六年間、力強く劇的に改善したが、二〇〇九年の金融危機および不動産危機のためにマットレスの需要は大幅に落ち込んだ。

複雑な業務でチーミングをリードする——こども病院の場合

複雑な業務では、リーダーは常に存在するリスクというチャレンジに向き合うことになる。世界規模のサプライチェーンであれ三次医療病院であれ、複雑な業務では失敗する可能性にありとあらゆるところで直面するのである。この状況でのチーミングは、弱点を認識し、失敗を避ける計画をブレーンストーミングで話し合い、失敗した場合にそれを分析するための戦略になる。リーダーはそうした状況でのチーミングを促進・支援するのにきわめて重要な役割を果たす。

複雑な業務の例として、これまでの章では、NASAのスペースシャトル計画やインターマウンテン・ヘルスケアを紹介した。このセクションでは、大規模な病院を変革したリーダーシップ戦略を詳しく見て、複雑な業務におけるチーミングが患者治療のリスクを特定して減らすのにどのように役立つのかをお話しする。

コンテクスト

ミネソタ州ミネアポリスにあるこども病院は、ミネアポリスおよびセントポール一帯に六つの施設を持つ、子どものための主要三次医療病院だ。ジュリー・モラスは、この病院の最高執行責任者（COO）に就任したとき、患者に対する医療行為の複雑さを認識し、待ち受けるチャレンジにはマニュアルもなければ手本とすべき成功例もないのだとはっきり悟った。

複雑な組織は例外なく、未知のものに直面している（サプライチェーンが混乱しないだろうか。嵐の中で空母は航空機を無事に着艦させられるだろうか、など）。しかし、病院が直面する数量は桁違いだ。どんなタイミングでどんなタイプの患者が緊急救命室に運び込まれるのか、あるいは病室のベッドに横たわるのか、そしてどんなケアを必要とするのか、予測が困難な場合がある。さらには、科学やテクノロジーや臨床研究の進歩の結果として、治療プロトコルや薬剤が常に変わり続けている。嚢胞性線維症や進行した糖尿病のような慢性疾患は一人ひとりに合わせた長期継続治療が必要とされ、H1N1インフルエンザウイルスのような新しい病気が周期的に発生して、治療法の発見や問題解決に懸命に取り組むことが求められる。問題には、些細なものもあれば取り返しのつかないものも、特異なものもあれば繰り返すものもあるが、いずれにしてもあるのが当たり前になっている。

問題を見つけて解決するためのチーミングには、さまざまな視点から見る鋭い観察力と、時宜に適った率直なコミュニケーション、それにすばやい意思決定が求められる。うまくいけば、得るものは大きい——とりわけ、ＩＣＵや手術室においては。一方で、ミスをすれば大変な結果を招く可能性がある。しかしながら、製造工場でシックス・シグマの質の実現が期待されるのとは反対に、病院のプロセスはあまりに複雑なので完璧であることは不可能だと、多くの専門家が考えている。

　安全性の不備の可能性について理解を深めるために、ある子どもの患者が入院していたときの話を考えてみよう。看護師のジニー・スウェンソンは[5]、一〇歳のマシューの車椅子を押してＩＣＵから外科フロアへ向かった。ＩＣＵでのみ使える薬を必要としているにもかかわらず、受け容れ人数オーバーのために移されることになったのだった。スウェンソンはマシューの状態を、大学を卒業したての看護師パトリック・オライリーに説明し、医師に処方されたモルヒネを投与するためにコンピュータ制御の輸液ポンプをセットするよう指示した。

　マシューの治療がうまくいくかどうかは、控えめに言っても、医師と二人の看護師の間で確実なコミュニケーションが図られるかどうかにかかっていた。オライリーはモルヒネを投与するその特別なポンプに慣れておらず、別の看護師モリー・チェンに協力を求めた。不幸なことに、チェンもそのユニット所属の看護師の誰も、痛みを絶えず管理するためのポンプを使った経験があまりなかった。チェンは、ベテランの看護師で、自分が何とかしなければと急かされるような気持ちになった。ほかに多くの仕事を抱えている中、時間をとってオライリーを手伝うことにしたのだ。誠実で有能なプロとして、チェンは慣れない機械の文字盤をじっと見つめた。

　その輸液ポンプをセットするには、モルヒネの濃度と適切な点滴速度の両方を入力する必要があった。チェンもオライリーも濃度が薬品ラベルに表示されているのを確認できなかったが（あとでわかったことだが、印刷されたラベルは重要な情報がカセットの内側に織り込まれる格好になっていて見えなかったのだった)、チェンはラベルにある見えている情報を使って計算し、自分が正しいと思う濃度でポンプをセットした。そしてスウェンソンから指示されたとおりの注入速度を入力した。病院の手順に従い、オライリーはチェンの計算とセッティングを確認した。それからチェンはほかの患者たちを世話するために出ていった。

数分と経たないうちに、マシューの顔色が蒼白になった。呼吸困難にもなった。オライリーはすぐさま、輸液ポンプのスイッチを切り、医師を呼び、ペーパーバッグ法で酸素をマシューに供給した。医師が駆けつけ、マシューはモルヒネを過剰に――適量の数倍――投与されたのではないかというオライリーの疑いを裏付けた。医師は影響を低減する別の薬を処方し、ほどなくマシューの呼吸は正常に戻った。

目標

シモンズのアイテルとは対照的に、モラスのチャレンジは、彼女みずからが先頭に立ち従業員のやる気を促してルーチンの業務を改善することではなく、自己組織化学習システムをつくって新たな領域を開拓することだった。

モラスには譲れない目標があった――入院している子どもたちを危険な目にあわせないことである。モラスはこども病院において一〇〇パーセントの患者の安全を実現したいと思ったが、当時、投薬ミスについては、上層部によってはもちろん医療提供者の間でもめったに話し合われることがなく、業界関係者からやむを得ないことだと考えられていた。そのため、安全性を劇的に改善する方法についての知識は、限られたものであるだけでなく、手順の性質に基づいて分けられる組織のさまざまな部署ごとに違うものになっているようだった。

ただ、新たな領域に挑戦するモラスのチャレンジは、それがおそらく誰もが賛同する目標であるために、無謀なものではなかった。入院している子どもを危険にさらしたいなどとは、誰も望まないのである。

COOの職のための面接を受けたとき、モラスはすでに患者の安全性について言及していた。モラスには、患者治療管理の経験が二五年あり、過去には正看護師を務めたこともあった。穏やかな物腰の、微笑みを絶やさない人で、何があっても動じない意欲に満ちた態度は、人々を安心させ、またやる気にさせた。こども病院に来てからは、「この新たな取り組みに関してともに仕事をすることになる人たちと、安全性についての話題を中心に注意深く組み立てた会話」を重ねた。[6]

はじめのうちは思うようにいかなかった。モラスはこう述べていた。「たいていの人が身構えてしまうので、安全性のテーマはなかなか持ち出せませんでした。安全性について話すのは、何か『間違った』ことをしている、という意味になるのです」[7]

チーミングの失敗によってマシューに薬が過剰投与されてしまった話を思い出してみよう。幸い、うまいチーミングがすぐに引き起こされ、マシューは完全に回復することができた。これは新聞の見出しになるような話ではないし、一〇年前なら多忙な都会の病院で必ずしも報告されたとはかぎらない話だ。だが、一〇〇パーセントの患者の安全性を実現するという目標のためには、この手の失敗をなくすことが何より重要であることが、モラスにとっては明らかだった。そして将来的にこういう失敗を防ぐためには、誰にあるいは何に責任があるのかを突きとめることが重要だった。

一連の出来事を見るかぎり、それは簡単に答えられる問いではない。責任があるのは、輸液ポンプに入力したチェンだろうか。チェンのセッティングを確認したオライリーだろうか。痛みを管理する輸液ポンプに看護師たちが慣れていない、そんなユニットに術後患者を移した医師だろうか。濃度がよくわからないモルヒネのカセットを用意した薬剤師だろうか。大きすぎてカセットに貼れず、説明文の一部が見えない薬剤ラベルをつくったコンピュータ・プログラマーだろうか。それとも、マシューを新人看護師に任せたスウェンソンだろうか。

ひとことで言えば、答えはイエスだ。彼ら全員がかかわって、その失敗は起きたのである。ただ、誰か一人を選び出して問題の原因はこの人だとは言えない。というのは、分析すれば因果関係が複数あることが見出され、究極の原因はシステムの故障だということになるからだ。慣れない状況が、最善の処置から少し逸脱した多くのことと結びついて、取り返しがつかないことになったかもしれない失敗を生み出したのである。残念ながら、作業が複雑で、また患者によって状況が違うために、こうした出来事は世界中の病院で何度も繰り返し起きている。

複雑な業務でチーミングが行われると、適切なリーダーシップ、人間関係についての意識、規律に加えて、予測、問題解決、診断、システムリスクを軽減する力に影響がもたらされ、重大な失敗を避けられるようになる。そのようなタイプの学習する組織を、リーダーはどうすれば生み出せるのだろう。答えは、アイテルがシモンズで変化を生み出すためにしたこと——説得力ある目標を伝え、安心してチーミングを行える環境をつくり、改善のためのチーミングを会社の至る所で支援すること——と必ずしも同じではないが、全く違うというわけでもない。

複雑な業務においてチームをリードすることは、説得力ある目標を伝えて、すぐには答えが見つからなくても行動を起こすよう人々を促すことから始まる。その目標と、よりよい世界をつくるという意義深い共通の目的とを結びつける必要性は、ルーチンの業務の場合より複雑な業務のほうが大きい。複雑な業務では、さらに高い不確実性に対処しなければならないからである。人々はより大きな対人リスク——間違いを認める、上司たちに対してシステムの欠陥を指摘する、など——を引き受けることになる。しかし、世界に有益な影響をもたらすチャンスであるために、そうした対人リスクが要求する犠牲をいっそう積極的に引き受ける気持ちが支えられ、また促される。

組織が行う仕事を、よりよい世界をつくるといういっそう大きな目的に結びつけることは、それ自体がリフレーミングである。複雑な業務を行うリーダーは心理的に安全な環境を、すなわち人々が学習するというリスクを引き受けられる場をつくることに、ルーチンの業務の場合よりはるかに注意を傾けなければならない。複雑な業務における対人リスクは、それだけ大きいのである。

そうした状況でチーミングを促し、支援する場合、リーダーは共同調査員を探すことになる。それは、積極的に協力して、それまでずっと解決されてこなかった問題を探し出し、確認し、解決しようとしてくれる人である。未知のものが数多くあっても旅に出てくれる人でもある。シモンズの前途には青写真という安楽さが備わっていたが、それとは対照的である。

チーミングの基盤を築く

リーダーの役目を引き受けてからまもなく、モラスは中心的役割を果たすチームを招集し、患者の安全性運営委員会（ＰＳＳＣ）と名づけた。これは大きな影響力を持つ選り抜きのグループで、「患者の安全性戦略」をデザインして実行するのを手伝うものだった。

関心と情熱を持つ人を見きわめるために、そしてもちろん病院のできるだけ多くの人と広く話をするために、モラスは医療ミスに関して一連の正式なプレゼンテーションを行った（モラスはそのプレゼンテーションで、アメリカ合衆国では医療ミスのために年に九万八〇〇〇人もの人が命を落としているという、当時はまだあまり知られていなかったデータを示したが、その人数は自動車事故や乳がんやエイズが原因で死亡する人を上回るものだった）。ＰＳＳＣには意図的に多様な人が集められた。医師もいれば看護師も、部長もいれば最前線で働くスタッフも、組合員もいれば幹部もいた。それは、組織のことを十分に理解し、代表している人たちだった。

ＰＳＳＣが設けられた背景やモラスの説得力ある話しぶりにもかかわらず、はじめは多くの人がこの戦略の主張に反対し、ミスが病院の問題であることに納得しなかった。国家統計を疑っているわけではなかったかもしれないが、そのデータが自分たちの病院に当てはまるとは信じていなかったのである。

モラスは、主張を力強く繰り返したかったにちがいないが――病院であれば例外なく業務の複雑さのためにミスが起きやすいことを、モラスが承知していたことから察するに――、その点について議論しようとはしなかった。代わりに質問をして、反対する人たちに慎重に対応した。「オーケー、データはこの病院には当てはまらないかもしれない」とモラスは理解を示した。そのうえでこう尋ねた。「じゃあ今週、各部署で、担当の患者について、実際にどんなことを経験したか、教えてもらえる？　すべてが、こうあってほしいと思うのと同じくらい安全だったかしら」[8]

このシンプルな問いが、会話を大きく変えたようだった。その特徴を見てみよう。モラスの問いは依頼である――偽りのない、心惹かれる、率直で、具体的な依頼なのだ。医療提供者は一人ひとりが、ここ数日間の、所属する部署における、担当の患者について、自分の体験について、深く考えるよう促された。また、その質問は向上心を刺激するものだった――「安全でないことがありませんでしたか」ではなく、「すべてが、こうあってほしいと思うのと同じくらい安全だったかしら」という問いかけだったのだ。それは人々の経験を尊重するものであり、また向上心を促すものでもあった。

あまりに多くの未来のリーダーが、質問のパワーについて気に留めず、代わりに強力に主張することによって人々を引っぱっていこうとしている。モラスが示したとおり、問いかけは相手を尊敬し、向上心を促すものだ。人々は、それまでずっと独特であるとか特異であると思っていた出来事についてモラスやほかの人たちと話し合い始めたとき、実は職場の大半の人が自分と同様の出来事を経験していることを知ったのだった。モラスは次のように述べている。「人々はずっと、どこかがうまくいっていない状況のただ中にいたのです。でも、病院をよくしていけることに、すぐに気づきました[9]」。そして、懸念やアイデアを話してもらうために、組織のあちこちで一八ものフォーカス・グループをリードした。

ミスや失敗をテーマにすると話し合いはどうしても難しいものになってしまう。そこで必要となる心理的安全を生み出すために、モラスは患者の安全性についての自分の考え方を頻繁に語った――聞いてくれる人なら誰に対してでも。モラスの言葉によれば、「医療はとても複雑なシステムです。そして複雑なシステムというのはまさにその性質のためにリスクの高いものになりがちです。医療の文化は、ともに仕事をする誰もが、安全性を理解し、リスクを認識し、咎められるのではと不安に思うことなくリスクを報告できる文化でなければなりません。ミスをなんとかしてゼロにしようとする場合、システム全体を変える方法を探す必要があるのです」[10]。ミスはシステム上起きるものだと強調することによって、モラスは、誰か個人にミスの原因があるとして人々がその個人を突きとめ、非難しようとすることがなくなるようにと考えたのだった。

モラスが認識していたとおり、システムが複雑であるのは、前進するのが容易でないということでもある。モラスは一〇〇パーセントの患者の安全性という目標へ組織を向かわせるビジョンに熱い思いを持っていたが、どうすれば実現できるかについてはわかっていなかった。自分はすべての答えを持っているわけではないことを認めて、モラスは力を合わせて「システムを変える方法を考える」よう、全員の支援を求めたのだった。

医療ミスに関して、これまで医療界は長く苦しい道のりを歩んできた。しばしば「医学のＡＢＣ」――咎める（Accuse）、非難する（Blame）、批判する（Criticize）――と呼ばれる医学の文化は、事故の原因について、システムのどこに異常があったのかを詳しく分析するより、個人の能力不足に焦点を当てることが多かった。この考え方によって、非難と恥と懲戒処分が、質の高い医療につながる理にかなったアプローチになった。

しかし残念ながら、このアプローチは厳しい監視の目が光っているときでさえ、間違いのない医療を生むこともなければ医療ミスを減らす方法を示すこともなかった。ＡＢＣの考え方は、起きてしまったミスの原因をごまかしなく正しく調査することにはつながらず、むしろ非難すべき個人を探してしまう。そのうえ、今日ますます多くの医療専門家が抱くようになっている信念を考慮していない。多くの医療ミスは誰か個人ではなくむしろシステムの不具合に端を発している可能性があるという信念である。

実のところ、私に言わせれば、ＡＢＣの考え方が最も得意とするのはミスの報告を封じてしまうことだ。ほとんどの医療提供者が自分の名誉や仕事を当然のように守ろうとしてしまうのである。なんらかのミスが患者に害を及ぼすことになったときはとくに、その患者の治療にかかわっている医者や看護師はあまりに不安に思ったりショックを受けたりしてミスについて語ることができなかった。そのせいで多くの熱心で優秀な臨床医が、後ろめたい思いを抱いたり、この仕事をする価値が自分にあるのかと絶えず懐疑的な気持ちにつきまとわれたりするようになってしまった。

建設的な対話を促すには、多くの側面を抜本的に変える必要があった――組織の構造も、プロセスも、規範や価値観も、リーダーシップのスタイルも。医療の現場で心理的安全が果たす最も重要な役割は、事故の報告を増やすことだ。これは病院がミスから学び、長い時間をかけて向上しようとする場合に必要な最初のステップである。医療の世界ではまた職業上の序列が動かしがたいものとして昔から存在している。序列の低い人々は、上の人たちに疑問や提案を率直に話せるほど心理的安全を感じていない場合が少なくないのだ[11]。

モラスは、病院で働く人たちが経験する医療事故の後遺症や心の痛みを、肌身で感じて知っていた。三〇年前、若い看護師だったときに見た事故を、モラスは忘れることができなかった。それは四歳の患者が麻酔のミスのために死亡した事故だった。モラスの記憶から消えないのは、その子どもが死んだことに対するショックもさることながら、「責任を感じた看護師が『その日、家に帰ったあと二度と戻ってこなかったこと』、罪の意識のために大好きな仕事を辞めてしまった」ことだった。医師やほかの看護師は「完璧に口を閉ざし」、起きたことについて互いに決して話をすることはなかった。悪影響を防ぐべく病院の弁護士が駆けつけた。「どうにも納得がいかず、とても苦しく思いました」。何十年も経ってなお、モラスはそう言った。[12]

そのため、モラスは「非難されることのない報告」という、医療事件を報告するための新システムを導入した。ねらいは、医療事故について内密にあるいは匿名で、その事故のために罰を受けることなく話せるようにすることだった。そうした問題をできるだけたくさん明るみに出すため、根底にある原因を究明するため、医療に携わる人たちのポジションが変わらないようにするためである。

この新しい方針を支援するために、ＰＳＳＣのメンバーは新たに「患者の安全性についての報告書」の様式をつくり、それまでのように単に該当欄にチェック印をつけるのではなく、医療提供者に自分の言葉で出来事について書いてもらうことにした。「どのように起きたか。一連の出来事はどのようなものだったか」や「要因は何だったか。どんなことがあればその出来事が将来起きるのを防げるか」といった問いによって、報告者は事故について深く省察し、十分に説明することを、徹底して求められた。

モラスはさらに、安全性の問題を話し合うために新たな言葉を取り入れ、たとえば「調査」の代わりに「研究」や「考察」を使うよう人々を促した。考察という言葉を、モラスは、システムがどのように機能しているか、一つひとつの断片がどのように組み合わさっているかを学ぶこととしてとらえていた。他方、調査という言葉はむしろ警察の面通しに近く、ただ一つの原因を突きとめる線形探索法によって、責任は誰かにあるいは何かにあるとするものだった。

モラスは非難めいた言葉を使わないようにすることを重視し、失敗から学ぶことにつながる言葉を使うよう奨励したが、それによって生まれる心理的安全には根底に、「事故」（「ミス」より好ましい言葉）は誤りを犯した人ではなくシステムの欠陥によって起きるのだというモラスの考え方があった。また「責任」は「説明する責任がある」という言葉に置き換えられた。その言葉は、特定の仕事とそれに必要なすべての知識から成る務めに対して、そしてもちろん、一人ひとりが人間的要素となっているより大きなシステムを理解することに対して責任があると定義されたのだった。

学習しながら実行する

複雑な業務においては、リーダーは問題を見つけて解決するために広範なチーミングを行う必要がある。これはつまり、組織の経営構造を変えてチーミングにとっての障壁を減らすこと、そしてもちろん職務の枠を超えたチーミング活動、たとえば事故審査のような活動を開始して支援することを意味する。また、シモンズのアイテルのケースからわかるように、リーダーのきわめて重要な仕事は、資源を預かる人たちを納得させて、短期的には高くつくように思えても長い目で見れば費用効果の高いことがはっきりしている変化に資金を出してもらうことである。

こども病院における、安全性の問題を解決するためのチーミングは、モラスがＰＳＳＣを立ち上げたときに始まった。これはほどなく形を変え、安全性に関する重大な事故が起きるたびに職務の枠を超えた一時的なチームを結成して集中的に事象研究を行うものになった。

たとえば、マシューがモルヒネを過剰に投与されて危うく命を落としかけたときには、二四時間以内に医務局の副局長であるドクター・クリス・ロビンソンが、マシューの治療に直接かかわった人を全員集めて密室会議をひらいた。なんらかの違法行為が発見された場合（きわめてまれだ）を除き、誰も罰せられることはなかった。これによって心理的安全が生まれ、失敗の原因を話し合って分析し、予防策を考え出しやすくなった。

チーミングが必要だった理由は、ロビンソンが述べたとおりだ。「私が人々と個別に話をしたとしても、マシューに起きたことを完全に理解することはできなかったでしょう。私たちは起きたことを、看護師の視点から、次いで呼吸療法士や医師の視点から考えました。人々が自分の観点に合うものごとしか知覚しないということではなく、『群盲ゾウ評す』になってしまうということなのです」[13]。学習しながら実行する姿勢を促進するときには、チーミングの文化が不可欠なのである。

リーダーが人々を集団的学習の旅にうまく参加させることができたら、組織のトップではデザインされたことのない活動が行われ始める。アイデアがどんどん湧き起こり、活動が定着して広がるようにもなる。「仕事をてきぱきやり遂げる」ことをめざすマネジャーにとって、このプロセスは、はじめは骨の折れるのろのろしたものに思えるかもしれない。しかし行動的な考える人、学習する人として人々に仕事をしてもらうことが、複雑な業務において目標を達成するたしかな方法なのである。

こども病院で起きた変化の多くは最前線から生み出された。たとえば、ケーシー・フックという名の臨床専門看護師は血液学・腫瘍学ユニットで「安全性のためのアクションチーム」というアイデアを思いついた。八人のメンバーから成るこの職務の枠を超えたチームは月に一度集まって、投薬安全性の問題について確認を行った。

あるとき、一人の看護師が、栄養剤の点滴用バッグを扱っていてもう少しで事故になるところだったと話した。害を及ぼしかねない大変な量を患者に点滴してしまったのである。チームはその問題を調べて、将来同じような事故が起きないようにできるもっと安全な栄養剤バッグを発見した。そして地道に努力をして、そのより安全なバッグを病院中に導入させることに成功した。ほどなく、二つの別のユニットがケーシーの取り組みに刺激され、「安全性のためのアクションチーム」を立ち上げた。しばらくして、ＰＳＳＣは各臨床ユニットのマネジャーにユニット独自の「安全性のためのアクションチーム」をつくるよう指示をした。

ボトムアップで行われたもう一つの取り組みは、「ミス発見のための業務日誌」だった。文字どおり業務日誌に関するアイデアで、日誌は鍵をかけられる薬品管理室に保管された。看護師は、医療ミスを引き起こしかねない問題を「発見」した場合、その出来事を匿名で日誌に記録できる。日誌は、「安全性のためのアクションチーム」のリーダーたちが定期的に集めて、書かれている情報を他のメンバーたちのために要約した。ミーティングでは、日誌にあった情報を話し合い、その結果に合わせて方針や手順を見直した。看護師たちは自分の書き込みによって具体的な変化が生まれるのを目にすると、いっそう前向きな気持ちで日誌に記録できるようになった。

最新情報

モラスは一〇年にわたってこども病院のCOOを務め、組織のゆっくりとした、しかし目に見える変化をリードした。在任中、病院は患者の安全性におけるリーダーとして全米から注目を集めた。長い時間をかけて、モラスは、数え切れないほど多くの従業員たちとともに、非難されることのない報告と慎重なチーミングが病院の運営方法に組み込まれていくのをその目で見たのだった。この事例を見れば明らかだろう。複雑な業務で人々をリードするというのはたいてい、よい答えではなく、よい質問を多く提供することなのである。

イノベーションの業務でチーミングをリードする——IDEOの場合

イノベーションの業務では、探究と試みをどんどん行える環境を生み出すためにリーダーシップが必要になる。そしてチーミングを行わなければ、新たなアイデアを提案し、実行可能な選択肢を選び出し、試して磨きをかけ、最終的にかつてない有用な新しい可能性を生み出すことはできない。

これまでの章で紹介したイノベーションの例としては、イーライリリーでの製薬研究や、トヨタが世界に先駆けて発売を開始したハイブリッド車や、北京オリンピックのための象徴的な水泳施設ウォーターキューブの建設などがある。

このセクションでは、私が研究した中で絶えず革新しつづける会社としてナンバーワンであるIDEOをじっくり見ることによって、チーミングがどのように機能してイノベーションを生み出しているかをお話ししよう。

コンテクスト

「革新者」が持つ、きわめて創造的で他人の批判や不信を気にせずわが道を行く人というイメージには、時代を超えて人を惹きつける魅力がある。しかし今日行われるイノベーションはほとんどの場合、チームスポーツだ。イノベーションが生まれるのは、新たなアイデアや新たな解決策が専門領域の交わるところで現れるときであり、それはチーミングを通して起きる。デザイン・コンサルティング会社のＩＤＥＯでどんなことが起きているか見てみよう。ちなみに、同社が受賞した革新的な発明品には、（アップルの）最初のマウスや、プラダの対話型クローゼット、アムトラック（全米鉄道旅客公社）のアセラ・エクスプレスのインテリア、ほかにもクレストの「ニート・スクイーズ・ディスペンサー」の歯磨き粉をはじめとする数々の家庭用品などがある。

ＩＤＥＯは一九九一年に工業デザイン会社三社とエンジニアリング会社一社が合併して生まれた。電気技師でスタンフォードの教授を務めるデビッド・ケリーは飽くなき好奇心を持つみんなを笑顔にする人で、初代ＣＥＯであり、人の意欲を引き出すリーダーである。二〇〇〇年にケリーが会長になると、デザイナーのティム・ブラウンがＣＥＯを引き継いだ。

ＩＤＥＯの社員が提供する専門知識は、機械工学、電気工学、ソフトウェア工学、さらに工業デザイン、インタラクション・デザイン、試作加工、人的要因研究、内部アーキテクチャなどに及んでいる。拠点は世界各地にあり（パロアルト、サンフランシスコ、ボールダー、シカゴ、ボストン、ロンドン、ミュンヘン、東京）、世界中のクライアントにも地域企業にもＩＤＥＯはサービスを提供している。そして、有能なスタッフと、エンドユーザーの満たされていないニーズを診断することに主眼を置いた取り組みと、統制のとれたイノベーション・プロセスによって、医療機器や科学的装置からデジタルメディア、消費者製品までさまざまなカテゴリーにおいてＩＤＥＡ（工業デザイン優秀賞）を何度となく受賞してきた。

ブラウンによれば、イノベーションで難しいのは、斬新なアイデアが浮かばないことではなく、新しいアイデアを古い組織に受け容れてもらうことだという。[14] 斬新なアイデアを思いつくことも大変だと思う人もいるだろうが、ブラウンの言葉には一理ある。イノベーションには、独創性に富むひらめきだけでなく、説得力も必要だ。チームとして問題解決することはもちろんだが、組織として変わることも必要なのだ。ＩＤＥＯがどのようにイノベーションを進めているかを見れば、イノベーションの業務におけるチーミングの重要な特徴を理解しやすくなるだろう。

目標

一九九〇年代後半までに、ケリーをはじめとするＩＤＥＯのリーダーたちは気が付いた。特定の新製品をデザインしてほしいというリクエストに単に対応するだけでなく、革新すべき製品分野を企業が見きわめるのを手伝う必要性が増えてきている、と。これは、デザインよりもデザイン戦略に対する必要性が増えてきたと見てもいいかもしれない。こうして、ＩＤＥＯの表現を借りればクライアントが「世の中の動きを把握し、それに応じて革新する」のを手助けするという新たなサービスにおける試みが始まった。やがて「フェーズ・ゼロ」として知られるようになるサービスだが、[15] その名は、イノベーションの他のどの段階《フェーズ》より先に生じることに由来する。

この新しいイノベーション戦略サービスは、新たな製品・サービスのチャンスを発見することによって、さらなるデザイン構想のための状況を生み出すだろう。「フェーズ・ゼロ」プロジェクトが成功したら、核となるイノベーション・ビジネスのための新たな事業が生まれると思われた。

単独のサービスになったフェーズ・ゼロの初期の試みの一つが、シモンズのために進めたプロジェクトだった。[16] シモンズのマーケティング担当者に依頼されたのは、新しいベッドのデザインではなく、シモンズが「世界を新しい角度から理解し、それに応じて革新を図る」のをＩＤＥＯに手伝ってもらいたい、というものだった。プロジェクトには「フェーズ・ゼロ」チームが取り組み、終了時にはシモンズからよい反応を得られたようだったが、ＩＤＥＯのボストン・オフィスのリーダーであるダグラス・デイトンは、プロジェクトがその可能性を実現できなかったことをしぶしぶ認めた。チームのアイデアは実行可能な独創性に富むものだとデイトンは思ったが、シモンズがそのアイデアに基づいた行動をとらなかったのである。

何がまずかったのだろう。

失敗したのは、エネルギーが足りなかったからでも想像力が欠けていたからでもなかった。マットレスを使うあらゆる年齢層の顧客から意見を聞いたり、カメラを使ったり、マットレスの販売店を訪ねたり、マットレスを配送する人たちのあとについていったりして、「フェーズ・ゼロ」チームは多くのことを学んだ。[17] 眠る人を生活のさまざまな点でサポートするシステムとして、ベッドとそれに関連する空間や家具などがどのように機能するのかについても、メンバーは熱心に探究した。

その試みによって、「ノマド」と呼ばれる、眠りに関して十分なサービスを受けられていない人たちが見つけ出された。移動型の生活をする、独身の、一八歳から三〇歳の人たちである。両親の家と自分の最初の家とを行ったり来たりしながら、ノマドたちは布団やエアマットレスや、中古のあるいはもっと使い古されたマットレスの上で眠っていた。販売されている寝具類は彼らの移動型のライフスタイルには大きすぎるか高価すぎたからである。ノマドは、大きな長く使えるものを購入したがらなかった。頻繁に引っ越しをするつもりだった。彼らは小さなアパートを借りるかルームメートと共同で暮らすかしていて、眠るためだけでなく、人を呼んだときも勉強するときも寝室を使うことが多かった。

そうした知識から、独身のノマド向けに製品をつくるチャンスがいくつか生まれた。一つは、必要なものがすべて備わる、マットレスとフレームが一体になったベッドだった。もう一つは、見るからに特徴的な、組み立て式で簡単に折りたたむことのできる、軽くて薄いマットレスでできたベッドであり、カスタマイズ可能な、どこへでも楽に持ち運べるものだった。[18] 美しいスケッチと説得力ある説明を携えて、チームはクライアントのもとへ、誠実ではあるが積極的な熱意の感じられないクライアントのもとへふたたび足を運んだ。しかしシモンズでアイデアが行動に移される段になったとき、IDEOは失望することになった。

一歩離れて見てみよう。IDEOはふだんはどのようにしてイノベーションを成功させているのだろう。

チーミングの基盤を築く

IDEOでは、職務の枠を超えて、エンジニアやデザイナー、建築家、人的要因の専門家をはじめ多くの人がチームを組み、そうしたチームが特定のプロジェクトやプロジェクトの一部分のために何度も招集される。彼らは活気あふれる、きわめて混乱した、しかし驚くほど統制のとれたチーミング・プロセスの中で仕事をする。プロセスにおいては、する必要のある多くの仕事の詳細について事前に指示を受けることはできないが、プロセスの大まかな流れは全員にとって明確であり、またよく理解されている。

イノベーションの業務のよくある特徴として、IDEOのチームは相互交流に重点を置いていた。チーム内でも、プロジェクト同士においても、分野を超えて知識を伝えながら、IDEOのチームメンバーは日々さまざまな問題に対して新たな解決策を見つけ出していたのだ。驚くことではないが、クライアントと限定的にコラボレーションしたり相互交流したりすることもあった。外部の世界でIDEOにとって最も関心があるのはエンドユーザーの世界だった――煩雑な手続きや階層構造や駆け引きや制約のある企業の世界ではなく。実のところ、IDEOはかつて企業環境を蔑視していたと言っても過言ではない。

IDEOの核となるイノベーション・プロセスには、いずれもチーミングに依存する、四つの明確な段階《フェーズ》があった。

フェーズ・ワン「概念の創出」では、チームはその分野の潜在的なエンドユーザーを研究することによってヒントを得て、デザインに関する漠然としたアイデアを数え切れないほど生み出し、突きつめるべき一つを選び出す。こうしてフェーズ・ワンでは、その製品に関する基本的な問題や、製品によって解決される問題や、コストの問題に取り組む。フェーズ・トゥー「概念の開発」では、「この製品はどのように機能するのか。どのようにつくればいいか。どのようにテストするか」といった問題を検討する。[19] フェーズ・スリー「詳細の設計」では、メンバーは製品の詳細を具体的にし、試作品をつくってテストする。得られる結果は細部にわたる――実際のデザイン、報告と評価、原材料にかかる総費用の見積もり、技術文書、有望な製造販売業者、作業計画などである。フェーズ・フォー「製造の連絡」では、ＩＤＥＯのチームは製品と関係書類を用意する。そして、クライアントが製造を依頼した、量産に向けて待機しているパートナーに引き渡す。[20]

この一連のプロセスにおいてはチーミングが欠かせない。なぜなら、各フェーズで必要とされる広範な仕事や専門領域に対応すべく、さまざまな専門家が加わって多様な作業を手伝ってくれるため、フェーズごとにチーム構成が変わるからである。

創造性と学習を促進するために、ＩＤＥＯのリーダーたちは心理的安全の文化をずっと育ててきた。ＩＤＥＯでは意見が率直に述べられる、などと表現するのは、あまりに控え目というべきだろう。デザイナーは他人に――上司を含め――何を言われようとお構いなしに自分のアイデアに従って行動する。一方、上司もためらうことなく意見を述べる。デザインに問題があると思うと伝えるのは、尊敬のしるしだ。ただし、批判が御法度のブレーンストーミングをしているときは別である。

こうしたルールは広く理解されているだけでなく、成文化されている。ＩＤＥＯの会議室の壁にはステンシルで次のような、ブレーンストーミングをする際のスローガンが刷り出してあるのだ。「目で見えるものにする」「判断を焦らない」「大胆なアイデアをどんどん出す」「他人のアイデアをもとにする」「量を追求する」「会話は一度に一つ」「テーマから逸れない」といった具合に。これによって、ＩＤＥＯの学習する環境はみずから掲げた「集中した混沌状態」になり、常識外れのアイデアを出すといった対人リスクを冒すことが楽しみの一つになっている。

「フェーズ・ゼロ」のサービスを始めたばかりの頃、チーミングにクライアントは含まれていなかった。新たな製品ラインのアイデアをクライアントの組織に受け容れてもらうのに何が必要かも考えられていなかった。アイデアやデザインは、ＩＤＥＯのオフィス内か、あるいはエンドユーザーを研究する現場で開発された。イノベーション・プロセスの重要な部分が外部で行われることはなかったのである。

「フェーズ・ゼロ」プロジェクトにおいて本当の意味でクライアントとチームを組むというのは、どのようなものなのだろう。その後ＩＤＥＯがとった行動を見てみよう。

チームメンバーは、新しい形でクライアントを巻き込んだ、改訂版の「フェーズ・ゼロ」を開始した。プロジェクトの目的を明確にするのも、可能性を見きわめるのも、クライアントとともに行ったのである。一、二社だが、ＩＤＥＯの「フェーズ・ゼロ」チームに加わる企業さえあった。うまく進めるためにＩＤＥＯに必要だったのは、「フェーズ・ゼロ」の商業的な面と組織的な面に対応できる社員だった。この社員たちは、ＩＤＥＯの「ビジネス的要素」の領域を深めて、ＩＤＥＯの文化や能力の特徴であるずば抜けたデザインや技術の要素を補完した。

今日ＩＤＥＯで働くビジネス的要素の専門家はそのスキルとして、クライアントの煩雑な手続きを切り抜け、クライアントの文化を分析する能力も持っている。簡単に言えば、ＩＤＥＯの以前のスキルはクライアントを飛び越えたところに――「ユーザー」の領域の近くにあった。効果的な「フェーズ・ゼロ」サービスを行うために、ＩＤＥＯは、ユーザーの必要性や技術的な可能性に対する深い理解に加えて、クライアントの組織システムを理解するよう求められたのだった。

学習しながら実行する

マットレス会社のために新たなチャンスを見つけるという委任契約であったことを考えれば、シモンズのプロジェクトは一応「フェーズ・ゼロ」の成功例のように見えるだろう。それはＩＤＥＯの好奇心をそそる種類のチャレンジだ。領域的には日常のものだが、そこで独創性を発揮できるのだから。実際、チームは独創的なアイデアと想像力に富む調査結果を提示した。

しかしクライアントが、ＩＤＥＯが薦めるもの（製品ラインなど）を導入したり、あるいはＩＤＥＯの詳細な計画によって拡大されたイノベーション領域に基づいて行動したりするなら、提供されたその解決策は（ＩＤＥＯだけでなく）クライアントも構想・実行できるものでなければならない。また、一人かほんの数人の幹部を新しいアイデアの虜にしたとしても十分ではない。プロジェクトは、クライアントとのチーミングを含むものであって初めて、クライアントのイノベーションを支援するものになる。ティム・ブラウンが言ったように、どうすればアイデアがクライアントの組織に受け容れられるか、それによって最終的にイノベーションを顧客の生活にもたらせるようになるか、ということについて、ＩＤＥＯはもっと学ばなければならないことが明らかになったのだった。

最新情報

シモンズのプロジェクトが失敗に終わって数年後、ＩＤＥＯはビジネス的要素を大いに重視するようになった。そして、チームを再構成し、そうしたスキルを組み入れるよう指示をした。やがて収益の三〇パーセントあるいはそれ以上が「フェーズ・ゼロ」からもたらされるようになった。IDEOはビジネス知識を持つ人をさらに多く雇って昇進させ、ビジネス的要素をいっそうしっかり実践した。そして、クライアントとの新たなコラボレーションへ向けてプロセスをどんどん進化させていったが、それは学習する組織ならではの能力を示しており、IDEOは新しい領域の専門知識を採り入れて拡大させ、試みと失敗と多くの比類ない成功を繰り返しながら前進していったのだった。

リーダーシップのまとめ

組織に不可欠な学習は、個人が一人で重要な問題を分析・解決して生まれるのではなく、むしろ人々が柔軟性のあるチームを組んで集団的に仕事と学習をすることによって生まれる。シモンズでは、製造、販売、ライン部門管理の各チームが、ルーチンの業務の核となる作業を、より巧みに、威厳を持って、いっそう効率的、効果的に行うことを学んだ（新たな仲間に対するアイテルの無条件に見える信頼は、実はアイテルにとってはずっと従っているいつもどおりの方針だった）。こども病院では、臨床、管理、経営の各チームが新たな学習プロセスの創造に加わり、苛立たしいほど複雑な環境にある中きわめて重要な目標に向けて前進した。IDEOでは、イノベーションを得意とする職務の枠を超えたチームが、企業システムを診断してうまく付き合う方法も身につけた。そして、製品のイノベーションを行うだけでなく社のビジネスモデルも革新した。

三つのどのケースにおいても、成功に貢献したのはリーダーシップだった。しかし、その特徴はさまざまだ。アイテルは変化への青写真を持つ、人を惹きつけてやまないセールスパーソンであり、骨が折れるだろう共同作業《チームワーク》に対する支持を徐々に獲得した。モラスはあらゆる階級の共同調査員を巧みに引き込んで、患者の安全性を確立するためのプロセスを見出すのを手伝ってもらった。また、ケリーは多くのイノベーション・リーダーと同様、近くに寄ることなく、優秀で意欲的な人たちに自由に失敗を分析し、新たな試みを考えさせているだけのように見える。むろん、事はそれほど単純ではない。イノベーションが活発に行われるのは、ＩＤＥＯのケリーのようなリーダーがいくつかのきわめて重要な要因を提供するときだ。重要な要因とはすなわち、非凡な才能を持つ人々を見つけて離さないための強烈な魅力を持つ雇用、相互交流に拍車をかけるプロジェクトの多様性、プロセスに関する厳格な方針、資源、そして言うまでもないが熱意である。

よいニュースは、学習しながら実行することは、およそどの産業においても必勝法になることである。ルーチン業務の製造においてさえ、今日のベスト・プラクティスが明日のベスト・プラクティスであることはないのだから。悪いニュースはそれがふつうとは言えない状態であることだ。そのように仕事をすると、結果を保証する指示が欲しいと思う気持ちと戦わなければならない。あらゆるプロセスに改善される可能性があり、いくつかについてはすっかり入れ替える必要が出てくることも受け容れなければならない。

それは、学習するという目標が、今日のパフォーマンス基準を満たすという目標より優先されるということではない。仕事から学ぶことが仕事の一部になるということである。効率性もやはり重要であり、とりわけルーチンの業務、すなわち仕事を競争相手より速く確実に行うことが不可欠な業務において重視される。しかしそうした業務であっても、長期的な成功を手にするためには人々は学びつづけなければならない。そして信頼と尊敬の文化を、学習が活発に行われる文化を育むと、厳しい納期に追われているときでさえ、よい結果がもたらされる。しかし文化を変えることがまず最初にあるわけではない。なぜか。

すでに見てきたように、チーミングと学習が活発に行われるのは、それらが、顧客を見つけ、維持し、気にかけていくためにするべき仕事で活かされるときである。この章で紹介した三つの組織のいずれもが、まさにそうした状況だった。学習志向の文化は組織の貴重な資源である。しかしそうした文化を生み出すことはそれ自体が目的ではない。学習する組織は、文化を変えようとすることではなく、従業員の新たな意識を仕事に集中させることによって生まれる、と私は言いたいのだ。学習する文化は、新しい働き方――なおいっそう、相互依存し、ほかの人の仕事や必要性に気づき、向上しようとする働き方――を実践する副産物として現れるのであって、その逆ではない。シモンズを例にとるなら、社員が新たな働き方を経験すると、それにしたがって、新しい、エンパワーメントされた、強く信頼し合える文化が形になって現れるようになったのである。

変化を求める多くの取り組みが失敗するのは文化を変えることに集中するからであり、あらゆるレベルの人――経営幹部から顧客サービスの最前線にいる社員まで――が、目の前に積まれた仕事と比べて、文化をまず変化させなければと苦労している場合があまりに多い。第4章で紹介した、アーサー・ライアンがプルデンシャルの文化を心理的に安全な文化へ変えたいと思った話を思い出してみよう。多くの社員が、率直に意見を言える安全な文化というアイデアを素晴らしいと思ったが、それが金融サービスにおけるパフォーマンス向上にどう関係するのかについては全員が理解していたわけではなかった。みんなのためを思って行動しようとしているにもかかわらず、リーダーというのは、なぜ新しい文化が必要なのか、それによって社員はどのようにもっと顧客の役に立てるようになるのかを、十分に伝えていない場合が少なくないのである。

前進する

一〇〇年以上の間、私たちは容赦ない実行に意識を向けすぎ、仕事をやり遂げるのに不安に依存しすぎてきた。しかしそんな時代はもう終わりだ。単純で制御可能な製造システムという概念の根底には、単純で制御可能な従業員という概念があった。工場型の管理においては、苦もなく、労働者を監視してその生産活動を評価することができた。しかし今日の仕事は特別なスキルや知識の活用をますます必要とするようになっている。働く人は、問題を突きとめ、分析し、新たな解決策を考え出すよう期待されている。この変化によって、職場の原動力や、管理する人と仕事をする人との関係も変わることになった。

これからの最も成功するリーダーはおそらく、ほかの人たちの才能を伸ばせる人だ。また、最高の形で活かされれば、チーミングは人々の能力を明らかにして高めることができる。ただ、チーミングはチャレンジを伴うものであり、常識やこれまでの経験に反することが少なくない。私たちの自然な、社会的に発達した行動の多くに矛盾するものでもある。しかし人々が安心して、意見を率直に述べ、互いから学び、試すことができる状況を整えると、生み出されるもの、達成できるものをぐっと広げられる。

チリの炭坑作業員と、「コロンビア号」ミッションの宇宙飛行士と、こども病院の一〇歳の患者マシューに共通することは何だろう。それは、生き延びられるかどうかが、チーミングが成功するかどうかにかかっていたという点だ。学習しながら実行することは、単に新たな仕事の仕方、新たな競争の仕方であるというだけではない。それは複雑な活動をする中で生き延びる新しい方法なのだ。

あなたはもうこれ以上、チャレンジに直面したり、あがいたり、失敗したり、人々を不幸にしたりする組織の例を読まなくても、変化のために必要なものがわかるだろう。たしかに、本書の実践例の中には実際にやってみるには難しい、あるいは無理だと思われるものがある（かつて、火を発見することや、量産体制を整えることや、iPhoneをつくることがそうだった！）。勢力争いや貪欲さや職場内の衝突から逃れることもできないかもしれない。それでも社会的な生き物として、やはり私たちはほかの人とともに、新しいアイデアを生み出したり、共有したり、実行したりすることから、とてつもなく大きな喜びを得ることができる。本書で紹介した目を見はるような結果を出した出来事の中には、チーミングを通してこそなされたものがあった（チリの救出劇、北京のウォーターキューブ、RAZR、インターマウンテン・ヘルスケアの学習システム）。明らかに、チーミングや学習にとっての人間的、組織的障害は克服できるのである。

広がる学習

過去の組織の経営陣が効率を追求しながら実行する姿勢を生み出したのと同様、今日の組織がしのぎを削る知識経済は、専門知識のサイロ（貯蔵庫）を生み出し、地球規模の問題を解決するのに必要なチーミングを妨げてしまっている。しかしこれからは、分野の境界はもちろん組織の境界も超えたチーミングが必要であることが、次第に明らかになってきている。今日の最も差し迫った社会問題のうち、どんなに進んだ知識を持つ組織であれ並外れて優れた組織であれ、その組織の中だけで解決できるものはほとんどない。また、気候の変化、教育、輸送、都市化、エネルギー消費といった問題は、革新的な解決策なくしては世界中の人や組織にとって安全で健康で存続可能な未来を確保できない領域の一部にすぎない。

競争の古いモデルはだんだんそうした目的の役に立たなくなってきている。ハーバードの私の同僚であるマルコ・イアンシティが少し前に解き明かしたように、ビジネスは、それが健全なエコシステムの一部になっているときに成功するのだ[21]。競争相手やサプライヤーを支配したり弱体化させたりすることはもはや勝つための戦略ではない。この新しい勝負のあり方において成功を収めてきたのが、マイクロソフトやグーグルのようなテクノロジー企業である。古くからある産業も今こそ、エコシステムと、それに伴う部門の枠を超えたチーミングを真剣に考えるべきだ。組織の内部において、たとえば自動車産業を例にとると、もし効率を求めながら実行するという古い姿勢を未来に引き継ぐなら、協働して、燃料効率や炭酸ガス放出といった地球規模の問題に対する解決策を見つける可能性は低い。今日の効率性が未来の持続可能性より重視されると、チーミングもイノベーションもその価値を失ってしまうのである。

組織が学習しながら実行する姿勢を持って行動すると、境界を超えて共有することが当たり前になる。トヨタは、そのたぐいまれな学習しながら実行する考え方と生産システムをどうすれば導入できるかを、サプライヤーや競争相手にさえ昔から教えてきた。インターマウンテン・ヘルスケアも、「改善学」という独自の手法を業務の構造に取り入れる方法を根気よく他の病院に教えている。またIDEOは、他社がイノベーションを支援する文化へ生まれ変わろうとするのを、喜んで手助けしている。実行と学習が絡み合うと、パイの一切れの大きさをめぐって争うのをやめて、パイ全体の大きさ（と質）を大きくすることへ、自然と意識が集中するようである。問題を解決するためのアイデアを生み出すことは未来への切符だ。そしてチーミングはそうしたアイデアを発展させ、取り入れ、改善する手段なのである。

情報化時代においては知識ベースの組織が勢いを持つようになり、健全でない競争のために人々はアイデアやベストプラクティスを他のグループや組織と共有するのを渋ることがある。しかしチーミングをせずに新しいアイデアを組織の中で実らせることは不可能だ。距離や知識や地位の境界を超えたチーミングは、いっそう重要になってきている。古い（経済、政治、組織）モデルや、古いテクノロジーや、古い考え方は、新たなチャレンジに直面したときにおよそ役に立たないことが明らかになっているのである。

境界を超える

企業や国家は、本書における最も困難なチャレンジでさえ大したことではないと思える問題に、しだいに直面するようになっている。問題とはたとえば、持続可能な都市をつくる、新たなエネルギー源を開発する、減少する資源を守るための新しい行動を日常生活の中で展開するといったものである。また、医療提供システムを変えたり、全く新しいビジネスモデルを生み出したり、コラボレーションのための革新的なエコシステムをデザインしたり、将来も持続可能なコミュニティでともに生きる新たな方法を学んだりすることは、私たちが直面している協働的なチャレンジのごく一部だ。その中で、個人はもちろん単一の組織、あるいは単一のセクター（企業や政府）でさえも、単独で取り組めるものとなると、ほんのいくつかしかない。

たゆまぬ進歩には、分野や会社や地区や国家を超えたチーミングがきっと必要になる。そこでの新たな試みにおいては、歩んでいく中で間違いなく失敗を経験する。そうした失敗から、ぜひ学ぼう。

謝辞

チーミングをテーマとする本書は、まさにチーミングによって完成させることができた。舞台裏で力を貸してくれたすべての方にお礼を申し上げる。

この本には、二〇年にわたる実地調査からわかったことや、考察したこと、フレームワークをまとめてある。ありがたいことに、さまざまな組織に所属する数百の人々――マネジャー、看護師、医師、CEO、第一線で活躍する仲間たち――が、貴重な時間を割いてインタビューに応じ、研究に協力してくれた。一人でも二人でも、本書を見つけて、大切なことを私に教えたのだと気づいてもらえたらと思う。また、本書の基盤となる数々の研究について惜しみない資金援助をしてくれたハーバード・ビジネススクールの研究部にも、感謝している。

私は今でこそビジネススクールの教授を務めているが、ずっと以前にはエンジニアとしてバックミンスター・フラーのもとで仕事をし、彼の晩年の設計プロジェクトのいくつかを手伝った。そして、新しいジオデシック・ドームをつくるためにストラットの長さを計算していないときには、バッキー（みな、彼のことをそう呼んでいた）が話したり教えたりするのを聞いていた。その頃から私は、飢饉や公害、住宅、エネルギーといった大きな社会問題を集団的学習のチャレンジとして見るようになった。バッキーは集団的学習について地球規模で考えていたのだ。私たちの誰もが宇宙船「地球号」の乗組員だ、と彼は言った。この世界をきちんと機能させるために、私たちは力を合わせられるようにならなければならないのだ、と。

影響の大きな問題が、いささか野心的な目標として大規模な変化を求めていたため、私はそれから数年後に、起業家で本も著しているラリー・ウィルソンに出会ってほっとした。組織は学習することができるという考えを、ラリーは教えてくれたのだ。さらには、バッキーが言っていた「この世界をきちんと機能させる」うえで組織がきわめて重要な役割を果たすということも教わった。おかげで私は全身全霊を傾けて取り組む仕事を持つことができた。ペコス・リバー・ラーニングセンターで研究者兼コンサルタントしてラリーと緊密に協力して仕事をしながら、私はさまざまなことを子細に観察するようになり、その多くをのちの研究で確認することになった。ラリーの考えは私の考えの随所に息づいている。本書を彼に捧げるのは、組織に変化をもたらそうとする彼の情熱によって私自身の情熱に火がついたからである。

私はよい指導者に恵まれた。リチャード・ハックマンの素晴らしい研究や教えのおかげで、私はチームを、自分の研究に適した分析単位だと考えられるようになった。ずいぶん前になるが、リチャードは私の論文委員会の議長を務め、研究する価値のある場所として病院を紹介し、今思い出せるより多くの方法で私の考えに影響を与えたのだった。クリス・アージリスとピーター・センゲも私の仕事や理想を重要な方法で導いてくれた。二人のおかげで私は考慮すべき問題にいっそう積極的に取り組めるようになったが、たしかにそれができたことを本書の中で示せていることを願っている。

エド（エドガー）・シャインは年月を経るにつれますます大切な師に、そして友人になっている。「チーミング」という言葉を初めて聞いたのは、彼からだったと思う。ＭＩＴのあるセミナーで、チームよりむしろチーミングにこそ注目すべきだとエドが言い、その言葉に、私は雷に打たれたようになったのだ。本書のために思慮に富む序文を言葉豊かに書いてくれたこと、また本書の原稿にこの上なく有益な意見をくれたことに、心からお礼を申し上げる。

ジョシー・バス社のキャス・スウィーニーは、このプロジェクトを始めるうえでも、さらには最後までやり遂げるうえでも、きわめて重要な役割を果たしてくれた。キャスは、本書が保証されていた以上の出来映えになることを信じてくれたのだ。その情熱と、チームと組織に対する首尾一貫した考えに、心から感謝する。

本書を形にするにあたっては多くの人が力を貸してくれたが、中でもずば抜けて重要だったのはジェフ・リーソンだった。いくつもの考えを具体的にし、まとめ、明確にし、組み上げて、全体として統合されたものをつくり出すジェフのアプローチから、私は多くを教わった。私の論文や事例の世界に大胆に入ってきて、私が意義深いものを生み出すのを手伝ってもくれた。その編集の専門知識と、私の筆の進み具合に対する忍耐と、高い基準に関して、本当にお世話になった。また、カレン・プロップは、本書を著す早い段階において大切な役割を果たしてくれた。彼女の思慮深い意見と、鋭敏な洞察と、事例に関する創造的な提案は、本書の至る所にちりばめられている。

スーザン・ソルター・レイノルズは、誰より熱心で、慎重で、創造性の豊かな、読者であり、編集者、同僚、友人だった。いつも力になってくれた彼女の、作家・批評家としての才能を、私はずっとありがたいと思ってきた。今ではいっそう深く感謝している。最後の数週間にこのプロジェクトに加わると、いくつものセクションを生き生きとしたものにし、作業をふたたび楽しいものにしてくれたのである。

シーバ・ラザは、最も大変な作業の一部を引き受け、参考文献や許可や、このようなプロジェクトにつきものの気の遠くなるような詳細にまつわる事柄に対し、巧みに、かつ正確に、快く取り組んでくれた。研究アシスタントたち——ローラ・フェルドマン、コーリー・ハジム、ディリアナ・カラドヴァ、ステイシー・マクマナス、ケイト・ロロフ——も、本書の特徴である実地調査や、事例の執筆や、書類の作成について、本当に大きな助けになってくれた。また、本書で取り上げた研究の多くは協働してなされたものであり、いくつかのプロジェクトでの仕事仲間や共著者に——リチャード・ボーマー、ティチアーナ・カスチアロ、ジム・デタート、フランシス・フレイ、バートランド・モアジョン、イングリット・ネンバート、ゲーリー・ピサーノ、ファイザ・ラシッド、デボラ・ソール、アニタ・タッカー、メリッサ・バレンタインに——心から感謝したい。わけてもダイアナ・スミスはよき師、友人、同僚、応援リーダーとして特筆に値する。彼女もまた、本書を必ず私が書き上げられると信じてくれたのだった。

最後になったが、夫のジョージは、執筆にますます時間を注ぎ込むようになる私に、目をつぶり、気遣ってくれた。どこまでも私を励まし、思いやってくれたのだ。その愛情と信頼に支えられ、私は本書を書き上げることができた。さらに夫は、これまでの一八年にわたる道のりのどのステップにおいてもそばにいて、さまざまな研究プロジェクトの成否がどうあれ、私に対しても私の仕事に対しても決して信頼感をなくすことがなかった。私たちのまだ若い息子ジャックとニックは、インターネット時代に育ったが、驚くほど辛抱強く、私が執筆に没頭しているそばで、夢中になって本を読んでいた。のめり込んで読書する息子たちを見ていると、本というのはまだまだ書く価値のあるものだと、私は明るい希望を抱くことができたのだった。

4. Casciaro and Edmondson, "Leading Change at Simmons (B)," 2.
5. このストーリーの個人名は仮名だが，現実の事例に基づいている．同ストーリーは以下の記事にも収録．A. C. Edmondson, M. Roberto, and A. L. Tucker, *"Children's Hospital and Clinics (A)," HBS Case No.302-050* (Boston: Harvard Business School Publishing, 2001).
6. 同上.
7. 同上.
8. 同上 .
9. 同上.
10. 同上，5.
11. I. M. Nembhard and A. C. Edmondson, "Making It Safe: The Effects of Leader Inclusiveness and Professional Status on Psychological Safety and Improvement Efforts in Health Care Teams," *Journal of Organizational Behavior* 27, no.7 (2006): 941-966.
12. Edmondson et al., "Children's Hospital and Clinics (A)."
13. 同上．10
14. A. C. Edmondson and K. Roloff, *"Phase Zero: Introducing New Services at IDEO (B)," HBS Case No.606-123* (Boston: Harvard Business School Publishing, 2006), p.3.
15. A. C. Edmondson and L. Feldman, *"Phase Zero: Introducing New Services at IDEO (A)," HBS Case No.605-069* (Boston: Harvard Business School Publishing, 2005), p.1.
16. このプロジェクトが発足したのは，チャーリー・アイテルがシモンズ社のCEO就任後まもなくの頃だ．マーケティング責任者が主導したため，アイテルはプロジェクトに関わらなかった．
17. Edmondson and Feldman, "Phase Zero: Introducing New Services at IDEO (A)."
18. 同上.
19. 同上，4- 5.
20. 同上.
21. M. Iansiti, *The Keystone Advantage: What the New Dynamics of Business Ecosystems Mean for Strategy, Innovation, and Sustainability* (Boston: Harvard Business Press, 2004)［マルコ・イアンシティ，ロイ・レビーン『キーストーン戦略』杉本幸太郎訳，翔泳社，2007年］.

第7章　チーミングと学習を仕事に活かす

1. A. C. Edmondson, "The Local and Variegated Nature of Learning in Organizations: A Group-Level Perspective," *Organization Science* 13, no.2 (2002): 128-146; A. C. Edmondson and I. M. Nembhard, "Product Development and Learning in Project Teams: The Challenges Are the Benefits," *Journal of Product Innovation Management* 26, no.2 (2009): 123-138.
2. J. H. Gittell, *The Southwest Airlines Way* (New York: McGraw-Hill, 2005).
3. このストーリーにおける企業や個人の名称は匿名であり大部分は創作だが，マネジメントの状況は現実の組織の体験に基づいている.
4. D. Schön, *The Reflective Practitioner* (New York: Basic Books, 1984)［ドナルド・A・ショーン『省察的実践とは何か』柳沢昌一,三輪建二監訳，鳳書房，2007 年］.
5. 個人の学習に関する循環モデルについては，以下を参照. D. Kolb, *Experiential Learning: Experience as the Source of Learning and Development* (Englewood Cliffs, NJ: Prentice Hall, 1984). チーム学習については，以下を参照. A. C. Edmondson , J. R. Dillon , and K. Roloff, "Three Perspectives on Team Learning: Outcome Improvement, Task Mastery, and Group Process," in *The Academy of Management Annals*, ed. J. P. Walsh and A. P. Brief (Linthicum, MD: Psychology Press, 2007).
6. この研究の検討としては，以下を参照. Edmondson et al., "Three Perspectives on Team Learning."
7. F. X. Frei and A. C. Edmondson, *"Yum! Brands, Inc: A Corporate Do-Over," HBS Case No.606-041* (Boston: Harvard Business School Publishing, 2005).
8. A. C. Edmondson and C. B. Hajim, *"Large Scale Change at The WSSC," HBS Case No.603-056* (Boston: Harvard Business School Publishing, 2003).
9. M. K. Christianson, "Practice Makes Perfect: Using Simulation to Help Teams Learn to Coordinate." University of Toronto Working Paper, presented at the Academy of Management Conference, August 2011, San Antonio, TX.
10. R. G. Eccles, A. C. Edmondson, and D. Karadzhova, *"Arup: Building the Water Cube, " HBS Case No.410-054* (Boston: Harvard Business School Publishing, 2010), p.7.
11. J. Liker, *The Toyota Way* (New York: McGraw-Hill, 2003)［ジェフリー・K・ライカー『ザ・トヨタウェイ（上下巻）』稲垣公夫訳，日経 BP 社，2004 年］.
12. S. J. Spear and H. K. Bowen, "Decoding the DNA of the Toyota Production System," *Harvard Business Review* (1999): 1-13.
13. E. Catmull, "How Pixar Fosters Collective Creativity," *Harvard Business Review* (2008): 1-12.
14. N. Bunkley, "Recall Study Finds Flaws at Toyota," *New York Times*, May 23, 2011.
15. P. M. Senge, *The Fifth Discipline: The Art and Practice of the Learning Organization* (New York: Doubleday/Currency, 1990)［ピーター・M・センゲ『学習する組織』枝廣淳子，小田理一郎，中小路佳代子訳，英治出版，2011 年］.

第8章　成功をもたらすリーダーシップ

1. T. Casciaro and A. C. Edmondson, *"Leading Change at Simmons (C)," HBS Case No.406-046* (Boston: Harvard Business School Publishing, 2005), p.5.
2. L. Wilson and H. Wilson, *Play to Win! Choosing Growth Over Fear in Work and Life* (Austin, TX: Bard Press, 2004).
3. H. Ford and S. Crowther, *My Life and Work* (Garden City, NY: Garden City Publishing, 1922)［ヘンリー・フォード述，サミユール・クローザー編『我が一生と事業』加藤三郎訳，文興院，1924 年］.

Perspectives on Diversity," Administrative Science Quarterly 46 (2001): 229-273.
19. J. Aronson and C. M. Steele, "Stereotypes and the Fragility of Human Competence, Motivation, and Self-Concept," in *Handbook of Competence & Motivation*, ed. C. S. Dweck and E. Elliot (New York: Guilford, 2005).
20. S. L. Gaertner, J. D. Dovidio, J. A. Nier, G. Hodson, and M. Houlette, "Aversive Racism: Bias Without Intention," in *Affirmative Action: Rights and Realities*, ed. R. L. Nelson and L. B . Nielson
(London: Oxford University Press, 2005).
21. A. C. Edmondson, B. Moingeon, V. Dessain, and D. Jensen, *"Global Knowledge Management at Danone (A)," HBS Case No. 608-107* (Boston: Harvard Business School Publishing, 2007).
22. 同上.
23. 同上.
24. B. R. Staats, M. Valentine, and A. C. Edmondson, "Using What We Know: Turning Organizational Knowledge into Team Performance," HBS Working Paper No. 11-031, 2010.
25. Nembhard and Edmondson, "Making It Safe."
26. A. Tucker and A. C. Edmondson, *"Cincinnati Children's Hospital Medical Center," HBS Case No.609-109* (Boston: Harvard Business School Publishing, 2009), p.10.
27. Note that this is a pseudonym; for the study, see D. Sole and A. C. Edmondson, "Situated Knowledge and Learning in Dispersed Teams," *British Journal of Management* 13 (2002): 17-34.
28. D. Ancona, H. Bresman, and K. Kaeufer, "The Comparative Advantage of X-Teams," *Sloan Management Review* 43, no.3 (2002): 33-39.
29. Sole and Edmondson, "Situated Knowledge."
30. Tucker and Edmondson, "Cincinnati Children's Hospital Medical Center," p.13.
31. P. Carlile, "A Pragmatic View of Knowledge and Boundaries: Boundary Objects in New Product Development," *Organization Science* 13, no.4 (2002): 442-445.
32. B. A. Bechky, "Sharing Meaning Across Occupational Communities: The Transformation of Understanding on a Production Floor," *Organization Science* 14, no.3 (2003): 312-330.
33. B. LePatner, *Broken Buildings, Busted Budgets: How to Fix America's Trillion-Dollar Construction Industry* (Chicago: University of Chicago Press, 2007).
34. A. C. Edmondson and F. Rashid, *"Integrated Project Delivery at Autodesk, Inc. (A)," HBS Case No.610-016* (Boston: Harvard Business School Publishing, 2009). See also A. C. Edmondson and F. Rashid, *"Integrated Project Delivery at Autodesk, Inc. (B)," Harvard Business School Supplement No.610 -017*, 2009; A. C. Edmondson and F. Rashid, *"Integrated Project Delivery at Autodesk, Inc. (B)," Harvard Business School Supplement No.610-018*, 2009; F. Rashid and A. C. Edmondson, "Risky Trust: How Multi-Entity Teams Develop Trust in a High Risk Endeavor," Harvard Business School Working Paper No.11-089, 2011.
35. E. Schein, *Organizational Culture and Leadership*, 4th ed. (San Francisco: Jossey-Bass, 2010): pp.155-176 [chap21]『組織文化とリーダーシップ』梅津祐良，横山哲夫訳，白桃書房，2012 年］.
36. R. G. Eccles, A. C. Edmondson, and D. Karadzhova, *"Arup: Building the Water Cube," HBS Case No.410-054* (Boston: Harvard Business School Publishing, 2010).
37. See C. B. Gibson and S. G. Cohen, *Virtual Teams That Work: Creating Conditions for Virtual Team Effectiveness* (San Francisco: Jossey - Bass, 2003). See also Sole and Edmondson, "Situated Knowledge" ; and A. C. Edmondson, "A Safe Harbor: Social Psychological Factors Affecting Boundary Spanning in Work Teams," in *Research on Groups and Teams*, eds. B. Mannix, M. Neale, and R. Wageman (Greenwich, CT: Jai Press, 1999).

28. A. L. Tucker, I. M. Nembhard, and A. C. Edmondson, "Implementing New Practices: An Empirical Study of Organizational Learning in Hospital Intensive Care Units," Management Science 53, no.6 (2007): 894-907.
29. Lee et al., "The Mixed Effects of Inconsistency."

第6章　境界を超えたチーミング

1. F. Rashid, D. Leonard, and A. C. Edmondson, *"The 2010 Chilean Mining Rescue (A)," HBS Case No. 412-046* (Boston: Harvard Business School Publishing, 2010); and F. Rashid, D. Leonard, and A. C. Edmondson, *"The 2010 Chilean Mining Rescue (B)," HBS Case No. 412-047* (Boston: Harvard Business School Publishing, 2010). J. Franklin, *33 Men: Inside the Miraculous Survival and Dramatic Rescue of the Chilean Miners* (New York: Penguin Group, 2011)［ジョナサン・フランクリン『チリ 33 人』共同通信社国際情報編集部訳，共同通信社，2011 年］.
2. R. Robbins, "Quecreek Rescue Still Inspires Wonder." *TRIBLive News*, 2007. http://www.pittsburghlive.com/x/pittsburghtrib/news/cityregion/s_519299.html.
3. N. Vanderklippe, "Chile's CEO Moment," *The Globe and Mail*, October 16, 2010.
4. Rashid et al., "The 2010 Chilean Mining Rescue (A)" ; Rashid et al., "The 2010 Chilean Mining Rescue (B)."
5. 同上.
6. 同上.
7. Vanderklippe, "Chile's CEO Moment."
8. 同上.
9. A. Morrow, "Fenix: Rocket Ship to Freedom," *The Globe and Mail*, October 14, 2010 . http://www.theglobeandmail.com/news/technology/science/fenix-rocket-ship-to-freedom/article1756376/.
10. M. Useem, *The Leadership Moment: Nine True Stories of Triumph and Disaster and Their Lessons for Us All* (New York: Random House, 1998)［マイケル・ユシーム『九つの決断』鈴木主税訳，光文社，1999 年］.
11. D. Dougherty, "Interpretive Barriers to Successful Product Innovation in Large Firms," *Organization Science* 3, no.2 (1992): 179-202.
12. See especially G. Stasser and W. Titus, "Pooling of Unshared Information in Group Decision Making: Biased Information Sampling During Discussion," *Journal of Personality and Social Psychology* 48, no.6 (1985): 1467-1478.
13. D. A. Harrison and K. J. Klein, "What's the Difference? Diversity Constructs as Separation, Variety, or Disparity in Organizations," *Academy of Management Review* 32, no.4 (2007): 1200.
14. A. C. Edmondson, *"Transformation at the Internal Revenue Service," HBS Case No.9-603-010* (Boston: Harvard Business School Publishing, 2002).
15. I. M. Nembhard and A. C. Edmondson "Making It Safe: The Effects of Leader Inclusiveness and Professional Status on Psychological Safety and Improvement Efforts in Health Care Teams," *Journal of Organizational Behavior* 27, no.7 (2006): 941-966.
16. A. L. Tucker, I. M. Nembhard, and A. C. Edmondson, "Implementing New Practices: An Empirical Study of Organizational Learning in Hospital Intensive Care Units," *Management Science* 53, no.6 (2007): 894-907.
17. See J. R. Detert and A. C. Edmondson, "Implicit Voice Theories: Taken-for-Granted Rules of Self-Censorship at Work," *Academy of Management Journal* 54, no.3 (2011).
18. R. J. Ely and D. A. Thomas, "Cultural Diversity at Work: The Moderating Effects of Work Group

Harvard Business School Publishing, 1999).

4. A. C. Edmondson, E. Ferlins, F. Feldman, and R. Bohmer, "The Recovery Window: Organizational Learning Following Ambiguous Threats," in *Organization at the Limit: Lessons from the Columbia Disaster*, ed. M. Farjoun and W. Starbuck (Malden, MA: Blackwell, 2005).
5. M. Moss, "Spotting Breast Cancer, Doctors Are Weak Link," *New York Times*, June 27, 2002, late ed., A1; M. Moss, "Mammogram Team Learns from Its Errors," *New York Times*, June 28, 2002, late ed., A1.
6. C. Argyris, Overcoming Organizational Defenses: Facilitating Organizational
Learning (Needham Heights, MA: Allyn & Bacon, 1990).
7. E. Goleman, *Vital Lies, Simple Truths: The Psychology of Self-Deception* (New York: Simon & Schuster, 1985); S. E. Taylor, *Positive Illusions: Creative Self - Deception and the Healthy Mind* (New York: Basic Books, 1989).
8. Edmondson and Cannon, "Failing to Learn and Learning to Fail (Intelligently)."
9. Taylor, *Positive Illusions*.
10. 同上.
11. C. Fishman, "No Satisfaction at Toyota," *Fast Company* 111 (2006): 82.
12. S. Finkelstein, *Why Smart Executives Fail and What You Can Learn from Their Mistakes* (New York: Portfolio Hardcover, 2003), pp.179-180.
13. 同上.
14. F. Lee, A. C. Edmondson, S. Thomke, and M. Worline, "The Mixed Effects of Inconsistency on Experimentation in Organizations," *Organization Science* 15, no.3 (2004): 310-326.
15. A. C. Edmondson, "Strategies for Learning from Failure," *Harvard Business Review* 89, no.4 (2011).
16. K. E. Weick and K. H. Roberts, "Collective Mind in Organizations: Heedful Interrelating on Flight Decks," *Administrative Science Quarterly* 38 (1993): 357-381.
17. K. E. Weick and K. M. Sutcliffe, *Managing the Unexpected: Resilient Performance in an Age of Uncertainty* (San Francisco: Jossey-Bass, 2007)［カール・E・ワイク，キャスリーン・M・サトクリフ『不確実性のマネジメント』西村行功訳，ダイヤモンド社，2002 年］.
18. Weick and Roberts, "Collective Mind in Organizations."
19. A. C. Edmondson and L. Feldman, *"Phase Zero: Introducing New Services at IDEO (A)," HBS Case No. 605-069* (Boston: Harvard Business School Publishing, 2005).
20. T. S. Burton, "By Learning from Failures, Lilly Keeps Drug Pipeline Full," *Wall Street Journal*, April 21, 2004, B1.
21. Edmondson et al., "The Recovery Window."
22. A. Taylor III, "Fixing up Ford," *CNNMoney*, May 12, 2009. Available from http://money.cnn.com/2009/05/11/news/companies/mulally_ford.fortune/?postversion=2009051103 .
23. S. W. Brown and S. S. Tax, "Recovering and Learning from Service Failures," *Sloan Management Review* 40, no.1 (1998): 75-89.
24. D. A. Garvin, *Learning in Action* (Boston: Harvard Business School Press, 2000)［デービッド・A・ガービン『アクション・ラーニング』沢崎冬日訳，ダイヤモンド社，2002 年］.
25. F. F. Reichhel and T. Teal, *The Loyalty Effect: The Hidden Force Behind Growth, Profits, and Lasting Value* (Boston: Harvard Business School Press, 1996)［フレデリック・F・ライクヘルド『顧客ロイヤルティのマネジメント』伊藤良二監訳，山下浩昭訳，ダイヤモンド社，1998 年］, pp.194-195.
26. Burton, "By Learning from Failures."
27. S. Thomke, *Experimentation Matters: Unlocking the Potential of New Technologies for Innovation* (Boston: Harvard Business School Press, 2003).

21. A. C. Edmondson, R. Bohmer, and G. P. Pisano, "Disrupted Routines: Team Learning and New Technology Adaptation," *Administrative Science Quarterly* 46 (2001): 685-716.
22. I. M. Nembhard and A. C. Edmondson, "Making It Safe: The Effects of Leader Inclusiveness and Professional Status on Psychological Safety and Improvement Efforts in Health Care Teams. Special Issue on Healthcare: The Problems Are Organizational Not Clinical," *Journal of Organizational Behavior* 27, no.7 (2006): 941-966.
23. H. Benson and M. Z. Klipper, *The Relaxation Response* (New York: HarperCollins, 2000)［ハーバート・ベンソン，ミリアム・Z・クリッパー『リラクセーション反応』中尾睦宏，熊野宏昭，久保木富房訳，星和書店，2001 年］.
24. D. A. Garvin, A. C. Edmondson, and F. Gino, "Is Yours a Learning Organization?" *Harvard Business Review* 86, no. 3 (2008).
25. 2003 年に行ったジム・バージアンへのインタビュー.
26. 2003 年に行ったシーラ・ウィドノールへのインタビュー.
27. E. Schein, *Organizational Culture and Leadership* (San Francisco: Jossey-Bass, 1985)［エドガー・H・シャイン『組織文化とリーダーシップ』梅津祐良，横山哲夫訳，白桃書房，2012 年］; A. C. Edmondson, "Framing for Learning: Lessons in Successful Technology Implementation," *California Management Review* 45, no. 2 (2003), 34-54; J. P. Kotter, "Leading Change: Why Transformation Efforts Fail," *Harvard Business Review* 73, no.2 (1995): 59-67.
28. R. P. Winter, J. C. Sarros et al., "Reframing Managers' Control Orientations and Practices: A Proposed Organizational Learning Framework," *The International Jornal of Organizational Analysis* 5, no.1 (1997): 9-24.
29. A. C. Edmondson, "Learning from Mistakes Is Easier Said Than Done."
30. J. J. Gabarro, *The Dynamics of Taking Charge* (Boston: Harvard Business Press, 1987).
31. S. Macdonald, "Learning to Change: An Information Perspective on Learning in the Organization," *Organization Science* 6 (1995): 557-568.
32. P. Carroll, *Big Blues: The Unmaking of IBM* (New York: Crown, 1993).
33. R. Farson and R. Keyes, *The Innovation Paradox: The Success of Failure, the Failure of Success* (New York: Free Press, 2002).
34. M. D. Cannon and A. C. Edmondson, "Failing to Learn and Learning to Fail (Intelligently): How Great Organizations Put Failure to Work to Innovate and Improve," *Long Range Planning Journal* 38, no.3 (2005): 299-319.
35. A. C. Edmondson, "The Local and Variegated Nature of Learning in Organizations: A Group-Level Perspective," *Organization Science* 13, no.2 (2002): 128-146.
36. カリフォルニア患者安全機関については，以下を参照. http://www.chpso.org/just/index.asp.

第 5 章　上手に失敗して、早く成功する

1. M. D. Cannon and A. C. Edmondson, "Confronting Failure: Antecedents and Consequences of Shared Beliefs About Failure in Organizational Work Groups," *Journal of Organizational Behavior* 22 (2001): 161-177; A. C. Edmondson and M. D. Cannon, "Failing to Learn and Learning to Fail (Intelligently): How Great Organizations Put Failure to Work to Innovate and Improve," *Long Range Planning Journal* 38 , no.3 (2005): 299-319.
2. 同上. (Cannon and Edmondson; Edmondson and Cannon)
3. R. M. J. Bohmer and A. Winslow, *"Dana - Farber Cancer Institute," HBS Case No.669-025* (Boston:

Activities in High-Hazard Industries: The Logics Underlying Self-Analysis," *Management Studies* 35, no.6 (1998): 669-717.

6. R. Brown, "Politeness Theory: Exemplar and Exemplary," in *The Legacy of Solomon Asch: Essays in Cognition and Social Psychology*, ed. I. Rock (Hillsdale, NJ: Erlbaum, 1990), pp.23-37.
7. M. E. Zellmer-Bruhn, "Interruptive Events and Team Knowledge Acquisition," *Management Science* 49, no. 4 (2003): 514-528.
8. F. J. Milliken, E. W. Morrison, and P. F. Hewlin, "An Exploratory Study of Employee Silence: Issues That Employees Don't Communicate Upward and Why," *Journal of Management Studies* 40, no.6 (2003): 1453-1476.
9. E. Schein and W. Bennis, *Personal and Organizational Change Through Group Methods* (New York: Wiley, 1965).
10. E. Schein, *Organizational Culture and Leadership* (San Francisco: Jossey-Bass, 1985)［エドガー・H・シャイン『組織文化とリーダーシップ』梅津祐良，横山哲夫訳，白桃書房，2012 年］.
11. W. Kahn, "Psychological Conditions of Personal Engagement and Disengagement at Work," *Academy of Management Journal* 33, no.4 (1990): 692-724.
12. 同上，694.
13. T. R. Tyler and E. A. Lind, "A Relational Model of Authority in Groups," *Advances in Experimental Psychology* 25 (1992): 115-191. A. C. Edmondson, "Psychological Safety and Learning Behavior in Work Teams," *Administrative Science Quarterly* 44 (1999): 350-383; and I. M. Nembhard and A. C. Edmondson, "Psycholo gical Safety: A Foundation for Speaking Up, Collaboration, and Experimentation," in *Organizational Scholarship*, ed. K. Cameron and G. Spreitzer (New York: Oxford University Press, 2011, pp.490-503).
14. See B. Wojciszke, H. Brycz, and P. Borkenau, "Effects of Information Content and Evaluative Extremity on Positivity and Negativity Biases," *Journal of Personality and Social Psychology* 64 (1993): 327-336; T. Casciaro and M. S. Lobo, "Competent Jerks, Lovable Fools, and the Formation of Social Networks," *Harvard Business Review* 83, no.6 (2005): 92-99.
15. G. Berns, "In Hard Times, Fear Can Impair Decision-Making," *New York Times*, December 6, 2008, BU2.
16. B. F. Chorpita and D. H. Barlow, "The Development of Anxiety: The Role of Control in the Early Environment," *Psychological Bulletin* 124 (1998): 3-21; D. A. Decatanzaro, *Motivation and Emotion: Evolutionary, Physiological, Developmental, and Social Perspectives* (Englewood Cliffs, NJ: Pearson College Division, 1998)［デニス・A・デカタンザロ『動機づけと情動』浜村良久監訳，廣中直行，岡田隆，筒井雄二訳，協同出版，2005 年］.
17. D. A. Leonard, *Wellsprings of Knowledge: Building and Sustaining the Sources of Innovation* (Boston: Harvard Business School Press, 1998)［ドロシー・レオナルド『知識の源泉』阿部孝太郎，田畑暁生訳，ダイヤモンド社，2001 年］.
18. A. C. Edmondson, "Learning from Mistakes Is Easier Said Than Done: Group and Organizational Influences on the Detection and Correction of Human Error," *Journal of Applied Behavioral Sciences* 32, no.1 (1996): 5-32.
19. M. A. West and N. Anderson, "The Team Climate Inventory: Development of the TCI and Its Applications in Teambuilding for Innovativeness," *European Journal of Organizational Psychology* 5, no.1 (1996): 53-66.
20. L. M. Janes and J. M. Olson, "Jeer Pressure: The Behavioral Effects of Observing Ridicule of Others," *Personality and Social Psychology Bulletin* 26 (2000): 474-485.

Man's Search for Meaning (New York: Simon and Schuster, 1963)［ヴィクトール・E・フランクル『意味による癒し』山田邦男監訳，春秋社，2004 年］．
8. C. S. Dweck and E. L. Leggett, "A Social-Cognitive Approach to Motivation and Personality," *Psychological Review* 95, no.2 (1988): 256-273.
9. ヒギンズによる「制御焦点理論（regulatory focus theory）」は前進と足踏みに伴う手段について定義している．E. T. Higgins, "Making a Good Decision: Value From Fit," American *Psychologist* 55 (2000): 1217-1230.
10. M. Maultsby Jr., *Rational Behavior Therapy* (Appleton, WI: Seaton Foundation, 1990).
11. C. Argyris, R. Putnam, and D. M. Smith, *Action Science: Concepts, Methods, and Skills for Research and Intervention* (San Francisco: Jossey-Bass, 1985).
12. 同上，229; D. Schön, *The Reflective Practitioner* (New York: Basic Books, 1983)［ドナルド・A・ショーン『省察的実践とは何か』柳沢昌一,三輪建二監訳，鳳書房，2007 年］．
13. チームメンバーはお互いのメンバーの行動や反応に関心を払うが，特にリーダーの行動をよく見ている．分配の公正さに関する研究では，社会的プロセスの中身だけでなく，リーダーがどのように管理するかもメンバーにとって重要であることを示している．つまり，リーダーの管理方法は，チームメンバーが従うかどうかに影響するのだ．T. R. Tyler and E. A. Lind, "A Relational Model of Authority in Groups," *Advances in Experimental Psychology* 25, ed. M. Zanna (New York: Academy Press, 1992): 115-191. チームの文脈を超えて考えると，リーダーはマネジャーと区別される．リーダーは意義を創造し，マネジャーは複雑性や現実問題に対処する．特に，変革を行う際や新しくて挑戦的なことを学ぼうとするとき，リーダーは説得力のある理由を提示するという大切な役割を果たす．J. P. Kotter, "What Leaders Really Do," *Harvard Business Review* 68, no.3 (1990): 103-111; Maultsby, *Rational Behavior Therapy*; A. Zaleznik, "Managers and Leaders: Are They Different?" *Harvard Business Review* 70, no.2 (1992): 126-135.
14. クリス・アージリスとドナルド・ショーンの同僚であるダイアナ・スミス，ロバート・プットナム，フィル・マッカーサーは個人間のフレームについて 3 つの側面を定義している．それは，自己をどう見るか，他者をどう捉えるか，相互作用における暗黙の目標をどう理解するか，である．P. McArthur, *Learning in Action: Tools for Collaborative Decision Making* (Newton, MA: Action Design, 2002), CD - ROM.
15. A. Tucker and A. C. Edmondson, "Why Hospitals Don't Learn from Failures: Organizational and Psychological Dynamics That Inhibit System Change," *California Management Review* 45, no.2 (2003): 55-72.
16. 組織の文脈におけるフレームの変化については，以下を参照．C. Argyris, *Reasoning, Learning and Action: Individual and Organizational* (San Francisco: Jossey-Bass, 1982). また臨床領域については，以下を参照．Maultsby, *Rational Behavior Therapy*.

第 4 章　心理的に安全な場をつくる

1. National Aeronautics and Space Administration, *Columbia Accident Investigation Board: Report Volume 1* (Washington, DC: U.S. Government Printing Office, 2003), p.157.
2. J. Glanz and J. Schwartz, "Dogged Engineer's Effort to Assess Shuttle Damage," *New York Times*, September 26, 2003, A1.
3. T. Whitcraft, D. Katz, and T. Day (Producers), "Columbia: Final Mission," *ABC Primetime* (New York: ABC News, 2003).
4. I. L. Janis, *Groupthink: Psychological Studies of Policy Decisions and Fiascos* (Boston: Houghton Mifflin, 1982).
5. K. E. Weick and K. H. Roberts, "Collective Mind in Organizations: Heedful Interrelating on Flight Decks," *Administrative Science Quarterly* 38 (1993): 357-381. J. S. Carroll, "Organizational Learning

Bass, 2011).

20. このテーマについての素晴らしい導入書としては，以下の書籍を. D. Stone, B. Patton, S. Heen, and R. Fisher, *Difficult Conversations: How to Discuss What Matters Most, 10th Anniversary Ed.* (New York: Penguin Books, 2010)［ダグラス・ストーン，ブルース・パットン，シーラ・ヒーン『話す技術・聞く技術』松本剛史訳，日本経済新聞出版社，2012 年］.
21. J. R. Detert and A. C. Edmondson, "Implicit Voice Theories: Takenfor-Granted Rules of Self-Censorship at Work," *Academy of Management Journal* 54, no.3 (2011).

第 3 章　フレーミングの力

1. 本章の内容は主に，私が以前に書いた以下の記事に基づいている. A. C. Edmondson, "Framing for Learning: Lessons in Successful Technology Implementation," *California Management Review* 45, no.2 (2003): 34-54.
2. 現実の解釈に対する自己欺瞞や執着について，ダニエル・ゴールマンは *Vital Lies, Simple Truths* で優れた考察を行い，それらが単なる誤りというだけでなく心理的に害をもたらしうることを示している. アージリスは，私たちは他者の動機を知っていると暗黙のうちに思い込み，その結果（誤った形で）行動してしまうと示した. さらに，オーリコフスキーによる最新テクノロジーの導入に関する研究では，最新テクノロジーの枠組み，あるいは人々がどのように新しいテクノロジーを受け入れるかは，時代を超えて変わらないことを指摘している. D. Goleman, *Vital Lies, Simple Truths: The Psychology of Self-Deception* (New York: Simon and Schuster, 1985); C. Argyris, *Knowledge for Action: A Guide to Overcoming Barriers to Organizational Change* (San Francisco: Jossey-Bass, 1993); W. Orlikowski, J. Wanda, and J. Deborah Hofman, "An Improvisational Model for Change Management: The Case of Groupware Technologies," *Sloan Management Review*, Winter (1997): 11-21.
3. P. L. Berger and T. Luckman, *The Social Construction of Reality* (New York: Doubleday, 1966)［ピーター・L・バーガー，トーマス・ルックマン『現実の社会的構成』，山口節郎訳，新曜社，2003 年］; K. Weick, "The Collapse of Sensemaking in Organizations: The Mann Gulch Disaster," *Administrative Science Quarterly* 38, no.4 (1993): 628-652 .
4. J. R. Detert and A. C. Edmondson, "Implicit Voice Theories: Takenfor-Granted Rules of Self-Censorship at Work," *Academy of Management Journal* 54, no.3 (2011). 以下書籍も参照. C. Argyris, *On Organizational Learning* (Cambridge, MA: Blackwell, 1992).
5. メンタル・モデルとは，どのような行動がなされるべきかについての推定や予測や決断を生む，暗黙の信念のことである. 組織の中で共有するメンタル・モデルは，人々が皆と同じように活動しているシステムを理解し，対応を促すものである. 以下の書籍を参照. J. A. Cannon-Bowers, E. Salas, and S. Converse, "Shared Mental Models in Expert Team Decision Making," in *Individual and Group Decision Making*, ed. N. J. Castellan (Hillsdale, NJ: LEA, 1993), pp. 241 - 246 ; R. Klimoski and S. Mohammed, "Team Mental Model: Construct or Metaphor?" *Journal of Management* 20, no.2 (1994): 403-437; P. Senge, *The Fifth Discipline: The Art and Practice of the Learning Organization* (New York: Doubleday/Currency, 1990)［ピーター・M・センゲ『学習する組織』枝廣淳子，小田理一郎，中小路佳代子訳，英治出版，2011 年］; M. Cannon and A. C. Edmondson, "Confronting Failure: Antecedents and Consequences of Shared Beliefs About Failure in Organizational Work Groups," *Journal of Organizational Behavior* 22 (2001): 161-177
6. エドガー・シャインは組織文化について，現実や権力のあり方に対して組織のメンバーが当たり前と考えていることの積み重ねである，と表現している. E. H. Schein, *Organizational Culture and Leadership* (San Francisco: Jossey-Bass, 1985)［エドガー・H・シャイン『組織文化とリーダーシップ』梅津祐良，横山哲夫訳，白桃書房，2012 年］.
7. D. L. Coutu, "How Resilience Works," *Harvard Business Review* 80, no.5 (2002): 46-55; V. E. Frankl,

ンの古典に詳しい. *The Reflective Practitioner* (New York: Basic Books, 1983) ［ドナルド・A・ショーン『省察的実践とは何か』柳沢昌一,三輪建二監訳, 鳳書房, 2007 年］.

16. T. Mojonnier, *Reducing Risk in the Automotive Supply Chain* (2011). Available from http://www.philosophyofmanagement.com/blog/2011/03/18/reducing-risk-automotive-supply-chain-2.

第 2 章　学習とイノベーションと競争のためのチーミング

1. D. Schön, *The Reflective Practitioner* (New York: Basic Books, 1983) ［ドナルド・A・ショーン『省察的実践とは何か』柳沢昌一,三輪建二監訳, 鳳書房, 2007 年］.
2. A. C. Edmondson, R. Bohmer, and G. P. Pisano, "Disrupted Routines: Team Learning and New Technology Adaptation," *Administrative Science Quarterly* 46 (2001): 685-716.
3. A. Lashinsky, "RAZR'S Edge," Fortune on CNNMoney.com, 1-6. http://money.cnn.com/2006/05/31/magazines/fortune/razr_greatteams_fortune/index.htm.
4. 同上. 以下のウェブサイトも参照. http://en.wikipedia.org/wiki/Motorola_RAZR.
5. J. R. Hackman and A. C. Edmondson, "Groups as Agents of Change," in *Handbook of Organizational Development*, ed. T. Cummings (Thousand Oaks, CA: Sage, 2007), pp.167-186.
6. Edmondson et al., "Disrupted Routines."
7. A. L. Tucker, I. M. Nembhard, and A. C. Edmondson, "Implementing New Practices: An Empirical Study of Organizational Learning in Hospital Intensive Care Units," *Management Science* 53, no.6 (2007): 894-907.
8. A. C. Edmondson and T. Casciaro, *"Leading Change at Simmons," HBS Case No.9-406-047* (Boston: Harvard Business School, 2006).
9. E. McGirt, "How I Work." Fortune on CNNMoney.com (15 March 2006). http://money.cnn.com/magazines/fortune/fortune_archive/2006/03/20/8371781/index.htm.
10. J. R. Detert and A. C. Edmondson, "Implicit Voice Theories: Taken-For-Granted Rules of Self-Censorship at Work," *Academy of Management Journal* 54, no.3 (2011): 461-488.
11. A. C. Edmondson, "Speaking Up in the Operating Room: How Team Leaders Promote Learning in Interdisciplinary Action Teams," *Journal of Management Studies* 40, no.6 (2003): 1419-1452.
12. R. Nisbett and L. Ross, *Human Inference: Strategies and Shortcomings of Social Judgment* (Englewood Cliffs, NJ: Prentice Hall, 1980).
13. L. Ross, "The Intuitive Psychologist and His Shortcomings," in *Advances in Experimental Psychology*, Vol. 10, ed. L. Berkowitz (New York: Academic Press, 1977), p.405.
14. 同上.
15. 同上.
16. J. Metcalfe and W. Mischel, "A Hot/Cool System of Delay of Gratification: Dynamics of Willpower," *Psychological Review* 106, no.1 (1999): 3-19.
17. The Elite case was discussed at some length in A. C. Edmondson and D. M. Smith, "Too Hot to Handle? How to Manage Relationship Conflict," *California Management Review* 49, no.1 (2006): 6-31.
18. A. C. Amason, "Distinguishing the Effects of Functional and Dysfunctional Conflict on Strategic Decision Making: Resolving a Paradox for Top Management Teams," *Academy of Management Journal* 39, no.1 (1996): 123-148; and K. M. Eisenhardt, J. L. Kahwajy, and L. J. Burgeois, "How Management Teams Can Have a Good Fight," *Harvard Business Review* 75, no.4 (1997): 77-85.
19. この重要なテーマについてもっと深く知りたい場合は, 以下の書籍を参照. Diana McLain Smith, *Elephant in the Room: How Relationships Make or Break the Success of Leaders and Organizations* (San Francisco: Jossey-

原注

第1章　新しい働き方

1. たとえば，ハーバードのリチャード・ハックマン教授は，境界があり固定されたメンバー構成は効果的なチームの証であると述べている．以下の文献を参照．J. R. Hackman, *Leading Teams* (Boston: Harvard Business School Press, 2002); J. R. Hackman, (ed.)［J・リチャード・ハックマン『ハーバードで学ぶ「デキるチーム」5つの条件』田中滋訳，生産性出版，2005年］, *Groups That Work (And Those That Don't)* (San Francisco: Jossey-Bass, 1990); J. R. Hackman, "The Design of Work Teams," in *Handbook of Organizational Behavior*, ed. J. Lorsch (Englewood Cliffs, NJ: Prentice Hall,1987); J. McGrath, *Groups: Interaction and Performance* (Englewood Cliffs, NJ: Prentice Hall College Division, 1984).
2. D. G. Ancona and D. F. Caldwell, "Bridging the Boundary: External Activity and Performance in Organizational Teams," *Administrative Science Quarterly* 37(1992): 634-655.
3. A. C. Edmondson and I. Nembhard, "Product Development and Learning in Project Teams: The Challenges Are the Benefits," *Journal of Product Innovation Management* 26, no.2 (March 2009): 123-138; and M. B. O'Leary, M. Mortensen, and A. W. Woolley, "Multiple Team Membership: A Theoretical Model of Productivity and Learning Effects for Individuals and Teams," *Academy of Management Review* 36, no.3 (2011): 461-478.
4. A. C. Edmondson, "The Local and Variegated Nature of Learning in Organizations: A Group-Level Perspective," *Organization Science* 13, no.2 (2002): 128-146.
5. A. C. Edmondson, *Organizing to Learn Module Note*, Harvard Business School Module Note, Instructor Only, (2003), HBS604-031.
6. F. W. Taylor, *The Principles of Scientific Management,* comprising *Shop Management, The Principles of Scientific Management* and *Testimony Before the Special House Committee* (New York and London: Harper & Brothers, 1911).
7. UAW-CIO Ford Department, *We Work at Ford's: A Picture History* (Detroit: UAW-CIO, 1955), p.14.
8. 同上.
9. GMの資料管理者への個人的調査に基づく.
10. P. Senge, *The Fifth Discipline: The Art and Practice of the Learning Organization* (New York: Doubleday/Currency, 1990)［ピーター・M・センゲ『学習する組織』枝廣淳子，小田理一郎，中小路佳代子訳，英治出版，2011年］.
11. I. M. Nembhard and A. C. Edmondson, "Making It Safe: The Effects of Leader Inclusiveness and Professional Status on Psychological Safety and Improvement Efforts in Health Care Teams," *Journal of Organizational Behavior* 27, no.7 (2006):941-966.
12. 複雑適応系については，以下を参照．J. H. Holland, "Complex Adaptive Systems," *Daedalus* 121, no.1 (1992):14. For research in an organizational context, see R. R. McDaniel Jr. and R. Anderson, "Managing Health Care Organizations: Where Professionalism Meets Complexity Science," *Health Care Management Review* 25, no.1 (2000).
13. G. Parker, *Cross-Functional Teams: Working with Allies, Enemies, and Other Strangers* (San Francisco: Jossey-Bass, 2002).
14. A. C. Edmondson, "The Competitive Imperative of Learning," *HBS Centennial Issue. Harvard Business Review* 86, nos.7/8 (2008): 60-67.
15. リフレクション・イン・アクションを，行為後ではなく，行為中にどうやって実践すべきかについては，ドナルド・ショー

［著者］

エイミー・C・エドモンドソン

Amy C. Edmondson

ハーバード・ビジネススクール教授。リーダーシップと経営論を担当。1996年からMBAやエグゼクティブ教育プログラムで、リーダーシップや組織学習や業務管理について教鞭をとり、また世界のさまざまな組織へのコンサルティングも行っている。

組織学習とリーダーシップに関する論文は、60を超える学術誌や経営誌で取り上げられ、全米経営学会の組織行動部門では、最優秀論文賞（2000年）、カミングス賞（2003年）が贈られた。さらに、アニタ・タッカーとの共同論文「病院はなぜ失敗から学ばないのか――システムの変革を妨げる組織的および心理的ダイナミクス」は、経営実務に多大な貢献をしたことでアクセンチュア賞を受賞（2004年）。経営思想家ランキング「Thinkers50」では、2011年と2013年に二期連続で選ばれた。

教鞭をとる以前は、ペコス・リバー・ラーニングセンターで研究ディレクターを務め、創設者でCEOでもあるラリーとともに、大企業における変革プログラムをデザイン・実行した。1980年代初めには、建築家で発明家のバックミンスター・フラーのチーフ・エンジニアを務め、著書 A Fuller Explanation では、フラーの数学的貢献をわかりやすく解説している。

組織行動の博士号、心理学の文学修士号、エンジニアリングおよびデザインの文学士号を、いずれもハーバード大学で取得。マサチューセッツ州ボストンの郊外で、夫のジョージ・デイリーとふたりの息子とともに暮らしている。

［訳者］

野津智子

Tomoko Nozu

翻訳家。獨協大学外国語学部フランス語学科卒業。主な訳書に、『シンクロニシティ』『源泉』『会議のリーダーが知っておくべき10の原則』（ともに英治出版）、『仕事は楽しいかね？』（きこ書房）、『スタンフォード・インプロバイザー』『外資系キャリアの出世術』（ともに東洋経済新報社）、『夢は、紙に書くと現実になる！』（PHP研究所）、『ツールズ』（早川書房）などがある。

フェイスブック：www.facebook.com/tomoko.nozu

● 英治出版からのお知らせ
本書に関するご意見・ご感想を E-mail (editor@eijipress.co.jp) で受け付けています。
また、英治出版ではメールマガジン、ブログ、ツイッターなどで新刊情報やイベント情報を配信しております。ぜひ一度、アクセスしてみて下さい。

メールマガジン　：会員登録はホームページにて
ブログ　：www.eijipress.co.jp/blog/
ツイッター ID　：@eijipress
フェイスブック　：www.facebook.com/eijipress

チームが機能するとはどういうことか
「学習力」と「実行力」を高める実践アプローチ

発行日　2014 年 5 月 31 日　第 1 版　第 1 刷

著者　エイミー・C・エドモンドソン
訳者　野津智子（のづ・ともこ）
発行人　原田英治
発行　英治出版株式会社
〒 150-0022 東京都渋谷区恵比寿南 1-9-12 ピトレスクビル 4F
電話　03-5773-0193　FAX　03-5773-0194
http://www.eijipress.co.jp/
プロデューサー　山下智也
スタッフ　原田涼子　高野達成　岩田大志　藤竹賢一郎　鈴木美穂
下田理　原口さとみ　田中三枝　山本有子　茂木香琳
木勢翔太　上村悠也　平井萌　土屋文香
印刷・製本　大日本印刷株式会社
装丁　重原隆

ISBN978-4-86276-182-8　C0034　Printed in Japan